지속 가능 성장을 위한

보험과 리스크 관리

지속 가능 성장을 위한

보험과 리스크 관리

Risk Management and Insurance

장동한 지음

율곡출판사

들어가는 글

Risk Management and Insurance

first edition Preface

"배를 저어 가자 험한 바다물결 건너 저편 언덕에
산천 경개 좋고 바람 시원한 곳 희망의 나라로
돛을 달아라 부는 바람 맞아 물결 넘어 앞에 나가자
자유 평등 평화 행복 가득한 곳 희망의 나라로"

내가 좋아하는 '희망의 나라로'의 가사이다. 우리 모두는 험한 바다 위에 각자의 배를 띄워 놓고 자기 나름의 '희망의 나라'를 향해 나아가고 있다. 때때로 칠흑 같은 어둠 속에서 방향을 잃기도 하고, 험한 풍랑 속에서 죽음의 공포를 접하기도 한다.

험한 세상에서 중심을 잡고 살아남기 위해선 자기만의 핵심 역량(core competence)을 공고히 해야 한다. 또 험한 바다에 배를 띄웠단 얘기는 자신의 목표가 있다는 것인데 이 목표가 바로 각자의 비전(vision)이다. 비전을 이루기 위해서는 현실적이고 구체적인 전략(strategies)이 필요하다. 여러분의 비전은 무엇인가? 비전 구현을 위한 구체적인 전략들은 무엇인가? 그 전에 자신만의 핵심 역량은 있는가?

지속 가능 성장(sustainable growth)에 대한 논의가 한창이다. 지속 가능 성장에 대해서는 여러 해석이 가능하겠지만 이웃과 함께 상생하며 오랫동안 잘 먹고 잘 살아 보자는 뜻으로 이해하면 좋지 않나 싶다. 우리 사회 각 개인의, 모든 가정의, 각 비즈니스의, 모든 조직의, 나아가 우리 조국 대한민국의 비전이 바로 이 지속 가능 성장이 되어야 하지 않을까?

지속 성장하는 대한민국이 되기 위해서는 구체적인 전략과 action plans이 있어야 하는데 핵심 전략 중의 하나가 리스크 관리이다. 한 사회가 지속적으로 성장하기 위해서는 무엇보다도 성장을 뒷받침하는 안정이 더없이 중요한데 체계적인 리스크 관리가 안정 구현의 핵심이 되는 것이다.

이 책은 우리 사회의 지속 가능 성장을 위한 리스크 관리에 대한 내용이다. 또한 리스크 관리의 가장 중요한 수단인 보험에 대한 내용이다. 리스크 관리의 영역은 정치, 경제, 사회, 문화를 망라하여 광범위하다. 보험학은 소위 말하는 융합학문으로서 그 논의가 경제학, 경영학, 재무학, 통계학, 법학을 넘나든다. 이 엄청난 영역의 수많은 주제들을 책 한 권에서 논할 수는 없다. 바라건대 우리 사회의 비전인 지속 가능 성장을 위해서는 무엇보다도 리스크 관리와 보험이 중요하다는 메시지를 확실히 전달했으면 한다. 이 사회에 리스크 관리 문화가 조성되어 안정 속의 성장을 달성하는 데에 이 책이 일조할 수 있기를 간절히 바란다.

요사이 우리나라 대학의 국제화와 더불어 대학의 영어강의에 관심이 많아지고 있다. 저자가 건국대학교 상경대학에서 강의했던 무역보험론 중 리스크 관리와 보험에 대한 내용(본 교재의 제1~3장에 해당됨)의 영어강의를 독자들에게 공개하니 참고하기 바란다. 율곡출판사(yulgokbook@naver.com)에 개인적으로 연락하면 무료로 받아볼 수 있다.

모자란 원고를 참을성 있게 기다려주시고 어려운 환경에서도 출판을 결정해 주신 율곡출판사 박기남 사장님과 편집에 애쓰신 방조일 선생님께 감사의 말씀을 전하고자 한다.

이 책을 하나님이 내게 주신 최고의 선물인 우리 가족(인옥, 혜승, 건희)에게 사랑의 마음을 가득 담아 감사하며 드린다.

2014년 2월

장 동 한

차 례

Risk Management and Insurance
first edition Contents

제2장 보험

II부 보험시장

Risk Management and Insurance
part two

제3장 보험계약

제4장 보험의 종류

제5장 보험 비즈니스

III부 보험과 리스크 관리의 실제

Risk Management and Insurance
part three

제6장 개인 리스크 관리

제7장 비즈니스 리스크 관리

IV부 지속 가능 성장을 위한 보험과 리스크 관리

Risk Management and Insurance part four

제8장 지속 가능 성장과 리스크 관리

제9장 리스크 관리 사회

부록

리스크 관리와 보험

I

Risk Management and Insurance

part one

리스크와 리스크 관리

Risk Management and Insurance

ch. one

01

1. 리스크

2. 리스크 관리

1 리스크

Risk Management and Insurance, ch. one

1.1 리스크의 정의

리스크란?

Risk는 통상 '위험'으로 번역되는데 부정적인 면만 내포하는 '위험'이라는 표현 대신 이 책에서는 부정적인 면과 긍정적인 면 모두를 포괄하는 원어의 의미를 살려 '리스크'로 표현하고자 한다. 예를 들어 환換리스크(foreign exchange risk)라 하면 환율 변동에 따라 환차손損이 생길 수도 있고 환차익益의 결과가 나올 수도 있는 것이다.

리스크를 금전적 이득이나 손실의 발생과 관련한 불확실성(uncertainty)으로 정의한다. 우리는 장차 무슨 형태의 어떤 손실이 우리에게 닥칠지 가늠할 수 없다. 당장 한 시간 후의 일도 확실하지 않다. 하물며 한 달 후, 일 년 후, 십 년 후의 상황은 말 그대로 불확실하다. 만약 어떤 손실에 대해 미리 확실하게 알 수 있다면 우

그림 1-1 리스크의 개념

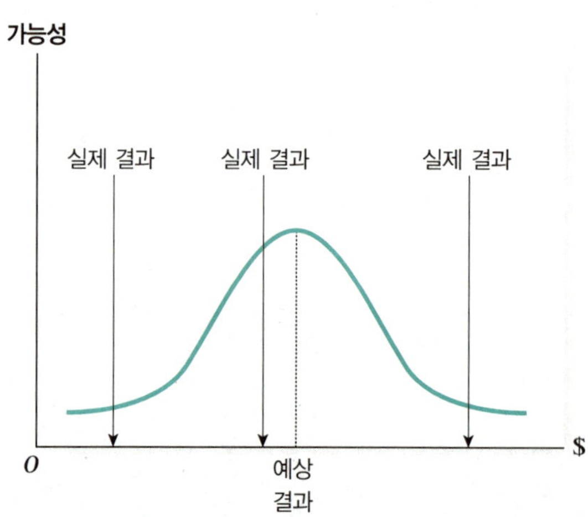

리는 리스크 회피 등의 대비책을 마련하여 리스크를 없애거나 줄일 수 있을 것이다. 그러나 어떤 손실을 사전에 정확히 예측한다는 것은 결코 가능하지 않은 일이며 이와 관련하여 손실 발생의 불확실성이 항상 문제가 된다. 즉, 리스크는 손실 자체나 손실 발생의 확률이 아니라 손실 발생에 관한 불확실성을 의미한다.

1.2 리스크의 종류

어떤 리스크들이 있나?

(1) 순수 리스크

순수 리스크(Pure Risk)는 사후적으로 금전적 이득을 취할 수 있는 기회는 없고 금전적 손실의 발생가능성만 존재하는 리스크이다. 예를 들어 화재 리스크의 경우, 화재가 발생하면 금전적 손실만 존재하며 화재 발생에 따른 금전적 이득은 기대할 수 없을 것이다. 그 밖의 예로는 사망 리스크, 자동차 사고 리스크 등을 들 수 있는데 이와 같은 순수 리스크는 일반적으로 보험으로 커버할 수 있다는 점에서 보험에 가입할 수 있는 **부보附保 리스크**(Insurable Risk)라 할 수 있다.

(2) 투기적 리스크

투기적 리스크(Speculative Risk)는 금전적 손실의 가능성과 금전적 이득의 가능성이 동시에 존재하는 리스크이다. 예를 들어 도박, 주식투자, 투기 등에서와 같이 손실과 이득의 발생가능성이 공존하는 경우의 리스크이다. 투기적 리스크는 고의적인 손실가능성 등으로 예상 손실의 예측이 지극히 어렵기 때문에 보험으로 대처할 수 없다는 점에서 원칙적으로 부보 대상이 될 수 없다.

> **Tips** 예외적으로 해상보험에서는 이러한 투기적 리스크도 일부 부보를 하고 있는데, 적하보험에서는 관습적으로 (CIF × 110%)를 보험금액으로 정하고 있다. 여기서 10%는 정상적인 수입 활동에 따라 향후 기대 가능한 희망이익을 대상으로 한다.

1.3 순수 리스크의 종류

순수 리스크는 크게 인적 리스크, 재산 리스크, 배상책임 리스크로 구분된다.

(1) 인적 리스크

인적 리스크(Personal Risk)는 생명, 건강 등의 손실과 관련한 리스크이다. 사망, 상해, 부상, 질병 등에 따른 소득 감소, 의료비 발생, 퇴직이나 비자발적 실업 등에 따른 소득 감소 등의 손실이 있다. 이와 같은 인적 리스크의 특성은 인적 손실의 발생과 함께 추가비용이 발생한다는 점이다.

(2) 재산 리스크

재산 리스크(Property Risk)는 유형재산 및 무형재산의 직접 · 간접 손실이 존재하는 리스크이다. 직접손실은 음식점 화재의 경우 동산 및 부동산에 대한 직접적인 손실이고, 간접손실은 화재에 따라 일정 기간 음식점을 휴업해야 하는 상황에서 직접손실의 결과에 따른 사용 불가, 수입 감소 등의 손실이다.

(3) 배상책임 리스크

배상책임 리스크(Liability Risk)는 가해자 A가 피해자 B에게 신체상의 상해(Bodily Injury ; BI) 또는 재산상의 피해(Property Damage ; PD)를 입히게 되는 경우, A는 손실을 입은 B에게 법적 책임을 지게 됨으로써 손실에 대한 배상을 해야 한다. 즉, 배상금 및 기타 관련 경비에 대한 배상책임을 지게 된다.

배상賠償은 위법한 행위에 의해 타인에게 끼친 손해에 대한 가해자의 법적 책임에 따라 피해자를 손해 발생 이전의 상태로 복원시키는 행위를 의미하며 일반적으로 손해배상이라고 불린다. 불법행위나 채무불이행이 전형적인 배상의 발생 원인인데, 배상은 그런 위법 행위에 따른 법적 책임이 전제되지 않는 경우의 **보상**補償과 구별된다.

Tips 자동차 운행 중 사고를 일으켜 남의 차량에 피해를 입힌 경우 가해 운전자는 상대방의 손해에 대해 배상책임이 있다. 이 경우 가해자가 가입한 자동차보험의 보험사는 배상책임보험계약에 따라 피해자의 손해에 대해 보상을 한다.

DHC 뉴스

태풍 '매미'로 인한 피해에 대한 정부 보상과 배상

제14호 태풍 '매미'로 인해 인명과 재산 피해가 발생함에 따라 수재민들이 정부 보상금 외에 국가나 지방자치단체를 상대로 법적 배상을 받을 수 있는가가 주목되고 있다.

태풍에 의한 피해는 천재지변에 의한 것이기 때문에 예방 책임을 묻기는 어렵지만 유형별로 국가 · 지자체의 관리상 잘못이 입증되면 배상책임을 인정한 판례가 간혹 있다.

일례로 경남 마산시 해운동의 해운프라자 건물 지하 침수로 8명이 수몰돼 숨진 사고와 유사한 경우로 지난해 10월 서울지법은 건물 침수로 지하층에서 빠져나오지 못해 숨진 김 모씨 유족이 건물주를 상대로 낸 소송에서 비상탈출구를 마련하지 않은 건물주의 책임을 물어 원고 일부승소 판결을 내리기도 했다.

또 도로상의 낙석 피해를 봤을 때 법원이 국가나 지자체의 책임을 묻는 판례는 적지 않고 산사태의 경우도 위험사실을 알았음에도 주민들을 대피시키는 등 적절한 예방책을 강구하지 못했다는 점이 입증될 경우 배상해야 한다는 판결이 나온 상태다.

하지만 피해 유형별로 개별적 손해배상 청구가 아니라 지역민이 집단으로 제기한 소송에서 국가 등에 재해의 책임을 물어 배상금을 지급하라고 판결한 사례는 거의 없다.

특히 이번 태풍은 지난 1959년 태풍 '사라' 이후 가장 강력했던 것으로 분류되는 데다 기상 관측 이래 최대풍속을 기록할 만큼 재해적 성격도 강했다는 특성을 고려할 때 관리자의 배상책임을 입증하는 일은 쉽지 않을 것이라는 의견이 많다.

자료 : 매일경제, 2003. 9. 16.

1.4 리스크의 발생요인

Risk, Peril, Hazard 는 어떻게 다른가?

(1) Peril

화재, 자동차 사고, 사망, 질병 등과 같이 어떤 손실의 직접적인 원인을 의미한다.

(2) Hazard

어떤 손실이 발생할 가능성을 만들어 내거나 증가시키는 조건 내지는 상황을 의미한다.

가. Physical Hazard

물리적 위험은 지리적 위치, 건축양식, 사용방법 등과 관련된 위험이다. 예를 들어 일본 또는 미국의 캘리포니아 지역은 지진 리스크에 취약하며, 소방서 옆에 위치한 공장은 화재 리스크에 상대적으로 안전하다고 하겠다. 목조건물은 벽돌건물에 비해 상대적으로 화재 리스크에 취약하고, 폭죽 생산에 쓰이는 건물은 강의에 쓰이는 건물보다 화재나 폭발 리스크에 상대적으로 취약하다. 영업용 자동차는 출퇴근용 자동차에 비해 상대적으로 사고빈도가 높아 자동차 사고 리스크가 상대적으로 크다고 볼 수 있다.

나. Moral Hazard

도덕적 해이(Moral Hazard)는 어떤 손실의 발생을 유발 내지 증가시키는 인간의 심리적 특성이다. 도덕적 해이 문제는 특히 보험시장에 있어 그 문제가 심각하여 보험사기의 유인이 된다. 예를 들어 화재보험 가입자는 보험금을 타내기 위해 고의로 방화放火를 할 유인을 갖게 되는데, 보험시장에서 이러한 도덕적 해이는 보험금 누수의 주된 원인이 된다.

> **Tips** Risk는 Peril 발생에 관한 불확실성이고, 이 불확실성에 숨겨져 있는 사정 내지 상황을 Hazard라 할 수 있다. 또한 Hazard는 Peril을 유발 내지 증가시키는 사정이다. 따라서 불확실성에 숨겨져 있는 사정에 의해 사고가 유발되거나 증가되는 것이다. 그리고 Risk가 현실화됨으로써 손해가 발생한다.

1.5 리스크의 측정

리스크는 측정 가능한가?

(1) 주관적 리스크

주관적 리스크(Subjective Risk)는 손실 발생 확률에 대한 개개인의 주관적인 추정치로서 리스크의 측정에 있어 객관적이지 못하다.

(2) 객관적 리스크

객관적 리스크(Objective Risk)는 실제손실과 기대손실의 차이만큼으로 측정된다. 즉, 객관적 리스크는 기대손실과 실제손실의 차이의 크기이다.

$$\text{절대적 개념으로서의 객관적 리스크} = \text{실제손실} - \text{기대손실}$$

예를 들어 연령 20세의 피보험자가 100,000명이고, 평균적으로 20~21세 사이에 179명이 사망한다고 가정하자. 이때 예상 사망률은 0.18%($= \frac{179}{100,000} \times 100$)가 된다. 만약 2013년에 185명이 사망했다면, 객관적 리스크의 크기는 185 - 179 = 6이 된다.

객관적 리스크는 절대적 개념으로서의 리스크와 상대적 개념으로서의 리스크로 구분되는데, 리스크 측정에 있어 보다 의미 있는 것은 상대적 개념의 객관적 리스크이다.

$$\text{상대적 개념으로서의 객관적 리스크} = \frac{(\text{실제손실} - \text{기대손실})}{\text{기대손실}}$$

다른 예로 많은 건물들을 소유하고 있는 갑과 을이 있다 하고 이들의 화재 리스크 현황이 다음과 같다고 할 때 누구의 리스크가 더 크다고 할 수 있을까?

	갑	을
소유 건물 수	100	1,000
1년 중 화재 발생 건수	1~3	24~36
평균 발생 건수	2	30
손실 발생 확률	2/100	30/1000
절대적 개념으로서의 객관적 리스크	3 - 2 = 1	36 - 30 = 6
상대적 개념으로서의 객관적 리스크	(3 - 2)/2	(36 - 30)/30

절대적 개념으로서의 객관적 리스크는 을이 더 크지만 여기서는 이들이 소유하고 있는 건물 수를 고려하지 않았다는 문제가 있다. 소유 건물 수를 고려한 상대적 개념으로서의 객관적 리스크는 갑이 훨씬 큰 것이다.

2 리스크 관리

Risk Management and Insurance, ch. one

2.1 리스크 관리

(1) 리스크 관리의 정의 및 목적

리스크 관리(Risk Management)란 개인, 가계, 기업, 공공기관 등과 같은 조직체에 미치는 우연한 손실의 역효과를 최소화하기 위하여 조직의 활동 및 자원을 계획, 조직, 실행, 그리고 통제하는 의사결정 과정(decision-making process)이다. 경제적 측면에서 리스크 관리의 목적은 잠재적 손실에 대비하여 최소비용의 관리기법을 이용함으로써 잠재적 손실에 대한 불안, 걱정 등과 같은 정신적 고통을 감소시키는 것이다. 한편, 대외적으로 부과된 법적 또는 규제 의무를 수행하고, 조직이 손실 발생 이후에도 생존과 지속적 성장이 가능하도록 사업을 운영해 나갈 수 있게 한다. 또한 체계적인 리스크 관리를 통해서 손실 발생이 조직에 미치는 역효과를 최소화하는 데에 그 목적이 있다.

체계적 리스크 관리(systematic risk management)는 리스크 파악, 예상 손실의 측정, 최적 리스크 관리 수단의 선택, 리스크 관리 수단의 이행 · 점검 · 개선 등의 과정을 수행한다. 체계적 리스크 관리를 위한 구체적인 수단에는 리스크 회피, 손실 통제, 리스크 보유, 리스크 전가 등이 있다.

(2) 리스크 관리 의사결정 과정

리스크 관리 의사결정 과정은 체계적 · 경제적 · 효율적인 측면에 중점을 두고 이루어진다. 그 과정은 첫째, 리스크의 파악(identification of loss exposure), 둘째, 손실 발생 빈도(frequency)와 손실 규모(severity in $ terms)의 측정을 통한 잠재적 손실의 분석 및 평가(measurement of loss exposure), 셋째, 최적 리스크 관리 기법의 선택(selection of the best risk management technique), 넷째, 선정된 리스크 관리의 수행 및 점검, 조직 내 리스크 관리 커뮤니케이션 및 개선의 내용이다.

그림 1-2 체계적인 리스크 관리 과정

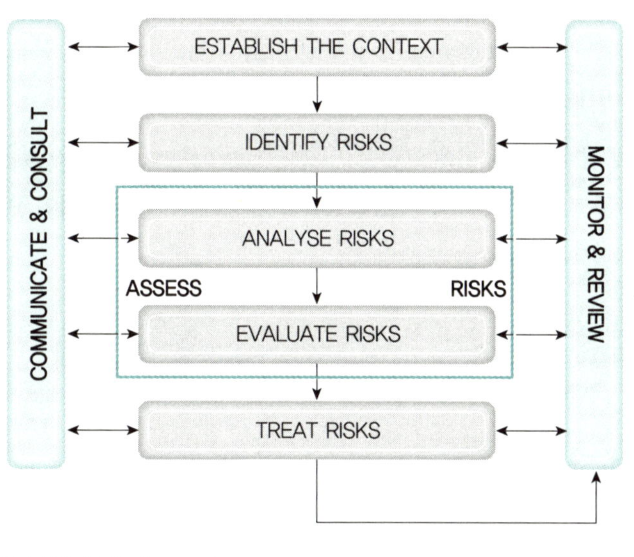

(3) 잠재적 손실의 파악

잠재적 손실의 파악(Identification of Loss Exposure) 방법은 동종 업체 기업들과의 정보교환, 현장점검(on-site inspection), flow-chart 이용, 설문지 사용,

재무제표 분석(재무상태표, 손익계산서 등을 분석함으로써 주요 자산, 부채, 수익, 비용 항목들을 파악함) 방법 등이 있다.

잠재적 손실의 파악 내용에는 손실 유형, 피해 기간, 피해자, 손실에 따른 금전적 피해 규모 등이 있다. 잠재적 손실의 유형에는 재산손실, 배상책임손실, 순익손실, 인적 손실이 있다.

가. 재산손실

재산손실(Property Loss Exposure)에는 가재도구, 기계, 자동차, 주택, 토지, 건물, 신용, 특허, 평판, 저작권, 지적재산 등과 같은 동산 및 부동산, 유형(tangible) 및 무형(intangible) 재산의 손실을 망라한다.

나. 배상책임손실(Liability Loss Exposure)

배상책임은 과실(negligence)이나 무단침입, 구타, 폭행 등과 같은 고의적 불법행위, 또는 절대적 책임(absolute liability)으로부터 발생한다.

위법違法행위(legal wrongs)는 형사刑事(criminal wrongs)와 민사民事(civil wrongs)로 구분되는데, 여기서는 보험 보상의 대상으로서 배상책임 리스크의 주된 원인인 민사를 중점적으로 분석한다.

그림 1-3 위법違法행위

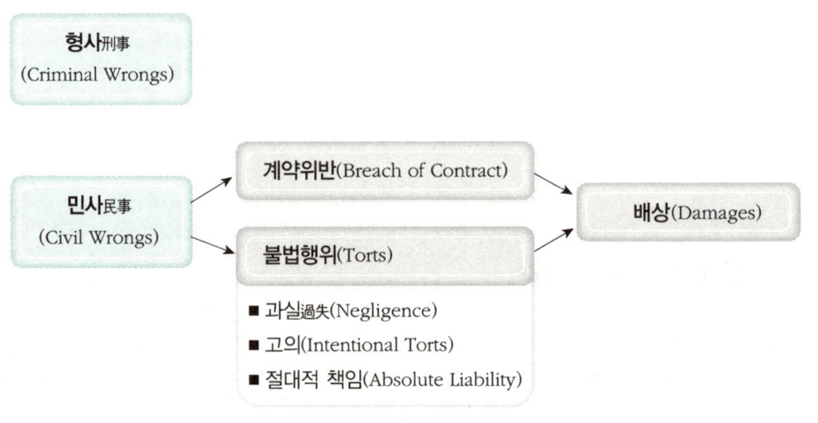

다. 순익손실

순익손실(Net Income Loss Exposure)은 어떤 손실의 발생에 따라 이차적 · 간접적으로 발생하는 소득손실이다. 순익(= 수익 – 비용)손실은 수익이 적거나 비용이 클 경우 발생하며, 두 값의 차이가 클수록 순익손실도 커진다. 예를 들어 제조업체의 공장 하나가 화재로 전소된 경우 화재라는 직접손실과 더불어 생산 감소에 따른 수익 감소와 추가비용 발생으로 순익이 줄어드는 경우가 일반적이다.

라. 인적 손실

인적 손실(Personnel Loss Exposure)은 기업 경영에 있어 중요한 직무를 수행하고 있는 관리자나 직원의 사망 또는 상해로 인해 기업이 입게 되는 손실을 말하는데 인적 손실은 순익손실의 특별한 유형이라 할 수 있다. 예를 들어 Apple Computer의 CEO였던 Steve Jobs의 죽음은 개인의 사망에서 그치지 않고 Apple의 수익 감소 및 추가비용 발생의 결과를 초래했다.

DHC 뉴스

OJ Simpson 사건으로 배우는 형사 vs 민사

전직 프로 미식축구 스타이자 영화배우였던 흑인들의 우상 OJ Simpson은 1994년 6월 자신의 아내와 정부를 죽인 혐의를 받게 되고, 그후 오랫동안 법정 싸움을 벌이게 된다.

1995년 10월 충분한 심증과 많은 물증에도 불구하고 동 살인사건의 배심원들은 증거 불충분의 이유로 OJ Simpson의 무죄를 평결했고 미국 전역에서 논란을 일으키게 되었다. 살인과 같이 사회의 안녕과 질서를 위반하는 중대 범죄는 형사사건으로서 정부를 대표하는 검사가 원고의 역할을 하게 되는데, 사안의 중대성에 비추어 유죄 평결의 경우 '거의 완벽한(beyond reasonable doubt)' 증거 기준을 요구한다.

그러나 법정 싸움은 거기에서 끝나지 않았는데 죽은 딸의 친정 부모는 딸의 죽음이 소위 '억울한 죽음(wrongful death)'이었다는 주장과 함께 민사소송을 걸었다. 딸이 죽음에 이르기까지 OJ Simpson으로부터 형언하기 어려운 학대를 당했고 고통 속에 억울하게 죽었다는 주장이다. 1997년 2월 '우월한 증거(preponderance of evidence)' 만을 요하는 민사재판의 결과는 OJ Simpson의 유죄! 배상액은 미화 3,350만 달러였는데 그 중에 2,500만 달러가 징벌적 배상(punitive damages)액이었다.

Tips **다음의 상황을 읽고 잠재적 손실의 구체적인 유형에 대해 생각해 보자.**

시내에서 가장 큰 병원 중의 하나인 하늘병원 옆의 산기슭을 오르고 있던 바다철도(주) 소속 화물차의 세 칸이 지난 금요일 오후 3시쯤 탈선하였다. 탈선 화물차에서 독성 화학물질이 흘러나와 산 일대를 오염시켰으며, 일부는 하늘병원의 주차장으로 흘러들어 병원 건물과 주차 중이던 많은 차들에 피해를 입혔다. 바다철도(주) 근로자들은 탈선 열차 정리 및 화학물질 청소에 꼬박 이틀을 보냈으며, 하늘병원 소속 관리부서 직원들 또한 병원건물 복구 및 주차장 청소를 위해 2주 동안 야근을 해야 했다. 한편 철도복구공사 기간 중 해당 철도노선은 전면 폐쇄되었으며, 병원 주차장의 청소와 정리 기간 동안 하루 평균 500여 명에 달하는 병원직원 및 방문객들은 다른 곳에 주차를 해야 했다.

(4) 잠재적 손실의 분석 및 평가

일단 잠재적 손실이 파악된 후에는 이러한 손실이 조직에 미치는 영향을 측정하고 평가하여야 한다. 이와 더불어 잠재적 손실의 **발생 빈도**(frequency) 및 **손실 규모**(severity)의 추정이 필요하다. 여기서 손실 발생 빈도(frequency)란 일정 기간 동안의 평균 손실 발생 횟수를 의미하고, 손실 규모(severity)란 손실이 발생한 경우의 평균 손실 규모를 의미한다.

제조업체 A의 주요 리스크로서 화재 리스크가 파악되었다. 과거 10년 동안의 경험을 바탕으로 다음과 같이 화재 발생 빈도와 손실 규모 데이터가 확보되었다고 하고, 화재 리스크의 예상 손실을 측정해 보자.

Loss Frequency Distribution

Loss Frequency per Year	Probability
0	0.4
1	0.3
2	0.2
3	0.1

Loss Severity Distribution

Average $ Loss per Loss	Probability
$500	0.5
$3,000	0.3
$12,500	0.2

No of Loss	1st Loss	2nd Loss	3rd Loss	Total Loss	Probability	Tot Loss × Prob
0	0	0	0	0	0.4	0
1	500	0	0	500	0.15	75
1	3000	0	0	3000	0.09	270
1	12500	0	0	12500	0.06	750
2	500	500	0	1000	0.05	50
2	500	3000	0	3500	0.03	105
2	500	12500	0	13000	0.02	260
2	3000	500	0	3500	0.03	105
2	3000	3000	0	6000	0.018	108
2	3000	12500	0	15500	0.012	186
2	12500	500	0	13000	0.02	260
2	12500	3000	0	15500	0.012	186
2	12500	12500	0	25000	0.008	200
3	500	500	500	1500	0.0125	18.75
3	500	500	3000	4000	0.0075	30
3	500	500	12500	13500	0.005	67.5
3	500	3000	500	4000	0.0075	30
3	500	3000	3000	6500	0.0045	29.25
3	500	3000	12500	16000	0.003	48
3	500	12500	500	13500	0.005	67.5
3	500	12500	3000	16000	0.003	48
3	500	12500	12500	25500	0.002	51
3	3000	500	500	4000	0.0075	30
3	3000	500	3000	6500	0.0045	29.25
3	3000	500	12500	16000	0.003	48
3	3000	3000	500	6500	0.0045	29.25
3	3000	3000	3000	9000	0.0027	24.3
3	3000	3000	12500	18500	0.0018	33.3
3	3000	12500	500	16000	0.003	48
3	3000	12500	3000	18500	0.0018	33.3
3	3000	12500	12500	28000	0.0012	33.6
3	12500	500	500	13500	0.005	67.5
3	12500	500	3000	16000	0.003	48
3	12500	500	12500	25500	0.002	51

3	12500	3000	500	16000	0.003	48
3	12500	3000	3000	18500	0.0018	33.3
3	12500	3000	12500	28000	0.0012	33.6
3	12500	12500	500	25500	0.002	51
3	12500	12500	3000	28000	0.0012	33.6
3	12500	12500	12500	37500	0.0008	30
					1	$ 3,650

보험에서 **순純보험료**라 함은 특정 리스크의 손실 발생 빈도와 손실 규모를 곱한 예상 손실에 상당하는 보험료이다. 생명보험의 순보험료는 다음과 같은 가정하에 산정된다.

- 보험료는 연초에 지급된다.
- 사망 보험금은 연말에 지급된다.

다음 표의 통계를 이용하고 연이율 5%를 가정하여 나이 30, 40, 50, 60세 된 성인의 생명보험(보험가입금액 $5,000) 순보험료를 산정해 보자.

Age	No of Insureds	No of Deads	Loss Frequency	Loss Severity	Expected Loss	PV(Exp Loss) @ 5%
30	9,579,998	16,573	0.0017299	$5,000	$8.65	$8.24
40	9,377,225	28,319	0.0030199	$5,000	$15.10	$14.38
50	8,966,618	60,166	0.0067099	$5,000	$33.55	$31.95
60	8,084,266	129,995	0.01608	$5,000	$80.40	$76.57

(5) 최적 리스크 관리 수단의 선택

리스크 관리 수단엔 어떤 것들이 있는가?

가. 리스크 회피

리스크 회피(Risk Avoidance)는 손실위험을 완전히 제거하여 손실 발생 확률을 '0'으로 만드는 리스크 관리 방법이다. 예를 들어 향후에 배상책임손실을 발생시킬 여지가 많은 신제품의 개발을 포기하는 경우가 이에 해당한다. 리스크 회피 방법의 한계는 모든 리스크에 대한 회피가 항상 가능할 수 없으며, 기회비용을 고려해 볼 때 리스크 회피가 항상 최선의 선택이라고 할 수는 없다는 것이다. 또한 특정 리스크의 회피는 또 다른 형태의 리스크를 야기할 수 있다.

나. 손실 통제

손실 통제(Loss Control)를 통한 리스크 관리는 기업이 회피하지 않은 리스크를 보다 잘 수용할 수 있도록 손실 발생 빈도 및 손실 규모를 줄이는 방법이다. 즉, 상품의 정기적 품질점검, 수선, 방화벽 설치, 스프링클러 설치, 도난방지 알람 설치, 재해근로자 재활 프로그램 강화 등과 같은 조치를 수행하는 것이다. 예를 들어 재고창고를 두 개로 나누어 손실 발생 단위를 분리하게 되면 손실 발생 빈도가 증가하겠지만 손실 규모는 작아진다. 또한 주요 서류의 복사, 주요 정보의 backup 등의 조치도 손실 발생 빈도를 증가시키기는 하지만 손실 규모를 작게 만들 수 있다.

다. 리스크 보유

리스크 보유(Risk Retention)는 특정 리스크로부터 발생 가능한 손실의 전부 또는 일부를 조직 스스로 보유保有하는 리스크 관리 방법이다. 예를 들어 다양한 리스크에 노출된 가계, 기업, 조직체가 리스크로 인해 발생 가능한 경제적 손실에 대비하여 스스로 규칙적으로 기금을 조성해 두었다가 손실 발생 시 이 기금에서 손해를 커버하는 자가自家보험(self-insurance)이 이에 해당한다. 리스크 보유는 일반적으로 손실 규모가 그다지 크지 않아서 소규모의 준비금으로도 손해 커버가 가능하다고 예상되는 경우에 사용된다.

라. 리스크 전가

리스크 전가轉嫁(Risk Transfer)는 계약 등을 통해 제3자에게 리스크를 전가하는 방법이다. 여기에는 보험을 통한 리스크 전가, 책임면제 합의 계약 등이 있다.

보험이란 피被보험자에게 우연한 손실이 발생하는 경우 이러한 손실에 대한 보상補償을 약속하는 보험자에게 리스크를 전가하고, 보험자는 다수의 동질적인 리스크를 pooling하는 것이다. 계약을 통한 리스크 전가의 다른 예로서 컴퓨터 센터의 컴퓨터 리스계약 체결을 들 수 있다. 또한 책임면제 합의 계약의 예로 빌딩건설 계약 중 책임면제 합의 조항을 들 수 있는데, 건물주는 이를 근거로 건설 중에 발생하는 여하한 사고로부터의 손실에 대한 책임을 시공업자에게 전가할 수 있다.

DHC 뉴스

동원증권 사고

28일 동원증권에서 터진 사상 최악의 사고는 증권사 임직원들의 안전불감증과 허술한 전산시스템이 빚어낸 합작품이다. 우선 동원증권 임직원들이 시설물에 대한 관리만 제대로 했다면 막을 수 있었던 사고라는 지적이다. 또 전산 백업(Back up)시스템을 주 전산실에서 분리시켜 별도로 설치했다면 사고 확산을 피할 수 있었다. 배수파이프 이음쇠 파손이라는 경미한 사건이 동원증권 전체 업무 중단이라는 최악의 사고로 이어진 것이다. 동원증권은 잇딴 사이버 거래시스템 다운에 이어 업무 완전중단이라는 초유의 사고로 신인도에 타격을 입게 되었다.

◉ **사건 개요** : 오전 11시 20분께 본사 5층 천장에 설치된 배수파이프 이음쇠가 파괴됐다. 정기적으로 실시 중인 수압테스트 과정에서 이음쇠가 떨어져 나간 것이다. 새어나온 물이 5층 바닥으로 떨어졌고 이 물은 4층 전산실로도 흘러들었다. 이 때문에 메인 컴퓨터와 백업시스템이 물에 젖어 회사 측은 전산시스템 작동을 오전 11시 40분께 완전 중단시켰다. 마감시간 전까지 전산시스템을 복구하려 했으나 물에 젖은 컴퓨터를 말리지 못해 실패했다.

◉ **투자자 피해** : 이 사고로 동원증권 이용고객들은 오전 11시 40분 이후 모든 증권거래를 하지 못했다. 수기手記 방식의 처리도 이뤄지지 못했고 일부에선 전화마저 불통됐다.

동원증권은 하루 3천억원 정도의 매매를 체결시켜 주고 있으며, 매매고객은 하루 평균 1만 5천~1만 6천여 명이다. 계좌 수는 51만여 개다. 이용고객 중 미수나 신용을 이용해 매매한 투자자의 피해가 클 것으로 보인다. 또 전산이 28일 중 복구되지 않는다면 29일 진행될 한국중공업 환불에도 차질이 불가피하다.

◉ **사고 대응** : 김용규 동원증권 사장은 "28일 밤늦게 시스템 정상 작동 여부를 테스트해 봐야 29일 정상거래 여부를 알 수 있다"고 밝혔다. 그는 "백업시스템이 2중 3중으로 돼 있어 데이터의 손상은 없을 것"이라고 덧붙였다. 동원증권은 29일 정상거래가 이뤄지지 않더라도 각 지점의 체크단말기 및 콜센터의 체크단말기 등을 통해 거래할 수 있다고 밝혔다. 전산시스템이 복구되지 않으면 29일 입출금은 이뤄지지 않는다. 다만 돈이 급한 고객은 지점장 재량 하에 찾을 수 있다고 회사 측은 설명했다.

◉ **피해보상 문제** : 고객들 사이에선 이미 손해배상 청구 소송 움직임이 감지되고 있다. 일부 증권사이트에선 공동으로 소송을 제기하자는 글이 올라오고 있다. 만약 소송이 불거진다면 투자자들의 잘못이 없는 만큼 동원증권에 불리하게 전개될 것이라는 게 전문가들의 판단이다.

한편 동원증권의 김 사장은 "보험 적용 여부는 시공사인 대우건설에 문의해 봐야 알 수 있다"고 말했다. 또 피해보상에 대해선 "사안별 · 유형별로 나눠 검토하겠다"고 덧붙였다.

자료 : 한국경제신문, 2000. 9. 29.

리스크 회피, 손실 통제, 리스크 보유, 리스크 전가 등의 어느 한 방법도 모든 리스크에 최선일 수는 없다. 각 방법의 편익과 비용을 감안하여 해당 리스크에 최적의 관리 수단을 선택하는 지혜가 필요하다.

표 1-1 리스크 관리 수단 평가

리스크 관리 수단	장점	단점
리스크 회피	손실 발생 가능성 "0"	항상 가능하지 않으며, (기회비용을 고려할 때) 꼭 최선의 선택이라고 할 수 없음
손실 통제	손실 예방과 손실 감소 효과	관리비용 발생
리스크 보유	리스크 관리비용 절감	대형 손실에 대처할 수 없음
리스크 전가	안정성 제고	보험료와 같은 비용 부담

마. 최적 리스크 관리 기법의 선택

가장 좋은 리스크 관리 수단은 어떻게 선택하나?

앞서 잠재적 손실의 분석을 통해 특정 리스크의 손실 발생 빈도(frequency)와 손실 규모(severity)를 측정한 바 있다. 우리는 이 자료를 바탕으로 특정 리스크에 최적인 리스크 관리 수단을 모색할 수 있다. 예를 들어 편의상 손실 발생 빈도를 거의 발생하지 않는 경우(rare), 낮은 빈도(low)의 경우, 높은 빈도(high)의 경우 세 등급으로 나누어보자. 같은 식으로 손실 규모(severity)도 소형 손실(low)과 대형 손실(high) 두 등급으로 나눌 수 있다. 이와 같이 '3 frequency × 2 severity' Matrix로 리스크 성질을 구분해 각각의 경우에 해당하는 리스크의 예를 생각해 보고, 각각의 리스크에 가장 적합한 관리 수단을 모색해 보면 대충 다음과 같을 것이다.

표 1-2 리스크 Matrix와 최적 리스크 관리 수단

Loss Severity / Loss Frequency	Low	High
Rare		보험 Ex) 우주왕복선 Challenger 폭발(1986)
Low	리스크 보유 Ex) 볼펜 분실	보험 Ex) 화재, 해상손해, 사망, 자동차 사고, 암, 장애
High	손실 통제/리스크 보유/보험 Ex) 작업장 안전사고	리스크 회피/보험 Ex) 아기 분만 중 의료사고

앞의 리스크 Matrix 분석에서 보다시피 상대적으로 손실 규모가 큰 리스크의 경우 보험을 포함한 리스크 전가가 최적의 리스크 관리라 할 수 있다. 즉, 보험료라는 비용 부담에도 불구하고 큰 손실을 입을 수 있는 불확실성에 대해 리스크를 보험자에게 전가하는 방법이 가장 경제적이고 효율적인 리스크 관리라는 것이다.

물론 보험만이 유일한 리스크 관리 수단이 아닌바 상황이나 주어진 리스크에 따라 최적의 관리 수단을 모색하는 현명함이 요구된다.

DHC 뉴스

현대건설 사우디 주베일 항만 공사 리스크 관리

—주베일 산업항을 만들 때의 얘긴데요. 나중에 영화도 만들어져 한국인의 '하면 된다'는 사고와 용기를 상징하는 대표적 신화의 하나가 되기도 했습니다만, 지금 생각해도 아찔합니다. 무슨 배짱으로 그 거대한 철구조물들을 울산에서 아라비아 반도까지 바지선으로 끌고 갈 생각을 했던 겁니까.

"주베일 산업항 공사에 소요되는 철구조물을 울산에서 제작하여 바지선으로 중동까지 끌고 간 일은 밖에서 보기에는 분명 모험이었고, 바보짓이라고 비난하는 사람들도 있었다는 것을 압니다. 그뿐이 아니예요. 그토록 위험한 수송작전을 감행하면서 鄭회장의 현대건설은 위험에 따른 보험에 가입하지 않았어요. 왜 그랬을까요. 鄭회장을 비롯한 현대건설 사람들이 모두 미쳤기 때문일까요? 반대입니다.

당시 우리는 보험에 들지 않아도 된다는 치밀한 계산과 구상을 했습니다. 울산에서 바지선으로 끌고 간 철구조물들은 그 부피가 산 같았습니다. 남지나해와 인도양 등 험한 바다 위로 거대한 산을 끌고 가면서, 그것도 한두 번이 아니고 수십 번에 걸쳐 같은 일을 반복하는 것도 바보짓인데 보험조차 들지 않았다는 것은 대체 무슨 배짱이었을까요. 이유는 간단해요.

철구조물은 거대하지만 직경 1m가 넘는 파이프로 이루어져 있고, 그 양쪽 끝부분은 모두 막혀 있으므로 배가 침몰하여 물에 빠져도 가라앉지 않도록 되어 있어요. 鄭회장의 참모들은 계산했습니다. 필리핀 앞바다는 계절풍이 불면 아주 위험한데 수송작전은 계절풍을 피해서 다닐 만큼 한가한 일이 아니었어요.

그렇다면 태풍에 의한 조난을 각오해야 할 텐데 그 경우 철구조물이 해류를 타고 어디까지 흘러가서 멈출 것인가를 계산해 보니 대만해협으로 떠내려갈 것이라는 계산이 나와요. 그렇다면 비싼 보험료를 내는 것보다는 조난당해도 건져서 사용하는 것이 경제적이고, 시간도 덜 소요되어 중동 공사를 차질 없이 하는 데도 도움이 된다는 판단을 했던 것입니다. 물론 최종 판단과 각오는 鄭회장의 몫이었지요."

—실제로 조난당한 일도 있었지요?

"한 번 사고가 났어요. 바로 그 필리핀 앞바다에서 조난을 당했는데, 우리는 대만에서 헬리콥터를 빌려 추적을 했지요. 철구조물은 해류를 타고 흘러 당초 예상했던 대로 대만 근해에서 찾아냈지요. 그걸 다시 실어 중동으로 떠났어요. 보험에 들어도 그 이상의 무슨 수가 있었겠습니까."

자료 : 월간조선, 이명박 씨 취재 기사, 2001. 5.

DHC 씨네마 21

발칙한 MIT 천재들의 라스베가스 무너뜨리기

"위너, 위너, 치킨 디너(승자, 승자, 닭고기 저녁)!". 그 말이 밤새 머리 속에 맴돌았다. 그건 베가스의 전통인데, 왕년의 카지노 관리자에게 물어보면 알 것이다. 중국인 딜러 오피니온이 지어냈다고 한다. 그는 블랙잭이 나올 때마다 외쳤다고. 그게 40년 전인데, 아직도 통한다. "위너, 위너, 치킨 디너!" 그날 밤 14번은 들었다. 우선, 내가 하던 일은 불법이 아니었다. 그걸 찾아낸 사람들과 모임이 있었고 합법적이지만 아무나 할 수 있는 건 아니다. 타고난 재능이 있는 사람들만 가능했으며, 나는 재능이 있었다. 그래서 이런 난장판에 빠져들게 되었다. 나는 카드를 셌고, 64만 달러 이상을 땄다.

MIT 졸업과 동시에 하버드 의대 입학을 앞둔 수학천재 '벤'. 그의 뛰어난 수학 능력을 탐내는 '미키' 교수는 비밀리에 활동하는 MIT 블랙잭 팀에 가입할 것을 권한다. 30만 달러의 등록금이 절실히 필요했던 벤은 결국 유혹을 거절하지 못하고 팀에 가입한다.

팀의 리더이자 블랙잭의 허점을 간파한 미키 교수는 최고의 수재들만을 선발해 앞으로 나올 카드와 자신의 승률을 예측할 수 있는 '카드 카운팅' 기술, 그리고 팀의 '비밀 암호'를 철저히 훈련시킨다. 신분을 위장하여 주말마다 라스베가스로 날아가 어마어마한 돈을 벌어들이는 MIT 수학천재들. 하지만 호화로운 세계에 빠져 짜릿한 나날을 보내는 것도 잠시. 카드 카운팅을 엄격히 단속하고 있는 카지노 측의 베테랑 보안요원 '콜'이 이들의 비밀 행각을 눈치채면서 최강의 블랙잭 팀은 위기를 맞는데……

자료 : http://movie.naver.com/movie/bi/mi/basic.nhn?code=69040

블랙잭 보험을 아시나요?

카지노의 블랙잭 테이블에 가 보면 I-N-S-U-R-A-N-C-E 라고 크게 씌어 있는데 이게 바로 블랙잭 보험이다. 블랙잭 딜러의 face up 카드가 A일 때 플레이어는 딜러의 블랙잭 가능성에 대비, 최초 베팅액의 1/2에 해당하는 보험료를 내고 보험에 가입할 수 있다. 이때 딜러가 블랙잭이면 플레이어는 보험료의 2배를 받지만, 블랙잭이 아니면 보험료를 잃는다.

투기적 리스크인 도박 리스크에 대해서 보험에 가입할 수 있다? 사행성을 조장하는 이런 보험이 어떻게 가능할까요? 그렇다면 고스톱 보험도 만들어 봐야겠다. ㅎㅎ 그런데 블랙잭 보험은 진정한 의미의 보험이 될 수 없다.

한 가지 더, 과연 경제적인 의사결정을 하는 합리적인 사람은 블랙잭 보험에 가입하는 게 유리할까요? 가입하지 않는 게 유리할까요?

DHC 라이브러리 글로벌 위험사회(Global Risk Society)

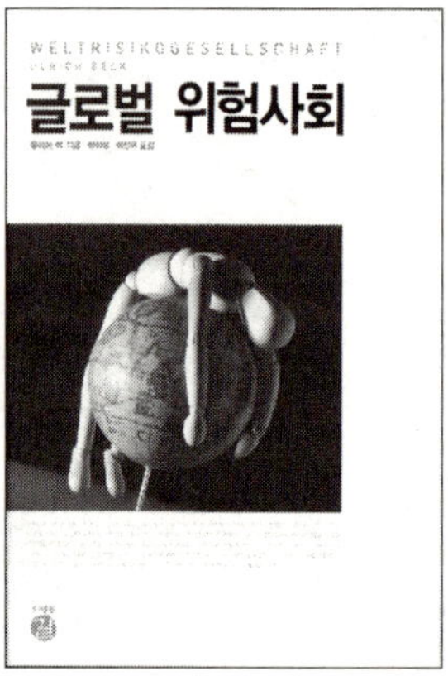

울리히 벡 지음 | 박미애 · 이진우 옮김
도서출판 길 | 2010년

현대문명이 산출한 문제들이 더 이상 국가의 틀 안에서 해결될 수 없다는 것이 자명한 오늘날의 사회를 성찰하는 전제조건은 '글로벌리즘'이다. 『위험사회』를 발표하여 전 세계의 주목을 받았던 저자는 '위험사회론'이 우리의 삶 도처에서 유용하게 적용되고 있으며, 그것이 이렇게 '글로벌화' 함을 역설한 신작 『글로벌 위험사회』를 발표하여 다시 한 번 세계적인 반향을 불러일으키고 있다.

저자는 이 책에서 근대와 함께 시작되었고 현대를 여전히 지배하고 있으면서 동시에 미래사회의 근본 성격을 결정짓는 핵심적 성격을 '위험'으로 분류하고 있다. 특히 기후변화, 금융위기, 테러리즘과 같이 인류 문명이 산출해 낸 '내재적 위험'에 주목하면서 현대사회는 이 관점에서 근본적으로 리스크 사회라고 이야기한다. 특히 이러한 위험들은 현대화 과정에서 산출된 위험으로, 현대화를 위해 우리가 감수한 위험들이기 때문에 이러한 현상에 대한 성찰의 여지가 있음을 보여주고 있다.

또한 저자는 위험조건에서 어떻게 인류가 공존할 수 있는지를 다루는 정치적·윤리적 성찰로서 '세계시민주의'라는 개념을 다루고 있다. '과연 글로벌 리스크는 세계시민주의를 가져올 것인가?'라는 물음에 저자는 글로벌 리스크의 반응 중 하나인 '변형'을 통하여, 글로벌 리스크가 현대문명의 비의도적 부작용인 것처럼 의도하지 않은 새로운 시작을 가져올 수 있다는 입장을 견지한다. 따라서 저자는 이러한 글로벌 리스크가 '계몽적 기능'을 가진다고 믿는다. 저자의 성찰적 현대화에 대한 담론을 통하여 현대화로 인해 진행된 위험의 자각과 그에 대한 반성적 입장과 유효한 대안 담론에 대해 확인할 수 있다.

자료 : http://book.naver.com/bookdb/book_detail.nhn?bid=6372737

울리히 벡 교수는 이미 오래 전부터 우리 현대사회를 '리스크 사회(Risk Society)'로 부르고 있다. "현대사회는 기본적으로 리스크 사회이다. 우리가 당면하고 있는 많은 리스크들은 현대화 과정의 부산물로 파생된 것들인데 …… 이제는 세계화 과정에서 글로벌 차원으로 확산되고 있다."

매우 안타깝게도 우리 조국 대한민국이 가장 대표적인 리스크 사회 중의 하나가 되지 않을까 싶다. 2013년 세밑의 대한민국을 보자. 이혼율 상승, 가계부채와 경기 불황으로 개인 파산과 기업 도산 증가, 가정 파괴, 공교육 부실 심화와 치솟는 사교육비, 대책 없는 부동산 문제와 전세값 폭등, 극심한 경쟁체제 속에서 없는 자들의 불만 고조, 심각한 청년 실업, 찾기 힘든 도덕 윤리 의식, 있는 자와 없는 자 간의 양극화 심화, 철도노조 파업 사태와 같은 사회 갈등 심각, 정치권의 사회 갈등 중재 노력 부족과 극심한 이권 다툼, 5년 주기의 집권 체제 변화에 따른 사회 불확실성 심화, 잘나가는 일부 대기업과 날로 어려워하는 중소기업 간의 격차 심화, 대외 여건 리스크가 큰 무역 의존도 심각, 환경 파괴, 조류독감 등 신종 악성 전염병 증가, 날로 빈번해지고 파괴력이 커지고 있는 자연재해, 원자력 사고와 같은 인재人災와 방사능 공포, 일반인들은 가늠조차 하기 어려운 기기묘묘한 파생상품의 등장과 대형 금융 실패, 거의 10년 주기로 터지는 글로벌 금융사고와 국제 경제위기, 앞길을 예측하기 힘든 북한 리스크, 세계적으로도 유례를 찾기 힘든 대한민국의 고령화 등. 정치, 경제, 사회, 문화 각 분야에서 우리 조국 대한민국의 리스크는 실로 그 종류나 문제성 차원에서 심각한 정도에 접어들고 있다고 판단된다. 2013년 현재 대한민국은 리스크 사회가 맞다.

그렇다면 어찌해야 하나? 어차피 우리는 자본주의를 표방하고 피할 수 없는 경쟁 시스템에 살고 있으니 각자가 알아서 (남 신경 안 쓰고) 살아남고 잘 먹고 잘살면 그만인가? 아니다. 적어도 지난 40년간의 경제위기나 사회위기들의 교훈을 종합해 볼 때 치열하게 경쟁하여 나만 우리 조직만 잘살겠다는 방식은 틀렸다고 본다. 이제 우리는 지속 성장을 추구하는 입장에서 건실한 경제적 성과를 기반으로 가급적이면 많은 이들과 함께 상생하며 오랫동안 잘 먹고 잘살 수 있는 사회를 만들도록 노력해야 한다.

보험

Risk Management and Insurance

ch. two

02

1. 보험의 메커니즘

2. POOLING과 리스크 감소

3. 보험과 리스크

1 보험의 메커니즘

Risk Management and Insurance, ch. two

왜 우리는 보험에 대해 관심을 갖고 연구를 해야 할까?

1.1 보험의 기본 개념

오늘날 보험은 우리 생활의 일부가 되었다. 이제는 자동차보험 없는 우리 사회를 상상하기 어렵고, 건강보험 없이 험한 세상을 살아갈 자신도 결코 없다. 이런 보험에 대해 우리는 얼마나 잘 알고 있는가?

앞 장에서 논의한 바와 같이 보험은 여러 리스크 관리 수단 중의 하나이다. 그러나 그 어떤 리스크 관리 수단보다 보험은 과학적이고 경제적인 수단이다. 보험은 우리에게 이미 더없이 소중한 제도이며, 앞으로도 우리 사회의 지속 가능한 성장을 위하여 보험제도의 발전이 필요하다. 또한 선진 경제에 있어 보험 비즈니스의 영향력은 지대하다. 우리나라를 포함한 선진국들의 경우에 있어 보험 비즈니스의 총 자산은 해당 국가 GDP의 1/3을 넘어선다.

리스크 관리 차원에서의 보험은 다음과 같이 정의된다. **보험**이란 피被보험자(insured)에게 우연한 손실이 발생하는 경우 이러한 손실에 대한 보상을 약속하는 보험자(insurer)에게 리스크를 전가(risk transfer)하고, 보험자는 다수의 동질적인 리스크들을 pooling하는 것이다.

보험의 기본적인 기능은 손실 발생의 가능성에 따라 야기되는 불확실성을 감소시키는 것이다. 즉, 리스크를 감소시키는 것이다. 바로 이 점이 보험을 수요하는 이유이다. 리스크회피(risk averse) 성향을 가진 개인은 리스크, 즉 어떤 손실과 관

Tips 리스크에 대한 개인의 태도는 각자 다를 수 있다. 동일한 리스크에 대해서 어떤 이는 가급적 피하려 할 것이지만 다른 사람은 무관심하거나 심지어 리스크를 선호하는 경우도 있다. 이에 따라 사람들을 리스크회피(risk averse) 형, 리스크중립(risk neutral) 형, 리스크선호(risk loving) 형으로 구분하기도 하는데 카지노에서 쉽게 만날 수 있는 전문 도박꾼들은 결코 리스크회피 형은 아니며 차라리 낮은 확률의 대박을 노리는 리스크선호 형이라 하겠다.

련한 불확실성을 선호하지 않는다.

리스크회피 형 노위험은 그의 유일한 재산으로 시가 10억원의 주택을 소유하고 있다고 하자. 10년 안에 화재로 인해 주택이 전소되어 10억원 모두를 잃게 될 확률이 25%라고 가정하면 예상 손실은 다음과 같이 계산할 수 있다.

예상 손실(Expected Loss) = (0.25) × (10억) = 2.5억원

동 주택에 대하여 순보험료(즉, 예상 손실 상당의 보험료)가 2.5억원인 10년 만기 일시납의 화재보험 가입이 가능하다고 하자. 이런 상황에서 노위험은 동 화재보험에 가입하는 게 좋을까? 아닐까?

Tips 우리들의 삶은 의사결정의 연속이다. 학교를 선택하고, 자기에게 맞는 전공을 찾고, 직장을 고르고, 배우자를 선택한다. 식당을 고르고, 음식을 주문하고, 영화를 선택할 때에도 적지 않은 고민을 한다. 이렇게 우리는 나름대로의 기준에 따라 의사결정을 계속하고 있는데 객관적인 데이터와 확률이 주어진 경우에 있어 경제적인 의사결정 기준으로는 기댓값(Expected Value) 기준과 기대효용(Expected Utility) 기준이 일반적이다.
의사결정 기준으로 우리에게 매우 익숙한 기댓값(Expected Value) 기준은 때로 엉뚱한 결과를 보여주는데 그 대표적인 예가 St. Petersburg Paradox이다.

그림 2-1 **INSURANCE VS. NO INSURANCE**

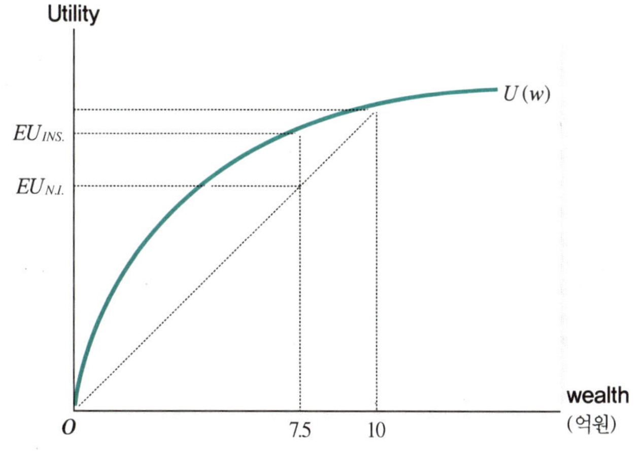

보험에 가입하지 않는 경우의 기대효용은 $EU_{N.I.} = (0.25)U(0\text{원}) + (0.75)U(10\text{억원})$, 보험에 가입할 경우의 기대효용은 $EU_{INS.} = (1.0)U(7.5\text{억원})$이다. 이때 리스크 회피 형인 사람은 $EU_{N.I.} > EU_{INS.}$라면 보험에 가입하지 않을 것이고, $EU_{N.I.} < EU_{INS.}$라면 보험에 가입할 것이다.

$$EU_{INS.} = (1.0)U(7.5\text{억})$$
$$EU_{N.I.} = (0.25)U(0) + (0.75)U(10\text{억})$$

[그림 2-1]에서와 같이 리스크회피 형 개인의 경우에 해당되는 일반적인 효용곡선을 분석해 볼 때 우리는 보험에 가입하는 경우의 기대효용이 보험에 가입하지 않는 경우의 기대효용보다 높다($EU_{INS.} > EU_{N.I.}$)는 사실을 확인할 수 있다. 따라서 리스크회피 형 노위험은 보험료 2.5억원을 지불하고 동 화재보험에 가입하는 것이 경제적으로 유리하다.

Tips 순보험료, 즉 원가만 받고 화재보험에 가입할 수 있다는 전제 하에 노위험은 당연히 동 보험에 가입했다. 그런데 실제로는 원가만 받고 비즈니스를 하는 보험사는 찾기 힘들고, 우리가 내는 보험료엔 원가 외에 영업비용과 일정 마진 등이 붙는다. 순보험료를 훨씬 초과하는 많은 보험료를 내야 한다면 노위험은 여전히 보험에 가입하는 것이 유리할까?

Tips St. Petersburg Paradox

동전 던지기 게임을 생각해 보자. A가 동전을 던져서 앞면이 나오면 B는 A에게 2달러를 주고 게임은 끝나고, 뒷면이 나오면 A는 다시 동전을 던진다. 만약 두 번째 던지기에서 앞면이 나오면 B는 A에게 2^2달러를 지불하고 게임은 끝나는데, 뒷면이 나오면 A는 다시 동전을 던지게 된다. 이런 식으로 동전의 앞면이 나올 때까지 게임은 계속되는데 만약 n번째 던지기에서 앞면이 나오면 B는 A에게 2^n달러를 지불해야 한다. 오랫동안 계속 뒷면이 나오다가 결국 언젠가 앞면이 나오면 A는 큰돈을 받게 될 것이다.

그렇다면 이 게임에 참여하기 위해서 A는 B에게 얼마만큼의 참가비를 지불하겠는가? 물론 개인에 따라 차이는 있겠지만 10달러 이상의 참가비를 내고 이 게임에 참여하는 사람은 드물 것이다. 왜? 왜 사람들은 큰돈을 벌 수도 있는 이 동전 던지기 게임에 10달러 이상을 지불하려 하지 않는 걸까?

18세기 스위스의 수학자 Daniel Bernoulli가 러시아의 St. Petersburg에서 강의를 하며 착안했다고 해서 'St. Petersburg 역설'이라고 불리는 이 문제를 분석하기 위해 이 게임의 기댓값을 구해보자. 던졌을 때 앞이나 뒤가 나올 예상 확률이 정확히 50 : 50인 동전의 앞면을 H(Head), 뒷면을 T(Tail)라고 하자.

	Outcome	Probability	Sequence required to produce outcome
St. Petersburg Paradox	\$2	1/2	H
	2^2	$1/2^2$	TH
	2^3	$1/2^3$	TTH
	·	·	·
	·	·	·
	·	·	·
	2^n	$1/2^n$	TT…[(*n* − 1 times)]…H

이 게임의 기댓값은 다음과 같다.

$$\Sigma P_i X_i = 2(1/2) + 2^2(1/2)^2 + 2^3(1/2)^3 + \cdots + 2^n(1/2)^n + \cdots$$
$$= 1 + 1 + 1 + \cdots$$
$$= \infty$$

이와 같이 무한대의 기댓값을 갖는 이 게임에 사람들은 어째서 10달러 이상의 참가비를 내려 하지 않는 걸까? 우리가 의사결정에 많이 사용하고 있는 기댓값 기준이 전혀 도움이 되지 않는 좋은 예이다.

1.2 보험의 특성

보험의 특성 두 가지는?

(1) 리스크 전가

보험의 특성은 피보험자로부터 보험자로의 **리스크 전가**(risk transfer), 즉 보험자가 피보험자로부터 리스크를 인수하는 것이다. 이때 금전적 책임의 전가가 발생하게 되는데, 생명보험(life insurance)의 경우 피보험자가 사망할 경우 약정된 보험금을 보험수익자에게 지급한다. 재산보험(property insurance)에선 재물의 피해에 대한 보상을, 배상책임보험(liability insurance)에선 제3자에 대한 배상책임에 대해 보상을, 건강보험(health insurance)에서는 피보험자의 질병 또는 상해에 대해 의료비 등을 지급한다.

(2) POOLING

보험의 또 다른 특성은 POOLING을 통해 리스크를 감소시키는 것이다. **POOLING**은 다수의(large number) 동질적인(homogeneous) 리스크들의 모집을 의미한다. POOLING과 그에 따른 보험자의 손실 예측의 정확성은 리스크 전가를 용이하게 한다.

POOLING을 통한 리스크 감소 메커니즘에 대해 좀더 자세하게 분석해 보자.

2 POOLING과 리스크 감소

Risk Management and Insurance, ch. two

2.1 POOLING

리스크의 POOLING이라 함은 소수가 입은 손실을 그룹 전체에 분산시키는 것으로서 이러한 손실의 분산과정에서 실제손실은 평균손실로 대체된다. POOLING은 다수(large number)의 동질적인(homogeneous) 리스크들의 모집이며, POOLING은 미래에 발생 가능한 손실을 정확하게 예측하기 위해 필수적이다.

2.2 리스크 감소(Risk Reduction)

대수大數의 법칙(Law of Large Number)에 따르면 표본의 크기 혹은 실험 횟수를 늘리면 늘릴수록 실제결과가 예상 결과에 가까워진다. 예를 들어, 동전을 던져서 앞면 혹은 뒷면이 나올 확률은 0.5이지만, 실제로 동전을 열 번 던질 때 반드시 앞면과 뒷면이 정확하게 다섯 번씩 나오는 것은 아니다. 그러나 시행 횟수를 증가시키면 실제 결과가 예상 결과에 근접하게 된다.

POOLING 메커니즘에 따라 다수의 동질적인 리스크들을 모집함으로써 보험자는 미래의 손실에 대한 예측을 보다 정확하게 할 수 있고, 결국 리스크를 감소시킬 수 있게 된다. 다시 말해, POOLING과 그에 따른 보험자의 손실 예측의 정확성은 리스크 전가를 용이하게 한다.

POOLING을 통한 리스크 감소 효과를 자동차 사고 리스크와 자동차보험의 예를 들어 살펴보도록 하자.

분석에 쓰이는 부호들은 다음과 같다.

F = 자동차 사고 리스크 한 단위의 손실 발생 빈도
S = 자동차 사고 발생 시 손실 규모(원)
L_i = 자동차 사고 리스크 한 단위의 총 손실(원)
L = 자동차 사고 리스크 전체 그룹의 총 손실(원)

$$L = \sum_{i=1}^{n} L_i$$

여기서 n = 그룹의 크기(즉, 리스크의 수)

자동차 사고에 따른 손실을 생각해 보자. 각 손실의 발생은 독립적이며, 동질적(즉, 같은 평균값과 같은 분산)이라고 가정한다.

$$L_i \sim (\mu, \sigma^2)$$

여기서 i = 자동차 사고 i

이제 표본의 크기가 n인 자동차 사고 손실의 표본을 생각해 보자.

L_1 = 자동차 사고 1에 따른 손실 $L_1 \sim (\mu, \sigma^2)$
L_2 = 자동차 사고 2에 따른 손실 $L_2 \sim (\mu, \sigma^2)$
$\vdots$ $\vdots$
L_n = 자동차 사고 n에 따른 손실 $L_n \sim (\mu, \sigma^2)$

L = 자동차 사고 전체 그룹의 총 손실 $L \sim (n\mu, n\sigma^2)$

상기한 자동차 n대가 모두 특정 자동차보험에 가입했다고 가정하는데 여기서 POOLING이 이루어지게 되는 것이다. 보험을 통한 POOLING 후 자동차 한 대당 평균손실, 즉 L/n의 평균값과 분산은 다음과 같이 정리된다.

$$E(L/n) = (1/n) \times n\mu = \mu$$

$$Var(L/n) = (1/n^2) \times Var(L) = (1/n^2) \times n\sigma^2 = \sigma^2/n$$

$$\therefore L/n \sim (\mu, \sigma^2/n)$$

POOLING 전의 개별 리스크(L_i)와 POOLING 후의 평균 리스크(L/n)를 비교해 볼 때, POOLING 후에 리스크 한 단위당 평균 리스크가 크게 감소됨을 확인할 수 있다.

$$L_i \sim (\mu, \sigma^2) \quad vs \quad L/n \sim (\mu, \sigma^2/n)$$

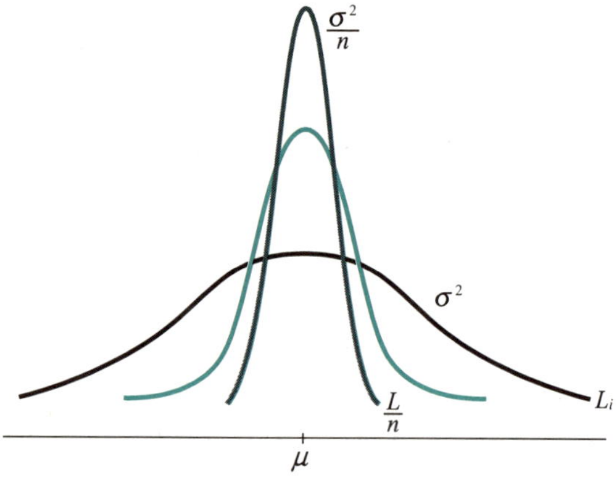

결론적으로, POOLING과 그에 따른 보험자의 손실 예측의 정확성이 피보험자로부터 보험자로의 리스크 전가를 용이하게 하는 것이다.

3 보험과 리스크

Risk Management and Insurance, ch. two

보험은 모든 리스크를 커버할 수 있는가?

보험에 의해서 모든 위험을 해결할 수 있는 것은 아니다. 보험제도화가 가능한 리스크는 제한되어 있으며, 더욱이 이론적으로는 보험으로 대처할 수 있는 리스크일지라도 실제로는 한계가 있는 경우가 많다.

3.1 부보 리스크

보험이 보상의 대상으로 하는 것은 경제적 불안, 즉 손해의 가능성뿐이다. 따라서 이익의 가능성도 병존하는 리스크, 즉 투기적 리스크는 보험의 대상이 될 수 없다. 그 이유는 투기적 리스크의 경우엔 도덕적 위험이 높아 이득은 자기가 취하고 손해는 보험에서 보상받으려 할 것이기 때문이다. 또한 보험은 손해의 가능성, 즉 손해 발생의 확률을 필요로 하지만 투기적 리스크는 객관적인 확률을 구하기 어려워 보험에서 담보하기는 불가능하다.

보험으로 담보할 수 있는 리스크, 즉 **부보附保 리스크**(Insurable Risk)의 성질을 살펴보자. 첫째, 동질적인 성격의 리스크들이 많이 있어야(large number of homogeneous risks) 한다. 둘째, 고의성이 없는 우연한 손실(accidental and unintentional loss)이어야 한다. 셋째, 금전적으로 측정 가능한 손실(determinable and measurable loss)이어야 한다. 넷째, 지진이나 태풍 피해와 같은 초대형 손실이 아니어야(no catastrophic loss) 한다. 다섯째, 손실 발생 가능성을 어느 정도 예측할 수 있어야(calculable chance of loss) 한다. 여섯째, 보험료 부담이 너무 크지 않아야(economically feasible premium) 한다.

이상의 부보 리스크의 성질을 기초로 하여 우리가 잘 알고 있는 화재 리스크를 분석해 보자. 여기서 한 가지 유념해야 할 것은 화재보험 비즈니스의 운영자가 영리를 추구하는 민영 보험사라는 점으로서 보험사가 동 리스크를 담보하여 사업의 수익성을 꾀할 수 있느냐가 중요하다.

표 2-1 The Risk of Fire as an Insurable Risk

	Q. Does risk of fire qualify as insurable?
1. Large number of homogeneous exposure units	Yes. A large number of homogeneous exposure units are present.
2. Accidental and unintentional loss	Yes. With the exception of arson, most fire losses are accidental and unintentional.
3. Determinable and measurable loss	Yes. If there is disagreement over the amount paid, a property insurance policy has provisions for resolving disputes.
4. No catastrophic loss	Yes. Although catastrophic fires have occurred, all exposure units normally do not burn at the same time.
5. Calculable chance of loss	Yes. Chance of fire can be calculated, and the average severity of a fire loss can be estimated in advance.
6. Economically feasible premium	Yes. Premium rate per $100 of fire insurance is relatively low.

자료 : Rejda, *Principles of Insurance*, 1989.

Tips 경제위기로 인해 많은 사람들이 실직하는 경우가 있다. 이런 실직 리스크는 본인에게나 그의 가정에, 또 그가 속해 있는 사회에 큰 부담이 될 수밖에 없는데 실직 리스크는 민영 보험의 입장에서 부보 가능할까?

3.2 보험의 한계

원칙적으로 부보 가능한 순수 리스크라고 해서 모두 보험상품화가 가능한 것은 아니다. 즉, 보험에는 일정의 한계가 있다. 첫째는 기술적 한계인데, 이는 사고 발생 확률의 측정이 불가능하거나 곤란한 경우이다. 지진이나 폭풍우, 전쟁, 원자력 사고와 같이 발생이 희귀한 리스크들이 이에 해당한다. 그러나 실제로는 사고 발생 확률의 측정이 곤란한 리스크일지라도 재보험이나 보험료 할증을 통해서, 또는 산업정책의 일환으로 정부 지원에 의해 부보 가능해진 리스크도 있다. 수출 진흥을 위해 정부가 운영하는 수출보험이 좋은 예라 할 수 있다.

둘째는 경제적 한계로서 보험의 필요성이 적거나 보험료 부담이 지나치게 과중한 경우에 해당된다. 보험의 필요성이 적은 상황은 사고 발생에 따른 경제적 불이익이 크지 않은 경우이다. 한편, 사고 발생 확률이 높아 예상 손실이 매우 커짐으로써 보험계약자가 지불해야 할 보험료가 아주 비싸질 수 있는데 이런 경우 역시 보험상품화가 어렵다.

DHC 뉴스

무궁화위성 사고

무궁화위성 발사가 끝내 실패로 돌아갈 경우의 경제적 득실은 어느 정도 될 것인가? 무궁화위성이 정지궤도에 진입한 이후 그 수명연한에 따라 차이는 있을 수 있지만 총 투자비는 얼마이며, 실패했을 경우 얼마나 건질 수 있을지 관심을 끌고 있다.

한국통신이 무궁화위성 사업에 투자한 돈은 총 3천 3백 70억원. 이 중 지난 5일 발사한 무궁화 1호기의 위성체 제작비는 4백 62억원이고 발사비용은 3백 69억원으로 총 8백 31억원에 달한다.

한국통신은 이에 따라 삼성화재를 주계약자로 한 국내 11개 보험회사 컨소시엄에 무궁화위성에 대한 보험에 가입했으며, 이들 컨소시엄은 외국 1백 17개 재보험사에 재보험을 들어 놓았다. 한국통신은 무궁화 1호기와 오는 12월에 발사될 2호기에 대한 총 2백 50억원의 보험료 가운데 1백 31억원을 이미 지불했다.

따라서 무궁화위성이 목표궤도에 진입하지 못해 무용지물이 되거나 자체 연료 사용으로 수명이 5년 이하로 줄어들게 되면 8백 31억원의 보험금 전액을 받게 된다고 한국통신은 설명하고 있다.

또 무궁화위성 발사를 맡은 맥도널 더글러스사에는 아직 지불하지 않은 발사용역 비용의 10%인 36억원을 지불하지 않아도 되며 위성체를 제작한 록히드마틴사에는 위성체 비용의 15%인 69억원을 지불하지 않아도 된다. 만약 위성체의 수명이 5년보다 길어지면 줄어든 수명에 따라 보험금을 받게 된다.

줄어든 수명이 1년이면 84억 6천만원을 보험금으로 받게 되며, 2년이면 1백 69억 2천만원, 3년이면 2백 53억 8천만원, 4년이면 3백 38억 4천만원, 5년이면 4백 23억원을 받게 된다. 또한 무궁화호의 수명이 5년 이상이더라도 위성에 탑재된 통신용 중계기 12개와 방송용 중계기 3개 중 하나라도 작동이 되지 않을 경우 보험금을 받게 된다.

통신용 중계기에 대해서는 작동되지 않는 1개당 보험금 전액인 8백 31억원의 4.35%인 36억 1천만원을 지급받게 되며, 방송용 중계기에 대해서는 1개당 17.4%인 1백 44억 6천만원을 지급받게 된다.

즉, 위성의 수명 단축이 3년이고 방송용 중계기 1개가 작동을 하지 않을 경우 받게 되는 보험금은 2백 53억 8천만원과 중계기에 대한 보험금인 1백 44억 6천만원을 합쳐 3백 98억 4천만원이다.

자료 : 한국경제신문, 1995. 8. 14.

DHC 뉴스

KAL기 Guam 추락 사고

KAL 801편 사고 사망자의 시신 운구 및 장례가 치러지면서 보상문제에 관심이 쏠리고 있다.

추락사고로 희생을 당한 미국인 변호사 가족도 미국 샌디에고 고등법원에 대한항공의 귀책을 주장하는 소송을 제기했다. 항공업계 및 국제변호사들은 사고 유가족, 대한항공, 항공기 제작자인 보잉사, 괌공항당국, 미국 정부 등 사고 관련 주체 간에 미국과 한국 법정에서 최고 수천만 달러가 걸린 항공사고 관련 사상 최대 법정 소송이 일어날 것으로 내다보고 있다.

대다수의 한국인 유가족들은 사고 보상이 미흡할 경우 개별적으로 손해배상을 받는다는 입장을 밝히고 있어 이같은 가능성을 뒷받침하고 있다.

서울지법의 이정석 판사는 이와 관련 "사망 당시 직업에 따른 소득기준과 정년 등을 현재 가치로 환산한 금액이 대한항공 측의 보상액수보다 적을 경우 손해배상 청구소송으로 이어질 가능성이 높다"고 말했다.

그는 그러나 "괌공항의 결함 등 복합적인 원인에 의한 사고가능성이 점쳐지고 있어 유가족들에 대한 보상책임 대상은 최종 사고원인이 밝혀져야 한다"는 단서를 붙였다.

지난 16일에는 장례비를 둘러싸고 3천만원을 요구한 유가족 측과 1천 5백만원을 지급하려던 회사 측이 마찰을 빚기도 했다. 결국 대한항공 측이 장례비용 1천 5백만원과 조의금 1천만원씩을 지급키로 해 한고비를 넘겼다. 그러나 유족들의 불만이 많고 앞으로 보상액 산정과정에 적잖은 진통이 빚어질 것이라는 견해가 강한 편이다.

17일 현재 대한항공의 유가족 보상에 대한 원칙은 국제 관례에 따르되 최대한 보상토록 노력하겠다는 입장이다. 사고 희생자에게는 일단 합의가 되는 대로 보험을 통해 보상액을 지급하고 추후 사고원인이 괌공항의 관제실수로 밝혀지는 등 미국 측 책임소재가 확인되면 관제탑 운영회사인 미국 바턴사 등에 구상권을 행사할 방침이다.

대한항공은 동양화재해상보험 등 국내 보험회사에 0.81%, 영국 로이드 등 외국 보험사에 99.19%의 보험을 가입한 상태다. 현재 구체적인 보상안을 영국 보험사와 논의 중이다.

추락사고 원인에 따라 배상책임 소재가 달라지겠지만 대한항공 입장에서는 사태를 오래 끌고갈수록 회사 측에 피해가 오기 때문에 조기 종결을 위해 유가족들과 합의할 수밖에 없는 입장이다. 그만큼 회사 전체적으로 부담이 커지게 되는 셈이다.

자료 : 한국경제신문, 1997. 8. 18.

DHC 씨네마

인 타임(In Time)

커피 1잔 … 4분, 권총 1정 … 3년, 스포츠카 1대 … 59년!
모든 비용은 시간으로 계산된다!!

근 미래, 모든 인간은 25세가 되면 노화를 멈추고, 팔뚝에 새겨진 '카운트 바디 시계'에 1년의 유예 시간을 제공받는다. 이 시간으로 사람들은 음식을 사고, 버스를 타고, 집세를 내는 등 삶에 필요한 모든 것을 시간으로 계산한다. 하지만 주어진 시간을 모두 소진하고 13자리 시계가 0이 되는 순간, 그 즉시 심장마비로 사망한다. 때문에 부자들은 몇 세대에 걸쳐 시간을 갖고 영생을 누릴 수 있게 된 반면, 가난한 자들은 하루를 겨우 버틸 수 있는 시간을 노동으로 사거나, 누군가에게 빌리거나, 그도 아니면 훔쳐야만 한다.

돈으로 거래되는 인간의 수명!
"살고 싶다면, 시간을 훔쳐라!!"

윌 살라스(저스틴 팀버레이크)는 매일 아침 자신의 남은 시간을 보며 충분한 양의 시간을 벌지 못하면 더는 살 수 없다는 사실을 절감하며 잠자리에서 일어난다. 그러던 어느 날, 수천 년을 살 수 있는 헤밀턴이란 남자를 위험에서 구해준 윌은 그에게서 소수의 영생을 위해 다수가 죽어야 하는 현 시스템의 비밀을 듣게 된다. 하지만 그 남자가 100년의 시간을 물려주고 시체로 발견되면서 졸지에 살인자의 누명을 쓰고 쫓기게 된다. 사람들의 눈을 피해 부자들만이 모여 사는 '뉴 그리니치'로 잠입한 그는 끈질긴 타임 키퍼 리온(킬리언 머피)의 추적으로 체포될 위기를 맞지만, 와이스 금융사의 회장 딸인 실비아(아만다 사이프리드)를 인질로 삼아 간신히 탈출한다. 이때부터 윌은 실비아와 함께 누명을 벗고 전 세계를 통제하는 시스템의 비밀을 파헤치려 하는데……

자료 : http://movie.naver.com/movie/bi/mi/basic.nhn?code=76972

세계 인구는 2013년 6월 기준으로 70억 명에 달한다. 그 중에 중국이 14억, 인도가 12억, 미국이 3억, 일본이 2억 2천만, 남한이 5천만, 북한이 2천 5백만 명 등이다.

넘쳐나는 인구의 폭발력은 중국에 가 보면 잘 느낄 수 있다.

상하이 인구 수가 공식적으로 2천 5백만 명(비공식적으론 3천만이란다)이라는데 그 넓은 호주의 인구 수와 맞먹는다. 그 많은 인간들이 도대체 어디서 자고, 하루 세끼 뭘 먹고, 어떻게 싸고(?), 무슨 일들을 하고 다니는지 가만히 생각해 보면 머리가 돌 지경이다.

좁은 지구에 인구가 너무 많다고 하는데 이는 전혀 새로운 얘기가 아니다. 18세기 영국의 경제학자 Malthus는 식량은 산술급수적으로 증가하는데 인구는 기하급수적으로 증가한다면서 인류의 멸망까지도 언급했던 것으로 안다.

최근에 Dan Brown의 신작 *Inferno*를 읽었다. 폭발적으로 증가하는 인구로 인한 지구 멸망을 걱정하는 천재 괴짜 갑부가 비밀리에 위협적인 바이러스를 만들어 세상에 몰래 유포한다는 줄거리이다. 피렌체, 베네치아, 이스탄불 등 인류 역사 도시들을 세밀하게 해부하듯이 넘나들면서 Dan Brown 특유의 방식으로 faction을 풀어 나가는데 소설의 주제는 인구 폭발이었다.

엊그제 2011년 개봉작 In Time을 보게 되었는데 시간을 돈으로 치는 황당한 세상에서 죽지 않기 위해 몸부림치는 '시간이 없어' 가난한 주인공의 얘기이다. "소수가 영생하기 위해서는 다수의 가난한 이들이 죽어야 하거든. 왜냐하면 지구의 자원은 한정되어 있잖아." 105년을 살면서 특별히 가치 없는 삶의 연장은 의미가 없음을 깨달은 '시간을 100년이나 가진' 부자의 고백을 듣게 되면 소름이 끼친다.

이렇게 인구 폭발을 걱정하면서도 일각에선 인구 구성의 문제점을 경고한다. 소위 말하는 Aging Risk 고령화 문제이다. 할아버지, 할머니들은 넘쳐나는데 정작 경제력의 원천인 젊은이들은 날이 갈수록 줄어들고 있다는 섬뜩한 경고다. Demography(인구통계학)에 대한 관심과 연구가 중요한 때이다.

자료 : http://konkuk.ac.kr/~dhchang/

DHC 라이브러리

다가올 세대의 거대한 폭풍(The Coming Generation at Storm)

로렌스 코틀리코프 · 스콧 번즈 지음, 김정혜 · 장환 옮김 | 한언 | 2010년

2003년, 미국의 부동산 거품이 최고조를 향해 치달을 때, 이미 집을 2~3채 가지고 있는 미국의 중년 여성이 다음날 은행 대출을 통해 플로리다에 있는 집을 한 채 더 구입할 예정이라는 인터뷰를 보면서 정말 탐욕스럽구나라는 생각이 들었었다.

이미 그때 일부 전문가들은 앞으로 부동산 거품이 꺼질 확률이 크고 만약 그렇게 되면 상상을 초월하는 경제적 충격이 올 것이라고 경고했다. 그러나 대부분의 사람들은 으레 그렇듯이 호황기일 때에는 정신 못 차리고 투기와 과열에 너도나도 동참해 그것이 오래 갈 것이라는 맹목적인 믿음으로 베팅을 했다.

그것의 결과와 대가가 지금 도래하고 있고, 그 원인으로 서브 프라임 모기지를 지목하고 있다. 물론 맞지만 그 외에도 근원적인 문제는 또 있다. ……

이 책은 2004년에 출간되었으며 저자는 미국국립경제조사국 선임연구원으로 거시경제의 거장이라 불리는 로렌스 코틀리코프 교수이다.

그는 이 책에서 국가기관이 작성한, 통계와 출처가 분명한 공식적인 자료를 근거로 제시하고 있기 때문에 신뢰성이 높은 편이며, 앞으로 20여 년 후의 경제와 사회가 어떻게 될 것인가를 서술하고 있는데 전망은 밝지 못하다.

20년 후에는 경제문제 외에 전 세계적으로 초고령화에 기인한 인구학적 대변동이 같이 맞물리기 때문에 상황은 어느 때보다 심각해질 것이다. 이제 그 시작의 초입에 접어든 것이 아닌가 하는 또 하나의 불편한 진실이 이 책에 담겨 있다.

이 책에서 지은이는 근시안적인 재정정책과 정치적 소용돌이 속에서 표류하는 모든 국가들이 직면하고 있는 이 엄청난 재정적 위기상황을 가장 정확하게 진단하고 투명하게 공개하면서, 폭풍 정면을 향해 가는 우리에게 엄중한 경고를 던진다.

베이비붐 세대의 대거 은퇴를 눈앞에 둔 지금, 초고령사회 진입과 저출산율로 인한 생산가능인구 급감으로 전 세계는 진퇴양난에 빠져들고 있다. 현 상황에서 미국 경제에 다가오고 있는 51조 달러의 어마어마한 재정적자는 감히 상상하기조차 힘든 수치이다. 파산을 향해 전속력으로 질주하는 미국. 오늘날의 경솔한 재정정책은 훗날 반드시 뼈아픈 결과로 돌아올 것이다.

자료 : http://wpkc.egloos.com/viewer/4423184

시력이 좋지 않은 사람의 고충은 이만저만이 아니다. 눈이 편치 못하여 잃게 되는 기회비용이 무척 크다. 눈이 피곤하니 몸도 쉬 지치기 쉽고, 하고 싶은 운동도 제대로 못하며, 안경이라도 걸쳐 쓰면 외모 가꾸기에 영 도움이 안 된다. 무엇보다도 멀리 또 길게 볼 수가 없으니 시력이 좋지 않은 친구들 중에 답답한 이들이 많다. 해서 멀리 내다 볼 줄 모르고 앞에 닥친 일에 허덕이는 경우에 '근시안적(myopic)'이라는 표현을 쓴다.

우리 사회의 근시안적인 문제로 으뜸은 노령화 문제일 것이다. 30~40년 후의 은퇴 계획을 소홀히 하고 있으니 너 나 할 것 없이 안경을 쓸 판이다. 문제는 이 안경이 날이 갈수록 무겁고 두꺼워진다는 것이며, 우리네 안경 값의 적지 않은 부분을 우리 아들딸들이, 또 우리를 알지도 못하는 후손들이 부담하여야 한다는 사실이다.

우리 사회가 노령화 사회에 진입했음은 이미 상식적인 얘기다. 2000년 65세 이상 노인 인구의 비중이 7%를 넘겨 유엔이 정한 '노령화사회'로 진입했던 한국은 2019년에는 노인 인구 14%대의 '고령사회'로 접어들고 2026년에는 20%를 넘는 '초고령사회'로 진입한다. 노인 인구는 2030년에 23.1%까지 높아지고 80세 이상 인구는 지금보다 5.3배 늘어난다.

사랑하는 할아버지, 할머니가 우리 곁에 오래오래 살아 계심은 축복이 아닐 수 없다. 그런데 …… 그런데 말이다 …… 나이 드신 분들의 생활비용을 포함한 사회적 비용이 날이 갈수록 눈덩이처럼 커지고 있으니 문제다. 당장 먹고 살기 바쁜 마당에 노후대책 하란 얘기는 일종의 사치스러운 말이 되기 십상이고 결국에는 적지 않은 노인부양 비용이 사회 전체에 전가될 수밖에 없을 것이다.

바로 이런 이유 때문에 국민연금이나 건강보험을 포함한 사회보험 개혁에 전 세계 모든 국가들이 노심초사하고 있다. 우리 대한민국도 예외가 아니다. 개혁 자체의 필요성에 대해서는 이의가 없지만 문제는 '어떻게'이다. 부담을 최소화하기 위한 부분적인 처방이냐, 뿌리를 뽑기 위한 구조적인 개혁이냐의 쉽지 않은 선택인 것이다.

장 교수의 생각은 근본적이고 구조적인 개혁이 되어야 하지 않겠냐는 것이다. 안경이 너무 무거워지고 두꺼워지면 걸치기조차 어렵게 될 것이고 얼굴을 포함하여 몸까지 망가질 수 있다. 지금 당장은 돈이 많이 들고 또 아프겠지만 근본적인 라식 수술을 통해서 잃어버린 시력을 되찾는 것이 결국 나에게도 좋고, 우리 아들딸의 금전적인 또 정신적인 부담도 줄이는 현명한 처방이 되는 것이 아닐까?

자료 : http://konkuk.ac.kr/~dhchang/

보험시장

II

Risk Management and Insurance

part two

보험계약

Risk Management and Insurance

ch. three

03

1. 보험계약

2. 보험계약의 기본 원칙

3. 보험계약의 특수원리

4. 보험증권과 보험약관

1 보험계약

Risk Management and Insurance, ch. three

보험은 어떻게 가입하나?

보험 가입은 **보험계약**(insurance contract)을 통해 이루어진다. 피被보험이익을 가진 피被보험자(insured) 스스로가 보험자와 보험계약을 체결할 수 있으며, 경우에 따라서 피보험자와 이해관계에 있는 자가 보험료를 내고 보험자와 보험계약을 체결한다. 보험료를 내고 보험계약을 체결하는 자를 보험계약자(policyholder)라고 한다.

무릇 계약은 쌍방 간에 청약과 승낙을 통해 이루어지는데, 보험계약의 경우 보험에 가입하고자 하는 자가 보험 청약을 하고 보험자가 이를 받아들임으로써 보험계약이 체결되며, 계약 체결의 대가로 보험계약자는 보험자에게 보험료를 지불하고 보험자는 피보험자에게 손실이 발생할 경우 이에 대한 보상을 약속한다. 보험계약의 주요 내용은 **보험증권**(insurance policy)에, 보상 내용과 보상치 않는 상황에 대한 자세한 설명은 **보험약관**(insurance provisions)에 기재되어 보험계약자에게 건네진다.

그림 3-1 보험계약

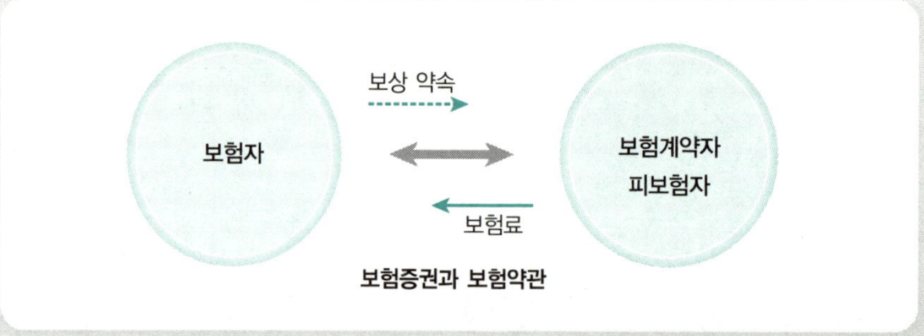

보험계약의 주요 용어와 개념에 대해 정리해 보자.[1] **보험료**(insurance premi-

1. 김창호, 『보험상식 충전소』(2010), pp.38～40.

um)는 보험계약자가 보험에 가입한 후 보험회사에 납부하는 돈이다. 즉, 보험회사의 보험금 지급 약속에 대한 대가로 보험계약자가 보험회사에 납입하는 금액을 말한다. **보험금**(insurance benefits)은 보험료와 대비되는 개념으로 보험계약자에게 보험사고가 발생할 경우 보험회사가 보험수익자에게 지급할 것으로 약정한 금액이다.

다음으로 보험계약을 둘러싼 관계자들에 대해 알아보자. 보험계약 관계자는 크게 보험계약자, 피보험자, 보험수익자, 보험자(보험회사)의 네 개 주체로 나눌 수 있다. **보험계약자**(policyholder)는 보험계약의 권리와 의무를 지는 사람으로 자신의 이름으로 보험회사와 보험계약을 체결하고, 보험계약이 성립되면 보험료를 지급해야 할 의무를 진다. 보험계약자의 자격에는 제한이 없어 법인 또는 복수도 가능하다. 단, 만 19세 미만의 사람이 보험계약자가 되려면 친권자나 후견인(법정대리인)의 동의가 필요하다.

피보험자(insured)는 보험의 대상이 되는 사람으로 보통 피보험자가 사망하거나 질병에 걸리거나 상해 또는 장해를 입는 경우에 대비하기 위해 보험계약이 체결된다. 피보험자 역시 보험계약자와 마찬가지로 여러 명을 지정해도 상관이 없다. 보험계약자 자신이 피보험자가 될 수도 있으며 제3자를 피보험자로 지정할 수도 있다. 이 경우 피보험자의 서면동의가 필수적이다. 단, 만 15세 미만자, 심신상실자, 심신박약자를 사망보험의 피보험자로 하는 계약은 상법상 무효로 규정하고 있다. 이들을 사망보험의 피보험자로 지정하는 일이 가능할 경우 보험금을 목적으로 한 범죄에 악용될 가능성이 있기 때문에 이러한 문제를 원천적으로 차단하기 위함이다.

보험수익자(insurance beneficiary)는 보험회사로부터 보험금을 수령하는 사람으로, 보험계약자로부터 보험금 청구권을 지정받은 사람이다. 보험수익자 역시 그 수나 자격에 제한이 없다. 보험수익자의 지정이나 변경에 대한 권한은 보험계약자에게 있지만 보험수익자를 지정하거나 변경할 때는 피보험자의 동의가 반드시 필요하다.

보험자(insurer)는 통상 보험회사를 말하며, 보험계약자와 보험계약을 체결하고 보험사고가 발생할 경우 보험수익자에게 보험금을 지급할 의무를 진다. 금융감독위원회의 허가를 받은 보험자만이 보험 사업을 할 수 있다.

보험계약에서 말하는 보험사고란 보험회사가 보험금을 지급하기로 미리 약속한 사고를 말한다. 구체적으로는 피보험자의 사망, 상해, 질병 등을 일컫는다. 보험기간이란 보험회사의 책임이 시작되어 끝날 때까지의 보장기간을 말하며, 책임기간 또는 위험기간이라고도 한다. 보험료 납입기간은 보험계약자가 보험료를 납입해야 하는 기간으로, 보험기간과 항상 일치하지는 않는다. 전기납全期納은 보험료 납입기간이 보험기간과 동일한 경우로 보험료를 보장기간 전체에 걸쳐 납입하는 것을 말한다. 이와 반대로 단기납은 보험기간보다 보험료 납입기간이 짧은 것을 말한다.

Tips 춘향전으로 살펴보는 남원종신보험 보험계약

- **보험계약자** : 성춘향
- **피보험자** : 이몽룡
- **보험기간** : 종신
- **보험료** : 10냥
- **보험료 납입기간** : 10년
- **보험금** : 1,000냥
- **보험수익자** : 성춘향(부인), 이태백(아들), 이낭랑(딸)

부인 성춘향이 남편 이몽룡을 피보험자로 하여 종신보험 계약을 체결한 경우를 예로 들어 보험계약과 관련된 용어들을 살펴보자. 이 계약은 피보험자인 이몽룡의 사망을 전제로 하고 있기 때문에 보험계약자인 성춘향은 종신보험 계약 체결 전까지 반드시 피보험자인 남편 이몽룡의 서면동의를 보험청약서에 받아야 한다. 이때 보험료 납입기간은 10년으로 하고, 보험기간은 종신으로 계약했다면 보험료는 10년 동안만 내고 피보험자인 이몽룡이 사망할 때까지 보장을 받는다는 의미다.

이 종신보험에서 말하는 보험사고는 피보험자인 이몽룡이 사망하는 것을 말한다. 보험수익자는 피보험자인 이몽룡이 사망하는 경우 보험금을 받게 되는 사람을 뜻하는데 보험계약자인 성춘향이 정할 수 있다. 이때에도 반드시 피보험자인 이몽룡의 동의를 받아야 한다.

보험계약을 체결할 때 보험수익자를 지정하지 않는 경우도 많은데 이때는 자동적으로 법정상속인이 보험수익자가 된다. 일반적인 경우라면 배우자와 자녀가 1순위의 법정상속인이 되므로 보험계약자인 성춘향과 그녀의 아들 이태백, 딸 이낭랑이 동시에 보험수익자가 된다. 만약 배우자나 자녀가 아닌 다른 사람을 법정상속인으로 지정하고자 한다면 보험회사에 변경할 보험수익자에 대해 미리 알려주어야 한다.

자료 : 김창호, 『보험상식 충전소』, 2010.

DHC 뉴스 강원래 사고 손해배상

인기가수 클론의 멤버인 강원래 씨는 지난해 11월 현대해상화재보험에 자동차보험을 가입했던 고객 차량에 의해 사고를 당해 신체적 · 물질적 손해를 입었다면서 지난 6월 손해배상 청구소송을 제기한 바 있다. 강씨는 소송 제기 당시 소송가액을 명시하지 않았고, 최근에 소송가액을 83억원으로 확정하였다. 소송가액이 이처럼 막대한 규모로 산정된 것은 강씨의 월평균 소득을 3천 6백만원으로 계산하여 60세까지의 평균소득을 호프만식으로 산출하였기 때문이다.

현대해상 측은 자본금의 5% 이상인 손해배상 청구소송이 있을 경우 이를 공시한다는 규정에 따라 이 같은 사실을 공시했다. 현재 현대해상의 자본금은 4백 47억원으로 소송가액 83억원은 자본금의 18.5%에 달한다. 보험회사가 공시를 해야 할 정도로 보상요구 금액이 크고, 예상소득 산출방식에 서로 큰 이견이 있어 당사자 간에 다툼이 있을 것으로 예상되나 최소한 수십억원의 보상금 지불은 불가피할 것으로 예상된다.

한편, 미국의 전 대통령인 클린턴이 두 건의 성희롱보험에 가입, 성희롱 배상금액의 일부를 보험금으로 충당하여 간신히 파산 위기를 모면한 사실이 있었다. 폴라 존스가 자신과의 관계를 공개하기 직전과 소송을 제기하기 직전 각각 성희롱보험에 가입함으로써 결과적으로 적지 않은 배상책임에도 불구하고 별로 금전적인 타격을 입지 않았다. 수많은 '부적절한 관계'에도 불구하고 그 대응은 매우 '적절'했던 것이다.

역사상 최고의 보험금은 얼마나 될까? 현재로서는 2001년 9월 11일 발생한 뉴욕의 테러사건으로, 전무후무한 사상 최대의 보험금이 지불될 것으로 예상된다. 세계무역센터는 뉴욕 뉴저지 항만청 소유로, 이를 래리 실버스타인이라는 호주인이 지난 7월에 32억 달러에 임차계약을 하였고, 현재 72억 달러의 보상금을 요구하고 있다고 한다.

쌍둥이 건물의 붕괴를 각각의 비행기 충돌에 의한 개별적인 사건으로 보느냐 혹은 미리 기획된 하나의 사건으로 보느냐에 따라 실제 지급될 보상금의 규모는 큰 차이를 보일 것이다.

그러나 이번 테러사건으로 인한 피해는 임차인의 보상금 외에도 세계무역센터 자체의 부동산 가격 · 재건축비용 · 주위 건물에 대한 피해 · 입주자의 사업 중단에 따른 배상 · 사상자 보상 및 위로금 등을 감안하면 약 3백억 달러에 달할 것으로 추정된다. 이는 태풍 앤드류의 피해로 인해 지급되었던 지금까지의 최고 보험금 1백 90억 달러를 훨씬 넘어서는 최대의 보험금이 될 것이다.

자료 : 홍현기(인스토피아닷컴(주) 이사), "보험료 영수증 있어야 보험금 받기 쉬워", 『THE WEEKLY ECONOMIST』, 2002. 1. 1.

2 보험계약의 기본 원칙

Risk Management and Insurance, ch. three

보험계약의 4대 원칙은?

앞서 논의된 바와 같이 보험계약은 보험계약자와 보험자 간의 청약(offer)과 승낙(acceptance)에 의해 이루어진다. 여기서는 보험계약에 통용되는 원칙 네 가지를 공부해 본다.

2.1 손해 보상補償의 원칙(Principle of Indemnity)

대부분의 재산보험(property insurance) 계약에 적용되는 손해 보상의 원칙에 따르면 피보험자는 발생 손실의 **실제현금가액**(actual cash value) 이상을 보상받을 수 없다. 여기서 실제현금가액이라 함은 피해를 입은 재물의 대체비용(replacement cost)에서 경제적 감가상각을 제한 금액을 말한다.

실제현금가액(ACV) = 대체비용 − 감가상각(depreciation)

예를 들어 2년 전 B자동차 한 대의 구입가격이 5,000만원이고, 사고 시점에 동종 B자동차의 대체비용이 5,300만원, 2년 동안의 감가상각이 500만원이라면, B자동차의 실제현금가액은 4,800만원이 되고 이에 준하여 보험 보상이 이루어진다. 전손全損의 경우라면 실제현금가액은 4,800만원 100%가 보상될 것이고, 50%의 분손分損이라면 4,800만원의 50%인 2,400만원이 지급될 것이다. 이렇게 보험 보상의 기준이 되는 실제현금가액은 시간의 경과에 따른 인플레이션과 재산가치의 하락을 모두 고려하고 있다.

손해 보상의 원칙의 목적은 피보험자가 보험 가입을 통하여 금전적 이득을 얻지 못하게 하고(즉, 도덕적 해이의 방지), 피보험자의 재산 상태를 손실 발생 이전의 재산 상태와 같은 수준으로 복원시키는 데에 있다. 주지하다시피 보험의 기능은 피해 보상에 있는 것이지 보험을 통해 이익을 기대할 수는 없다. 만약 보험을 통해 금전적 이득을 취할 수 있다면 도덕적 해이(Moral Hazard)가 야기될 것이고 이 문제가 심각해지면 보험시장은 실패하게 된다.

한편, 지급 보험금 수준이 보험계약 체결 시점에 이미 약정된 생명보험이나 **기旣평가보험**(valued policy)(예, 고서화나 골동품 대상 보험) 또는 대체비용에 준하여 보상이 이루어지는 대체비용보험은 손해 보상의 원칙의 예외가 된다.

Tips Moral Hazard(도덕적 해이解弛)

도덕적 해이는 어떤 손실의 발생을 유발 내지 증가시키는 인간의 심리적 특성이다. 도덕적 해이 문제는 특히 보험시장에 있어 그 문제가 심각하여 보험사기의 유인이 된다. 예를 들어 화재보험 가입자는 보험금을 타내기 위해 고의로 방화放火를 할 유인을 갖게 되는데, 보험시장에서 이러한 도덕적 해이는 보험금 누수의 주된 원인이 된다.

Tips Adverse Selection(역逆선택)

거래 쌍방 중의 일방이 상대방보다 더 많고 더 좋은 정보를 가지고 있다면 자신에게 유리한 방향으로 거래를 진행할 충분한 동기가 생긴다. 중고자동차 시장의 예를 들면, 중고차를 팔고자 하는 사람은 사고자 하는 사람보다 해당 차에 대한 정보에 있어 훨씬 유리하므로 거래에 있어 구입자는 불리한 선택을 할 가능성이 크다. 마찬가지로, 특정 리스크를 인수하고자 하는 보험자는 보험청약자에 비해 정보 열위에 있어 불리한 선택을 할 가능성이 큰바 이를 역선택이라 하는데, 역선택 문제가 심화되면 해당 보험시장은 실패할 수밖에 없다.

Tips 정보 비대칭(Information Asymmetry)

'정보는 돈'이라는 말이 있다. 좋은 정보, 많은 정보를 가지고 있는 자는 그렇지 못한 자와 거래를 할 때에 자신에게 유리하게 거래를 진행할 가능성이 큰데 이를 정보의 비대칭 문제라고 한다. 앞서 논의한 도덕적 해이 문제나 역선택 문제는 바로 정보의 비대칭에서 비롯된 문제들이다. 2001년 정보경제학 발전의 공로로 노벨 경제학상을 수상한 George Akerlof 박사는 역선택 문제를 분석한 그의 논문에서 "Used cars are lemons"라는 말로 유명해졌다.

2.2 피보험이익被保險利益의 원칙(Principle of Insurable Interest)

'No Insurable Interest, No Insurance' 라는 말이 있다. 즉, '피보험이익이 없으면 보험도 없다' 라는 말인데 이런 피보험이익의 원칙은 모든 보험계약에 적용되는 대원칙이다. 사고가 발생한 경우 피보험자는 반드시 경제적 손실 또는 그 밖의 다른 어떠한 형태의 손실을 입어야 한다.

피보험이익이 존재해야 하는 이유는 도박의 방지, 도덕적 해이의 감소, 그리고 손실액의 측정을 가능하게 하기 위해서이다. 피보험자에게 **피보험이익**(Insurable Interest)이 존재하지 않는다면 남의 생명이나 재물을 대상으로 보험에 가입하고 손실의 발생을 바랄 수도 있다. 심지어는 남의 생명이나 재물을 대상으로 보험에 가입한 뒤 의도적으로 손실을 발생시킬 가능성도 있을 것이다.

생명보험의 경우 계약 체결 시점에 당연히 피보험이익이 존재하여야 한다. 재산보험의 경우는 대부분의 재산보험계약이 손해 보상의 원칙에 근거하고 있기 때문에 손실이 발생한 시점에 피보험이익이 반드시 존재해야만 한다. 계약 체결 시점에는 피보험이익이 없지만 장차 손실이 발생될 시점에 피보험이익을 갖게 될 것으로 예상할 수도 있다. 예를 들어 해상적하보험의 경우 화물 선적 이전에 이미 동 화물을 대상으로 보험에 가입하는 것이 일반적인데, 이와 같이 계약 체결 시점엔 피보험이익이 없으나 장차 있을지도 모르는 손실 발생 시점엔 피보험이익을 갖게 되는 것이다.

2.3 보험 대위의 원칙

보험 **대위**代位의 원칙(Principle of Subrogation)이란 피보험자가 제3자의 과실에 의해 손실을 입고 일단 보험자가 이를 보상해 주었을 경우, 보험자는 원래 피보험자가 가지고 있던 제3자에 대한 손해배상청구권을 대신 취하는 것이다. 보험자가 대위할 수 있는 금액은 보험자가 피보험자에게 보상한 금액을 한도로 한다. 보험대위의 원칙의 목적은 동일한 손실에 대해 피보험자가 보험자 및 제3자로부터 이중으로 보상받는 것을 방지하고, 손실을 초래한 제3자에게 그 책임을 당연히 묻기 위해서이다.

보험 대위의 예는 우리 일상에 자주 있다. 자동차 사고의 피해자는 번거로운 절차를 피해 가해자로부터 손해배상을 받지 않고 자신의 보험에서 먼저 보상을 받을 수 있다. 피해 고객에게 보상을 해준 보험사는 당연히 가해 운전자나 가해 차량의 보험자에게서 기 지급한 보상금을 변제 요구하는데 이를 **구상**求償이라고 한다.

그림 3-2

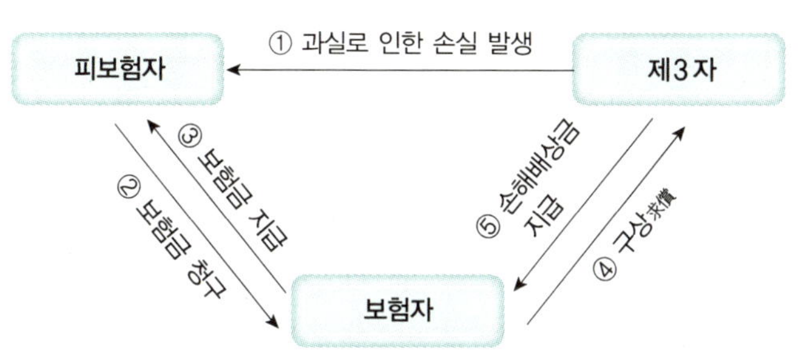

2.4 최대 선의의 원칙

최대 선의善意의 원칙(Principle of Utmost Good Faith)은 보험계약 당사자들 간에 최고 수준의 정직성을 요구하는 것이다. 보험계약 당사자들(보험자 및 피보험자)은 요청 여부를 불문하고 계약 체결을 하는 데 필요한 모든 중요한 사실을 상대방에게 알려야 한다.

진술(representation)이란 보험 청약자가 보험계약 체결 과정에서 보험자의 질의에 대해 구두나 서면으로 답변한 사실을 의미하는데, 허위진술(false representation)임이 밝혀질 경우 보험계약이 무효가 될 수 있어 사고 발생 시 보상을 받지 못할 수 있다. 예를 들어, 자동차보험 가입 신청 시 보험료 부담을 줄이기 위해 주소를 허위 기재하는 경우가 있다. 은폐(concealment)란 보험계약 체결에 있어 피보험자가 어떤 중요한 사실의 존재 및 발생을 보험자에게 **고지**告知할 의무가 있음에도 불구하고 이를 고의적으로 제공하지 않음을 의미하는데, **중요한 사실**(material facts)의 은폐에 있어서는 보험계약이 무효가 될 수 있다.

보험 **보증**(warranty)이란 피보험자가 보험자에게 리스크를 전가할 때 어떤 사실에 대한 피보험자의 명확한 입장 표명 내지 합의된 조건의 이행에 대한 구체적인 약속 등을 의미한다. 예를 들어, 편의점 주인이 가게종합보험을 청약하면서 보험 가입 조건으로 도난방지 알람 시스템을 24시간 이상 없이 가동하겠다고 구체적으로 서면 약속하는 경우가 있다. 만약에 보험 가입 후 이 편의점이 도난을 당했는데 알람 시스템에 고장이 생겨 제대로 대처하지 못했던 것으로 판명되면 이 경우는 보증 위반에 해당되어 보상이 이루어지지 않을 수 있다.

Tips 고지 vs. 통지

고지 의무란 보험계약 체결 시 보험 인수 여부 내지 계약 내용에 영향을 미칠 수 있는 중요한 사실을 보험자에게 알려야 할 의무를 말한다. 통지 의무란 보험계약이 성립된 후에 보험사고의 발생이나 리스크 내용에 현저한 변화가 생기는 경우 이를 보험자에게 알려야 할 의무이다.

DHC 뉴스 맥도날드 커피 사건

많은 이들이 추상적으로 미국과 영국은 판례법에 의해 법이 규율된다고 알고 있고, 그 밖에 유럽 국가나 한국은 성문법 제도에 의해 운영된다고 이해하고 있다. 그러나 이렇듯이 추상적인 인식 차원에서뿐만 아니라 미국의 사회 여러 분야에서 판례법은 매우 강력한 영향을 끼치고 있고 이는 수시로 미 언론에 의해 일반인들에게 알려지고 있다. 즉, 한국에서와 같이 국회가 제정한 법률에 따라 사회가 운영되는 것과는 다르게 법원의 판사 한 명이 내린 판결에 따라 사회체제가 변하는 것을 수시로 보여주는 곳이 바로 미국이다. 수많은 예 중에서 리에벡(Liebeck) 사건은 이러한 면을 단적으로 보여준다.

리에벡 사건은 1994년 스텔라 리에벡이라는 81세 여성이 맥도날드를 상대로 낸 민사 손해배상청구소송이다. 어느 날 미국 남부 뉴멕시코 주의 한 맥도날드 상점에서 이 여성은 커피를 한 잔 시켰고 이를 마시다 화상을 입어 소송을 제기하였다. 이유인즉 맥도날드 커피컵에 커피가 뜨겁다는 경고문구가 없었다는 것이다. 물론 맥도날드 측은 커피가 당연히 뜨거우며 커피를 마시는 이가 조심을 해야 한다는 반론을 내세웠다. 그러나 궁극적으로 뉴멕시코 주 하급심은 리에벡 씨의 손을 들어주었고, 무려 30억원에 달하는 손해배상액을 리에벡 씨에게 지급하라는 내용의 판결을 내렸다. 이 판결에 의해 미국 내 모든 식당의 커피컵에 경고문구를 부착하게 되었고, 그 여파는 한국의 패스트 푸드점에서 판매하는 커피컵까지 미치게 되었다.

이렇듯이 한적한 뉴멕시코 주의 하급심에서의 판결이 전 미국은 물론이고 전 세계에 여파를 미친 것은 매우 흥미롭다. 미국의 모든 생활은 법과 뗄래야 뗄 수 없는 관계를 유지하고 있으며 수많은 민간기관과 공공기관이 변호사들을 대동하고 있고, 일반 개인들 또한 수시로 변호사들로부터 자문을 구한다는 것을 단적으로 보여주는 것이라 할 수 있다.

자료 : 손창호, "재미있는 미국법 2 : 판례법의 일상화", 『미국 로스쿨, 로펌에 도전하라』, 2007. 2.

3 보험계약의 특수원리

Risk Management and Insurance, ch. three

3.1 중복보험조항

중복보험조항(Multiple Recovery Clause)은 대부분의 손해보험과 건강보험에 적용된다. 하나의 리스크에 대하여 피보험자가 둘 이상의 보험을 갖고 있는 경우, 중복보험조항은 각 보험의 보상한도액을 조정 · 결정하게 된다. 하나의 손실에 대하여 중복 보상이 이루어진다면 이는 손해 보상의 원칙에 어긋난다. 중복보험조항의 목적은 도덕적 해이를 방지함에 있는데 이를 통해 궁극적으로 보험료를 절감할 수 있다.

(1) 우선/초과보험 보상

우선/초과보험 보상(Primary/Excess Liability)은 동일 리스크에 대해 둘 이상의 보험이 가입되어 있을 경우에 적용된다. 손실 발생 시 **우선보험**(Primary Policy)이 손실액 전부를 보상하거나 보상한도액에 달할 때까지 우선적으로 보상하고, 잔여 보상 책임은 **초과보험**(Excess Policy)이 보상한도액 이내에서 보상한다.

어느 보험이 우선보험이고, 어느 보험이 초과보험인지가 애초에 명확하다면 문제가 없겠지만, 혼란과 분쟁이 생기는 경우가 있는데 이는 그 어느 보험도 우선적으로 보상하겠다고 나설 리가 없기 때문이다. 건강보험의 예를 들면, 일반적으로 사私보험이 우선보험이 되고 공公보험이 초과보험이 된다. 다른 예로, 친구가 당신의 차를 몰다가 자동차 사고를 냈다고 하자. 이런 경우 사고 차량의 자동차보험인 당신의 자동차보험이 우선보험이 되어 피해에 대해 먼저 보상을 하게 되고, 친구의 자동차보험이 초과보험이 된다.

Tips 보험가입 비용이 $20,000인 우선보험 A와 보험가입금액이 $30,000인 초과보험 B가 있다고 하자. $45,000의 손실이 발생했을 때 우선보험인 보험 A가 $20,000 한도 내에서 우선 보상하고, 초과보험인 보험 B는 잔여분 $25,000을 보상하게 된다.

(2) 비례보상

보험시장의 가장 일반적인 예로서 **비례**比例**보상**(Prorata Liability)이 있는데, 비례보상은 총 보험금액에 기초한 보상비율에 따라 각 보험자의 보상한도가 결정된다. 즉, 손실 보상 책임을 각 보험자가 인수한 보험금액에 비례해서 배분하는 방법이다.

Tips 하나의 건물에 대해 A보험과 B보험이 총 $200,000의 보험금액으로 부보했다고 하자.

1) 보험 A의 보험금액이 $100,000, 보험 B의 보험금액이 $100,000라고 했을 때, $60,000의 손실이 발생했다면, 보험 A 및 보험 B의 보상액은 50 : 50 비례 보상으로 각각 $30,000을 보상하게 된다.

2) 만약 보험 A의 보험금액이 $40,000, 보험 B의 보험금액이 $160,000이고, $60,000의 손실이 발생했다면,
보험 A의 보상은 $12,000(= $60,000 × $\frac{\$40,000}{\$40,000 + \$160,000}$),
보험 B의 보상은 $48,000(= $60,000 × $\frac{16}{20}$)이 된다.

4 보험증권과 보험약관

Risk Management and Insurance, ch. three

보험계약의 핵심적인 주요 정보는 보험증권(insurance policy)에 기재되어 있고, 보상 내용과 보상치 않는 상황에 대한 자세한 설명은 보험약관(insurance provisions)에 기재되어 있다.

(1) 기재 부문(Declarations)

보험계약자 및 피보험자의 성명, 연령, 주소, 부보 대상, 보험기간, 공제액 등과 같은 주요 정보들은 보험계약의 첫 부분에 기재된다.

(2) 보험 약정 부문(Insuring Agreement)

부보되는 **손인**損因(cause of loss), 발생 손실에 대한 보상 내용, 손실 예방과 관련한 여러 서비스 등의 내용이 설명된다.

(3) 면책 부문(Exclusions)

보험자가 보상하지 않는 **면책**免責 리스크, 면책 손실의 내용이 설명된다,

(4) 조건 부문(Conditions)

보험계약을 체결한 당사자들의 권리 및 의무에 관한 내용이 기재되어 있다. 피보험자가 보험사고에 따라 보험사로부터 보상을 받고자 한다면 조건 부문에 규정된 대로 자신의 의무를 수행하여야 한다.

(5) 기타 조항(Miscellaneous Provisions)

주소 변경과 같이 부보 리스크의 상황 변화에 대한 통지 의무 등이 포함된다.

Tips 보험증권은 그 자체가 계약서

대부분의 보험계약자들은 보험증권을 영수증(?) 정도로 생각하고 소홀히 하는 경향이 있다. 심지어 분실, 나중에 보험금 지급 창구에서 어려움을 겪는 경우도 있다. 그러나 보험증권은 절대 소홀히 해서는 안 되는 중요한 서류이며, 반드시 읽어봐야 하는 서류이다.

보험은 보험회사와 가입자 간에 이루어진 하나의 계약이며, 그 계약의 증서가 바로 보험증권이다. 증권에는 계약 일체의 내용이 쓰여져 있으며, 증권에 기재된 것 이외의 보상은 대개 이루어지지 않는다.

따라서 보험 가입과 동시에 증권을 받게 되면 자신이 계약한 내용이 맞는지 확인해 볼 필요가 있다. 또한 증권은 보험금 청구 시 반드시 제출해야 하는 서류 중 하나이므로 잘 보관해야 한다. 보험 가입 후 우편으로 날라온 증권을 소홀히 대했다간 후에 낭패를 당하기 십상이다.

어려운 용어로 나열돼 있는 증권, 이번 기회에 확실히 알아두자.

생보 보장성 보험

1. **보험기간** : 보험회사로부터 보장을 받을 수 있는 기간. 보험회사는 보험계약에 의해 이 기간 내에 발생한 보험사고에 대해 보험금을 지급해야 한다. 보험기간은 보험계약기간, 보험료납입기간과 다르지만 일치하는 경우도 있다.

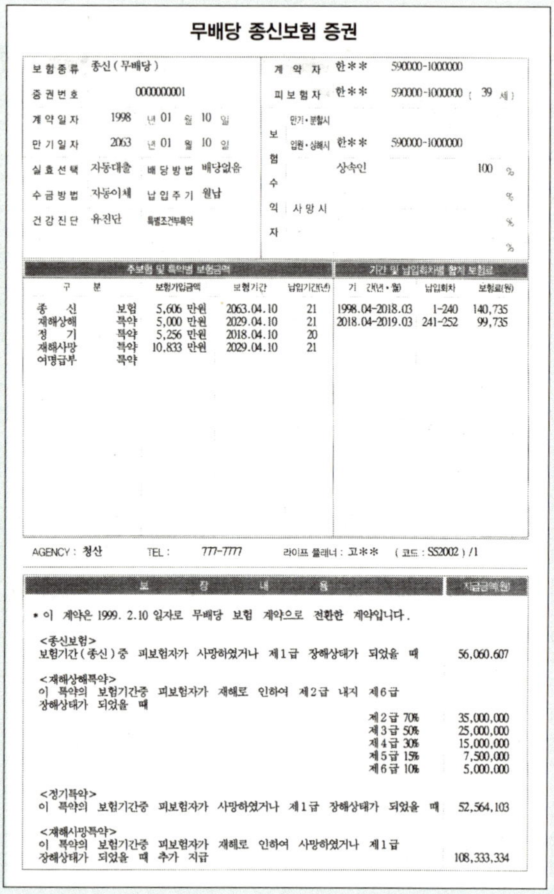

무배당 종신보험 증권

보험종류	종신(무배당)	계약자	한** 590000-1000000
증권번호	0000000001	피보험자	한** 590000-1000000 (39 세)
계약일자	1998 년 01 월 10 일	보험수익자 만기·분할시	
만기일자	2063 년 01 월 10 일	입원·상해시	한** 590000-1000000
실효선택	자동대출 배당방법 배당없음	사망시	상속인 100 %
수금방법	자동이체 납입주기 월납		%
건강진단	유진단 특별조건부특약		%

주보험 및 특약별 보험금액

구분		보험가입금액	보험기간	납입기간(년)
종신	보험	5,606 만원	2063.04.10	21
재해상해	특약	5,000 만원	2029.04.10	21
정기	특약	5,256 만원	2018.04.10	20
재해사망	특약	10,833 만원	2029.04.10	21
여명급부	특약			

기간 및 납입회차별 합계 보험료

기간(년·월)	납입회차	보험료(원)
1998.04-2018.03	1-240	140,735
2018.04-2019.03	241-252	99,735

AGENCY : 청산 TEL : 777-7777 라이프 플래너 : 고** (코드 : SS2002) /1

보장내용	지급금액(원)
• 이 계약은 1999. 2.10 일자로 무배당 보험 계약으로 전환한 계약입니다.	
<종신보험> 보험기간(종신)중 피보험자가 사망하였거나 제1급 장해상태가 되었을 때	56,060,607
<재해상해특약> 이 특약의 보험기간중 피보험자가 재해로 인하여 제2급 내지 제6급 장해상태가 되었을 때	
제2급 70%	35,000,000
제3급 50%	25,000,000
제4급 30%	15,000,000
제5급 15%	7,500,000
제6급 10%	5,000,000
<정기특약> 이 특약의 보험기간중 피보험자가 사망하였거나 제1급 장해상태가 되었을 때	52,564,103
<재해사망특약> 이 특약의 보험기간중 피보험자가 재해로 인하여 사망하였거나 제1급 장해상태가 되었을 때 추가 지급	108,333,334

2. **보험 연령** : 보험료 계산 시 적용되는 연령. 보험 연령은 계약자 및 피보험자의 경우 가입 연월일에서 생년월일까지 계산, 1년 미만 단수가 있을 때는 6개월 미만은 버리고 6개월 이상은 1년으로 계산된다.
3. **납입기간** : 매월 보험료를 내야 하는 기간.
4. **진단** : 병약자가 무질서하게 보험에 가입하는 것을 방지하기 위해 보험회사가 보험 가입 청약자에 대해 의사에 의한 신체 검진을 실시하는 것.
5. **계약자** : 자기 명의로 보험계약을 체결하고 보험료를 납입할 의무를 지는 사람. 보험계약자는 자연인·법인인지 능력자·무능력자인지 관계없으며, 여러 사람이 공동의 계약자가 될 수도 있다. 또한 만 20세 미만인 자가 계약을 하는 경우에는 친권자나 후견인의 도움을 얻어야 하며, 계약자를 변경할 때는 피보험자의 동의를 얻은 계약자의 의사표시와 회사의 승낙이 있어야 가능하다.
6. **주·종피보험자** : 보험계약에 있어 보험금 지급 사유 발생의 대상이 되는 사람을 피보험자라 하며 그 주가 되는 사람을 주피보험자, 배우자나 자녀 등을 종피보험자라 한다.
7. **수익자** : 보험회사와 계약자 간에 성립된 보험계약에 대해 보험금 지급 사유가 발생했을 때 보험회사로부터 보험금을 지급받는 사람. 수익자의 지정 및 변경권은 보험계약자에게 부여돼 있기 때문에 보험계약자는 필요한 경우 수익자를 변경할 수도 있다. 그러나 수익자는 보험금 지급 사유의 발생 여부와 밀접한 관계가 있고 수익자의 고의로 보험금 지급 사유가 발생할 가능성도 있으므로 수익자를 지정하거나 변경할 경우는 피보험자의 동의와 보험회사의 승낙

이 필요하다.

8. 주계약 : 보험계약은 보험회사와 보험계약자 사이에 체결되는데, 이러한 보험계약에 있어 기본이 되는 중점적인 보장내용 부분을 주계약이라 한다. 보험계약 시 특약 부분은 보험계약자가 임의로 선택할 수도 있고, 보험기간 중에도 특약만을 해지할 수도 있으나 주계약 부분은 기본이 되는 부분이기 때문에 보험기간 중 주계약 부분만의 중도해지는 불가능해 보험계약 전체를 해지해야 한다.

9. 특약 : 기본적인 주계약의 보장내용을 확대 보완, 재해 · 질병 · 상해 등의 추가보장을 주계약에 부가해 판매하는 것을 특약이라 한다.

① **재해사망특약** : 재해로 인해 사고일로부터 일정 기간 내에 사망하거나 고도장해 상태가 된 때에 소정의 보험금 지급

② **상해특약** : 재해사고 후 일정 기간 내에 상해를 입었을 때 정도에 따라 소정의 상해급여금 지급

③ **재해입원특약** : 재해사고 후 일정 일수 이상 입원했을 때 소정의 입원급여금 지급

④ **질병입원특약** : 질병으로 계속해서 일정 일수 이상 입원한 경우 입원급여금을 지급하고 재해나 질병으로 수술한 때도 수술급여금 지급

⑤ **성인병입원특약** : 성인병으로 일정 일수 이상 입원한 때는 입원급여금을, 수술한 때는 수술급여금 지급.

10. 사망보험금 : 주피보험자나 종피보험자가 사망했을 때 지급되는 보험금

11. 재해장해급여금 : 주피보험자나 종피보험자가 재해로 인해 장해분류표 중 제1~6급의 장해 상태가 됐을 때 지급되는 보험금.

12. 재해입원급여금 : 재해나 질병 등으로 4일 이상 입원했을 때 지급되는 보험금

13. 납입면제 : 계약자는 보험계약에 따른 보험료 납입의무를 지는데, 피보험자에게 입원, 상해사고 등의 보험사고가 발생했을 때 보험료의 납입의무를 면제하는 경우가 있다. 이는 입원 또는 상해사고 시 그 치료비용의 과다로 보험료의 납입이 어려운 경우를 방지하기 위한 것이며, 계약자와 피보험자가 동일인인 경우 그 실익이 있다.

손보 자동차보험

1. 보험기간 : 보험계약으로 인해 사고 발생 시 보상받을 수 있는 기간으로 자동차보험의 경우 1년이다.

2. 대인배상 I(책임보험) : 자동차 사고로 피보험자가 타인의 생명 또는 신체를 사상케 한 배상책임과 재물을 손상 · 파괴시킴으로써 지는 배상책임을 보상하는 조항.

3. 대인배상 II : 피보험자가 자동차 사고로 타인을 사상, 법률상 손해배상책임을 짐으로써 입는 손해 중 대인배상 I에서 지급되는 금액을 넘는 손해를 보험금 지급 기준에 따라 보상해 주는 항목. 소송이 제기됐을 때는 확정 판결금액까지 보험금액의 제한 없이 보상한다.

4. 대물배상 : 피보험자가 자동차 사고로 타인의 재물을 멸실 · 파손 또는 오손해 법률상 손해배

상책임을 짐으로써 입는 손해에 대해 한 사고당 보험가입금액 한도 내에서 보험금 지급기준에 따라 보상하는 항목.

5. **자기신체사고** : 자동차 사고로 인해 피보험자가 입은 자신의 상해에 대해 보험가입금액을 한도로 보험금을 지급하는 항목. 이는 자동차종합보험증권에 의한 대인배상이나 다른 차와의 충돌사고로 상대차의 대인배상에 의해 보험금이 지급되는 경우에는 그 초과금액에 대해서만 2차적으로 적용된다.

6. **무보험차상해** : 피보험자가 무보험자동차에 의해 상해를 입은 경우(개인용의 경우 타인의 자동차를 운전하다 일어난 사고도 보상)를 보상하는 항목.

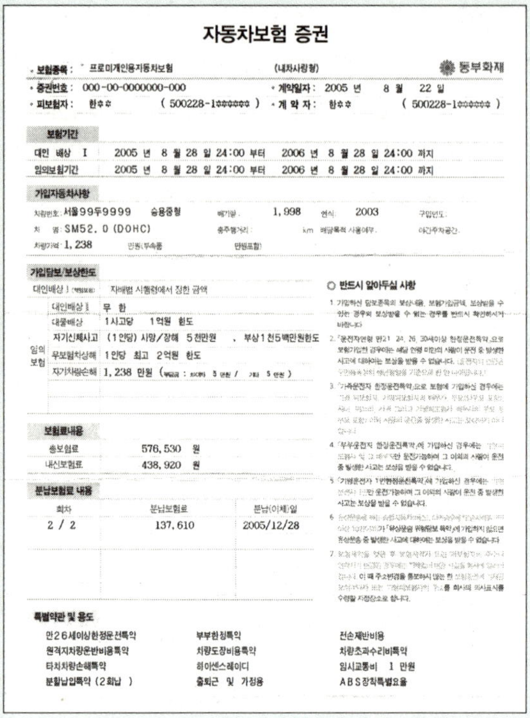

자동차보험 증권

동부화재

- 보험종목 : 프로미개인용자동차보험 (내차사랑형)
- 증권번호 : 000-00-0000000-000
- 계약일자 : 2005 년 8 월 22 일
- 피보험자 : 한＊＊ (500228-1＊＊＊＊＊＊)
- 계 약 자 : 한＊＊ (500228-1＊＊＊＊＊＊)

보험기간

대인 배상 Ⅰ	2005 년 8 월 28 일 24:00 부터	2006 년 8 월 28 일 24:00 까지
임의보험기간	2005 년 8 월 28 일 24:00 부터	2006 년 8 월 28 일 24:00 까지

가입자동차사항

차량번호: 서울99두9999 승용중형 배기량: 1,998 연식: 2003 구입년도:
차 명: SM52. 0 (DOHC) 총주행거리: km 배달목적 사용여부: 야간주차공간:
차량가액: 1, 238 만원(부속품 만원포함)

가입담보/보상한도

대인배상 Ⅰ (책임보험)		자배법 시행령에서 정한 금액
임의보험	대인배상 Ⅱ	무 한
	대물배상	1사고당 1억원 한도
	자기신체사고	(1인당) 사망/장해 5천만원 , 부상1천5백만원한도
	무보험차상해	1인당 최고 2억원 한도
	자기차량손해	1, 238 만원 (부담금 : 최대 5 만원 / 기타 5 만원)

보험료내용

총보험료	576, 530 원
내신보험료	438, 920 원

분납보험료 내용

회차	분납보험료	분납(이체)일
2 / 2	137, 610	2005/12/28

○ **반드시 알아두실 사항**

1. 가입하신 담보종목의 보상내용, 보험가입금액, 보상받을 수 있는 경우와 보상받을 수 없는 경우를 반드시 확인하시기 바랍니다.
2. 「운전자연령 만21 · 24, 26, 30세이상 한정운전특약」으로 보험가입한 경우에는 해당 연령 미만의 사람이 운전 중 발생한 사고에 대하여는 보상을 받을 수 없습니다. [illegible]
3. 「가족운전자 한정운전특약」으로 보험에 가입하신 경우에는 [illegible]
4. 「부부운전자 한정운전특약」에 가입하신 경우에는 [illegible] 만 운전가능하며 그 이외의 사람이 운전 중 발생한 사고는 보상을 받을 수 없습니다.
5. 「기명운전자 1인한정운전특약」에 가입하신 경우에는 [illegible] 만 운전가능하며 그 이외의 사람이 운전 중 발생한 사고는 보상을 받을 수 없습니다.
6. [illegible] 「유상운송 위험담보 특약」에 가입하지 않으면 유상운송 중 발생한 사고에 대하여는 보상을 받을 수 없습니다
7. [illegible] 이 때 주소변경을 통보하시 않는 한 [illegible] 를 회사의 의사표시를 수령할 지정장소로 합니다.

특별약관 및 용도

만26세이상한정운전특약	부부한정특약	전손재반비용
원격지차량운반비용특약	차량도장비용특약	차량초과수리비특약
타차차량손해특약	하이센스레이디	임시교통비 1 만원
분할납입특약 (2회납)	출퇴근 및 가정용	ABS장착특별요율

7. **자기차량손해** : 피보험자동차의 사고로 자동차에 생긴 파손 또는 도난 등으로 인한 직접손해를 보상하며, 이로 인한 간접손해(휴차 · 대차 등으로 인한 손해)는 보상하지 않는다.

8. **가족운전자한정특약** : 피보험 차량의 운전자 범위를 피보험자를 중심으로 부모 · 배우자 · 자녀로 한정하는 특약으로 이에 가입한 경우 모든 담보에 대해 특약요율 65%를 전부 적용한다.

자료 : ROI, 1997. 8. 20.

DHC 씨네마 하면 된다

차입딱지 붙은 집을 뒤로하고, 달동네 단칸방으로 이사를 온 일가족 병환, 정림, 장미, 대철. 가족들은 포장마차에서 아픈 속을 달랜다. 얼큰하게 취한 병환은 길가에 서있는 트럭 뒤에서 볼일을 보다 트럭에 치인다. 그러나 이게 웬일! 그것은 뜻밖의 돈을 불러들이는데. 병환이 눈을 떴을 때 가족들은 병환의 치료비 때문에 전전긍긍하고 있었다. 정림은 주님께 간절히 기도했고 기적의 돈 500만원이 생겼다. 정림은 병환이 사고가 났을 때 집안의 통장을 탈탈 털어 은행으로 달려갔고 생각지 못했던 보험금을 발견한 것이다.

퇴원 증명서와 남은 돈을 바라보며 입을 다물지 못하는 일가족. 마침내 새로운 돈벌이에 눈먼 일가족. 집안의 형편을 생각하며 퀵 서비스를 하던 대철과 입을 삐죽이며 카페 서빙을 하던 장미. 이전의 모든 것을 버리고 이제 엽기적인 새 사업의 쌍두마차가 되었다. 병환네 일가족은 불어나는 재산에 정신을 잃어간다. 병환네의 돈 사냥에 의심스런 눈빛으로 어둠과 함께 다가온 남자 충언. 그는 보험금의 낌새를 눈치 채고 고소장을 가족들에게 들어미는데. 고민 끝에 가족들은 장미를 시켜 그를 유혹하여 사위로 맞이하는데. 이번엔 충언이 앞장 선 가족들이 미끼를 찾아 헤멘다. 그리고 정림의 먼 친척 광태를 만난다.

순박한 시골청년 광태는 그들에 이끌려 서울로 올라오는데. 광태와 함께 한 서울생활이 하루 이틀 지날수록 그의 감추어진 모습이 드러난다. 온몸을 감싸고 있는 용문신이나 떼거리로 몰려온 험상궂은 인상의 친구들. 겉모습뿐 아니라 말투며 행동은 날로 거칠어지고 오히려 가족을 위협하기 시작한다. 광태의 횡포는 날로 심해지고 가족들은 더 이상 참을 수 없어 그를 제거할 음모를 꾸민다.

자료 : http://movie.naver.com/movie/bi/mi/basic.nhn?code=30861

보험사기의 진정한 피해자는 누구일까? 보험사? 보험가입자?

경기불황이 이어지면서 올해도 한탕주의를 노린 보험사기 범죄가 크게 증가했다. '보험사기'란 말은 지난 1997년 IMF 경제위기 때 처음 나왔다. 보험사기는 IMF 당시 경제가 급격히 어려워지자 한 번에 거액의 돈을 타낼 수 있는 각종 보험사기 수법이 알려지면서 독버섯처럼 확산됐다.

특히 올해 대구에서 발생한 보험사기 사건 가운데는 100명 이상이 개입된 조직보험사기 사건도 있었다. 대구 수성경찰서가 지난 9월 검거한 한 보험조직 사건은 조직 규모 면에서 가장 큰 사건이다. 이 조직은 동네 선후배는 물론 가족 등 모두 146명이 조직을 이뤄 보험사기로 보험금을 받아 챙겼다. 경찰은 생활비와 유흥비 마련을 위해 상습적으로 고의 교통사고를 내 수억원의 보험금을 받아 챙긴 P(23)씨 등 3명을 구속하고, D(23)씨 등 143명을 불구속 입건했다. 이들은 지난 2007년 1월 20일 대구 서구 내당동의 한 일방통행 길에서 역주행하는 차량과 고의로 교통사고를 내 보험회사로부터 합의금 1천만원을 타내는 등 지난 2005년부터 최근까지 69차례에 걸쳐 고의로 교통사고를 내는 수법으로 모두 2억 3천여 만원의 보험금을 받아냈다. 이들은 10여 명이 한 조를 이뤄 렌트차량이나 대포차를 이용해 보험회사 직원들이 출동하지 않는 심야시간에만 범행을 저지르는 등 치밀함을 보였다. 또 지난 11월 말에는 총 120여 명이 가담한 보험사기단도 적발됐다. 이들은 2007년 7월부터 올 4월까지 조직적으로 보험사기 범죄를 한 혐의로 전원 불구속 입건됐다. 사건을 수사한 대구 수성경찰서 지능범죄수사팀 서무창(41) 경사는 "보험사기 조직에 100명이 넘는 사람이 가담한 이유는 한 명의 조직원이 여러 조직과 어울려 재범죄를 일으키기 때문"이라며 "보험사기 주동자와 함께 사기 행각을 하면서 수법을 전수받은 하부 조직원이 동네 선후배 등을 모아 주동자가 되어 다시 보험사기를 하는 경우도 많다"고 설명했다. 그는 또 "보험사기 수사는 사건이 발생하고 오랜 시간이 지난 후에 진행되는 경우가 대부분이라 수사에 어려움이 많다"며 "보험회사 측에서 보험사기로 의심되는 사람에 대해 빨리 수사를 의뢰해도 사건을 밝히는 데 많은 도움이 된다"고 말했다.

손해보험협회 최종수 홍보팀장은 "보험사기의 진정한 피해자는 다수의 선량한 일반 보험가입자"라며 "2009년 보험개발원에서 발표한 자료에는 보험가입자가 내는 보험료 중 10%인 2조 4천여 억원이 보험사기 때문에 발생되는 비용으로 추정하고 있다"고 전했다.

자료 : http://www.bobaedream.co.kr/board/bulletin/view.php?No=84159&code=politic

DHC 라이브러리

토탈 리스크(Total Risk)

베어링스 은행(Barings Bank)은 1762년 설립된 영국의 은행이었다. 그런데 이 은행은 1995년에 싱가포르 지점의 닉 리슨에 의하여 무모한 파생상품 거래로 인한 손실로 파산하였다. 그후 이 은행은 네덜란드의 금융 그룹 ING에 1파운드에 매각되었다. 리슨은 1989년 베어링스 은행에 입사하여 싱가포르 사무실에서 근무하게 되었다. 싱가포르 사무실은 인력이 많지 않아서 리슨은 단순한 트레이딩 업무도 맡게 된다. 그가 하는 주된 거래는 싱가포르와 오사카에서 거래되는 닛케이225 선물계약 사이의 미세한 가격 차를 이용한 차익 거래였다.

주디스 론슬레이 지음
김석동 옮김 | 길벗 | 1996년

리슨은 1993년에 싱가포르 지점 수익의 20%를 혼자서 벌어들여 베어링스 최고경영진의 신임을 받았다. 1994년 말 그는 2억 8,500만 달러의 손실을 안게 되는데 손실을 감추기 위해 1994년 12월 일본 주식에 대해 수만 건의 콜 및 풋옵션을 매도한다. 그는 일본 증시가 크게 움직이지 않을 것이라는 데 많은 돈을 건 것이다. 하지만 1995년 1월 진도 7.0이 넘는 지진이 일본 고베 지역을 강타했고 주가는 폭락한다. 리슨의 옵션 가치는 급락했다. 그는 원금을 찾아야 된다는 생각에 다시 일본 증시가 반등할 것이라는 믿음을 가지고 닛케이 225 지수 선물을 매입하였다.

그러나 일본 주식시장은 리슨의 기대대로 움직이지 않았고 결국 14억 달러의 손실로 마감하게 된다.

자료 : http://2627042.blog.me/130165633418

싱가포르 창이 교도소에 수감 중이던 리슨은 'Rogue Trader'란 타이틀의 자서전적인 책을 출간했는데 이 책에서 그는 다음과 같이 말하고 있다. "그래 내가 잘못한 건 인정합니다. 그런데 그 많은 제 상관들은 뭘 하셨나요? 싱가포르 사무소의 제 직속 상관, 아시아 본부장, 런던 본점 이사님 …… 그 분들은 전혀 잘못이 없나요?"

베어링스 파산은 Total Risk Management의 실패라고 볼 수밖에 없다.

보험의 종류

Risk Management and Insurance
ch. four

04

1. 보험의 종류

2. 생명보험과 손해보험

3. 민영보험과 공영보험

1 보험의 종류[1]

Risk Management and Insurance, ch. four

우리 사회엔 어떤 보험들이 있을까?

현대 사회의 복잡성과 새로운 위험의 출현으로 인해 보험에 대한 분류는 다양하게 발전했다. 일반적으로 보험은 다음과 같은 기준에 의해 분류될 수 있다.

- **보험법상의 분류** : 손해보험과 인보험
- **보험경제상의 분류** : 기업보험과 가계보험
- **보험경영상의 분류** : 영리보험과 상호보험
- **보험기술상의 분류** : 장기보험과 단기보험
- **보험정책상의 분류** : 민영보험과 공영보험, 임의보험과 강제보험
- **보험책임상의 분류** : 재보험과 원수보험, 공동보험과 중복보험

우리나라 상법은 보험을 손해보험과 인보험으로 분류한다. 손해보험은 화재보험, 운송보험, 해상보험, 책임보험, 자동차보험으로 세분화되어 있으며, 인보험은 생명보험과 상해보험으로 이원화된다. 상해보험은 상법상 인보험으로 분류하나 손해보험사가 운영하는 것도 허용된다.

보험경제상 보험은 기업보험과 가계보험으로 분류된다. 이는 보험에 가입하는 주체가 영리경제(경영)이냐 소비경제(가계)이냐의 구분이다. 기업보험은 기업경제의 안정을 위해 이용하는 보험으로 해상보험이 대표적인 예이며, 가계보험은 가정경제의 안정을 도모하기 위한 보험으로 생명보험이나 주택화재보험이 대표적인 예이다.

보험경영상 보험은 영리보험과 상호보험으로 분류된다. 영리보험은 영리를 목적으로 한 보험이며, 상호보험은 가입자 상호 간의 이익을 위해서 운영되는 비영리적인 보험이다. 보험업법상 보험기업의 형태는 영리보험인 주식회사와 비영리

1. 한국 FPSB, 『위험관리와 보험설계』(2010), pp.65～66.

보험인 상호회사 두 가지이다. 우리나라에서 상호회사 형태로 경영되는 보험사는 아직까지 없다.

보험기술상 보험은 장기보험과 단기보험으로 분류된다. 일반적으로 장기보험은 생명보험을 의미하며 보험기간이 1년을 초과한다. 단기보험은 손해보험을 의미하며 보험기간이 1년 이하이다.

보험정책상 보험은 민영보험과 공영보험, 임의보험과 강제보험으로 분류된다. 민영보험은 주식회사, 상호회사, 개인과 같이 사법상의 단체로서 조직되는 것이다. 공영보험은 국가 또는 공공단체에서 운영하는 비영리보험이다. 임의보험과 강제보험은 보험 가입의 자유 여부에 따라 구분한 것이다. 임의보험은 보험가입자의 자유의지에 의해 가입하는 것을 말하며, 강제보험은 법령이나 제도에 의해 가입이 의무화되어 있는 것을 말한다. 예를 들어 자가용을 운행하는 사람은 자동차손해배상보장법에 의해 대인배상 I을 의무적으로 가입해야 한다.

보험책임상 보험은 재보험과 원수보험, 공동보험과 중복보험으로 분류된다. 재보험은 보험의 보험으로, 보험가입자로부터 위험을 인수한 원수보험자 또는 원보험자가 보험계약상의 책임의 일부나 전부를 다른 보험자, 즉 재보험자에게 계약을 통해 인수시킨 보험을 말한다. 공동보험과 중복보험은 동일한 보험의 목적에 대해 두 가지 이상의 보험관계가 성립되는 것으로, 공동보험은 보험금액의 합계가 보험가액을 초과하지 않는 것이며, 중복보험은 보험금액의 합계가 보험가액을 초과하는 것을 말한다. 법률상 중복보험의 초과액은 무효가 된다.

2 생명보험과 손해보험[2]

Risk Management and Insurance, ch. four

보험은 크게 생명보험과 손해보험 두 가지로 나눌 수 있다. 예외적으로 생명보험과 손해보험에서 동시에 판매하고 있는 보험상품도 있는데, 이것을 제3보험이라고 부른다.

생명보험은 사람이 다치거나(상해보험), 병에 걸리거나(질병보험), 사망하는

2. 김창호, 『보험상식 충전소』(2010), pp.29~36.

(사망보험) 경우를 보장하기 위한 보험이다. 우리나라에는 현재 총 22개의 생명보험회사가 생명보험협회에 가입되어 있다.

생명보험의 종류를 살펴보면, 보험사고의 유형에 따라 사망보험, 생존보험, 혼합보험으로 나누며 보험 가입의 주목적이 무엇인가에 따라 보장성 보험과 저축성 보험으로 구분한다. 보험금의 지급 방법에 따라서는 일시금보험과 연금보험으로, 보험료 지불 방법에 의해서는 월불보험, 연불보험, 반년불보험으로 나눈다. 또한 피보험자의 수에 따라 개인보험, 연생보험, 단체보험으로, 연령에 따라 성인보험, 소아보험으로 구분한다. 그리고 건강 정도에 따라 건강체보험과 약체보험으로, 의학적 진단의 유무에 따라 진단보험과 무진단보험 등으로 분류한다.

생명보험의 분류

1. 보험사고에 따른 분류

1) **생존보험** : 피보험자가 보험기간의 만기일까지 생존 시에만 보험금이 지급되는 상품으로 연금보험, 교육보험 등이 있다.

2) **사망보험** : 피보험자가 보험기간 중 사망했을 때 보험금이 지급되는 상품이다

- 정기보험 : 피보험자가 정해진 보험기간 내 사망 시 보험금을 지급한다.
- 종신보험 : 피보험자가 어느 때고 사망하더라도 보험금을 지급한다.

3) **혼합보험** : 생존보험과 사망보험의 장 · 단점을 보완하여 생존보험의 저축 기능과 사망보험의 보장 기능을 겸비한 상품이다.

- 교육보험, 연금보험을 제외한 대부분의 저축성 보험이 해당된다.

2. 보험 가입 주목적에 따른 분류

1) **보장성 보험** : 보험 본래의 기능인 위험 보장에 중점을 둔 보험으로 암보험, 종신보험, 상해보험 등이 있다.

- 순수보장성 보험 : 만기 시 지급되는 금액이 전혀 없다.
- 만기환급형 보험 : 만기 시 납입보험료 전액을 환급한다.

2) **저축성 보험** : 위험 보장보다는 저축 기능을 강화하고 중 · 단기간 목돈 마련 또는 노후대비를 위해 개발된 상품이다.

- 제3보험 : 상해나 질병, 간병을 필요로 하는 상태 발생 시 고액의 보험금을 보장하는 상품으로 상해보험, 질병보험, 장기간병보험 등이 있으며 생명보험회사, 손해보험회사에서 모두 판매하고 있다.

3. 보험금 마련 방법에 따른 분류

1) **예정이율형보험** : 보험 가입 후 보험료 적립금을 정해진 이율로 운용하는 보험으로 확

정금리형과 금리연동형이 있다.

2) **실적배당보험** : 보험료 적립금을 유가증권 등의 펀드에 투자하여 실적을 반영해 운영하는 보험이다.

4. 배당금의 분배에 따른 분류

1) **배당보험** : 상호회사에서 주로 판매한다.

2) **무배당보험** : 주식회사에서 주로 판매한다.

5. 피보험자의 수에 따른 분류

1) **단생보험** : 특정한 1인을 피보험자로 지정하는 보험이다.

2) **연생보험** : 피보험자가 2인 이상(주피보험자 + 종피보험자) 지정된 보험이다.

6. 의사 진단의 필요 여부에 따른 분류

1) **진단보험** : 보험계약 전에 건강진단(일정 연령 또는 일정 가입금액 이상 계약)을 받고 가입할 수 있는 보험이다.

2) **무진단보험** : 건강진단이 필요하지 않은 보험이다.

손해보험은 보험대상자인 사람이나 물건이 입은 손해를 보장하는 보험제도이며 실무상 장기보험, 자동차보험, 일반보험으로 구분한다. 손해의 형태로 재산보험, 상해보험, 건강보험, 책임보험, 기업휴지보험 등으로 나누며, 운영 형태에 따라 자동차책임보험 같은 강제보험과 임의보험으로 분류한다. 또한 보험계약자에 따라 가계보험, 기업(비가계)보험으로, 보험기간에 따라 장기 · 단기보험, 기간 · 구간보험, 혼합보험으로 구분한다. 화재보험, 해상보험, 보증보험, 기계보험, 배상책임보험 등은 특종보험으로 분류한다. 우리나라에는 손해보험회사 27개(정회원사 14개, 준회원사 3개, 특별회원사 4개, 비회원사 6개 포함)가 손회보험협회 회원으로 가입되어 있다.

손해보험의 분류

1. 실무상 분류

1) **장기보험** : 보험기간이 1년 이내인 보험을 일반손해보험이라 하고, 보험기간이 3년 이상인 것을 장기손해보험이라고 한다. 장기손해보험에는 장기화재보험, 장기상해보험, 저축성 보험, 암보험, 연금보험 등이 있다.

2) **자동차보험** : 자동차를 소유, 사용 또는 관리하는 과정에서 배당책임손해, 자기신체상

해 또는 자기차량손해 등이 발생하였을 때 그 손해를 보상해 주는 것을 목적으로 하는 보험이다. 자동차손해배상책임보험(대인배상 I), 개인용자동차보험, 업무용자동차보험, 영업용자동차보험, 운전자보험, 자동차취급업자보험, 운전면허교습생자동차보험, 외화표시자동차보험 등이 있다.

3) **일반보험** : 장기보험과 자동차보험을 제외한 화재보험, 특종보험을 말한다. 보통 보험기간은 1~3년 이내의 단기 상품으로 구성되어 있다. 특종보험에는 책임보험, 상해보험, 여행자보험, 재물보험, 기술보험, 기계보험, 건설공사보험, 재산종합보험, 도난보험, 골프보험, 근로자재해보장책임보험, 동산종합보험, 교육기관종합보험 등이 있다.

2. 가입 대상에 따른 분류

1) **재산에 대한 보험**(물보험) : 건물, 선박, 화물 등 물건(재산)에 대한 보험으로 화재보험, 도난보험, 기계보험, 선박보험, 적하보험 등이 있다.

2) **사람에 대한 보험**(인보험) : 사람의 신체상 상해, 질병 치료를 위한 보험으로 상해보험, 해외보험, 해외여행보험, 건강생활보험 등이 있다.

3) **책임에 관한 보험** : 제3자에 대해 부담해야 하는 법률상 배상책임에 관한 보험이다. 영업배상책임보험, 가스사고배상책임보험, 근로자재해배상책임보험, 자동차보험 중 배상책임(대인, 대물) 담보가 있다.

4) **이익에 관한 보험** : 보험사고로 인한 영업장의 가동 중지로 상실된 영업이익에 관한 보험으로 기업휴지보험이 대표적이다.

3. 운영 형태에 따른 분류

1) **강제보험** : 각종 법에 의하여 보험의 가입이 강제화된 보험으로 자동차책임보험, 특수건물화재보험, 가스사고배상책임보험, 체육시설업자배상책임보험, 유·도선사업자배상책임보험, 원자력보험 등이 있다.

2) **임의보험** : 보험계약자가 임의로 자유 의사에 의해 가입하는 보험을 말하며, 기타 손해보험의 모든 종류가 이에 해당된다.

4. 보험계약자(보험료 납입주체)에 따른 분류

1) **가계보험** : 개인의 일상생활과 관련된 보험계약이다.

2) **기업보험** : 보험료를 기업이나 단체가 부담하는 비가계 보험계약이다.

5. 위험의 분담관계에 따른 분류

1) **원보험** : 보험회사와 보험계약자 사이의 보험계약이다.

2) **재보험** : 원보험자가 부담하는 보험계약상 책임의 일부를 다시 다른 보험자(재보험자)에게 전가하는 보험계약이다.

DHC 뉴스

41억 보험금 소송 유족 승소勝訴

서울지법 민사합의21부(재판장 崔喆부장판사)는 17일 1997년 6월 교통사고로 사망한 李모 씨의 유족들이 삼성생명 등 16개 보험사를 상대로 낸 보험금 청구소송에서 "보험사들은 41억여 원을 지급하라"며 원고 승소 판결했다.

재판부는 판결문에서 "여러 보험사와 수십 개의 보험계약을 체결한 것이 보험제도의 본질에 어긋나거나 선량한 풍속이나 사회질서에 위반된다고 볼 수 없다"고 밝혔다.

李씨는 1994년부터 1997년 경남 진해에서 교통사고로 사망하기 직전까지 20개 보험사에 53종 51억여 원의 생명보험에 잇따라 가입, 한달 보험료가 5백만원에 달했다.

보험사들은 사고경위 조사과정에서 李씨가 여러 회사에 거액의 보험을 든 사실을 알아낸 뒤 보험금을 노린 자살 의혹이 있다며 보험금 지급을 거절했다. 그러나 李씨의 부인 등은 1997년 "사고지점은 사고위험이 높았던 곳"이라며 4개 보험사를 상대로 소송을 내 10억 5천만원을 받아냈고 1998년 나머지 보험사를 상대로 추가 소송을 냈었다.

자료 : 중앙일보, 2001. 8. 18.

3 민영보험과 공영보험[3]

Risk Management and Insurance, ch. four

민영보험은 협의의 민영보험과 광의의 민영보험으로 분류된다. 협의의 민영보험은 일반적으로 보험회사라 일컫는 생명보험회사와 손해보험회사를 의미한다. 광의의 민영보험은 협의의 민영보험에 공제가 포함된다.

민영보험 형태로 일반적인 보험회사 이외에 조합 또는 민간단체가 보험을 운영하는 것을 공제라고 한다. 공제사업은 특별법에 의해 설립된 법인체가 운영하는 것과 민법 제32조에 의해 사단법인 또는 재단법인이 운영하는 것으로 구분할 수 있다. 농협공제, 수협공제, 건설공제, 교원공제, 군인공제, 운송공제 등은 특별법에 의해 설립된 공제이며, 지방공유건물재해복구공제, 체신공제, 철도청공제, 대한의사협회공제, 학교재해복구공제 등은 민법에 의해 설립된 공제다.

이러한 공제 중 일부는 제한된 조합원에게만 보험을 제공하는 것이 아니고 모든 국민을 대상으로 보험을 판매하고 있어 보험업법의 적용 여부에 대한 논란이 일

3. 한국 FPSB, 『위험관리와 보험설계』(2010), pp.66~71.

고 있다. 2008년 보험업법의 개정에 따라 금융위원회는 법률에 의해 운영되는 공제업을 영위하는 자에 대해 기초서류에 해당하는 사항에 관한 협의를 요구할 수 있는 권한이 생겼다.

민영보험의 상대적 개념인 **공영보험**은 운영주체가 민간기업이나 민간단체가 아닌 것으로, 사회보장을 목적으로 하는 사회보험과 특수목적을 위해 국가나 지방자치단체가 직접 운영하거나 정부의 감독 하에 민간기구가 대행하여 운영하는 국영보험(협의)으로 구분된다. 사회보험은 사회보장적 차원에서 실시되고 있는 보험제도로 우리나라에서 운영되고 있는 사회보험으로는 국민건강보험, 국민연금, 산업재해보상보험, 고용보험 등이 있다. 국영보험은 수출보험, 농작물재해보험, 풍수해보험, 양식수산물재해보험, 정보통신부에서 운영하는 체신보험이 있다.

사회보험은 국민에게 발생하는 사회적 위험을 보험의 원리를 이용하여 국가 또는 사회적으로 해결할 목적으로 정부가 보험회사 역할을 하거나 운영을 지원하며 보험가입에 강제성이 있는 형태의 보험을 말한다.

사회보험은 사회적 위험을 보험원리에 의해 해결하는 제도이기 때문에 민영보험과 다음과 같은 면에서 공통점이 있다. 사회보험은 위험의 이전과 위험의 결합, 그리고 손실 보상 기능이 있다. 사회보험은 보험혜택을 받기 위해 보험에 가입하고 보험료를 납입해야 한다. 보험제도가 장기적으로 안정적이고 건전하게 운영되기 위해 보험수리에 의한 적정한 보험료와 보험금의 산출 및 기금 적립이 필요하다.

이러한 공통점에도 불구하고 사회보험의 운영 목적 및 방법에 따라 민영보험과 다음과 같은 점에서 차이가 있다. 민영보험은 보험가입자의 자유의지에 의해 가입하지만, 사회보험의 경우 일정한 자격요건을 갖춘 사람은 법에 의해 가입이 강제된다. 민영보험은 보험가입자가 급부 내용을 선택할 수 있지만, 사회보험의 급부 내용은 법에 의해 규정되어 있기 때문에 보험가입자의 선택권이 없다. 민영보험은 보험가입자가 자기가 선택한 급부 내용에 따라 보험료를 납입하지만, 사회보험은 사회적 적정성을 실현하기 위한 급부 구조를 갖고 있어 저소득 층에게는 유리하고 고소득 층에게는 불리할 수 있다. 민영보험은 자유경쟁의 원리에 입각한 시장을 통해 제공되지만, 사회보험은 국가에 의해 독점되어 운영된다. 민영보험은 계약심사를 통해 위험이 큰 보험가입자에게는 높은 보험료를 부과하거나 인수를 거절하는 데 비해, 사회보험은 가입이 법에 의해 정해져 있기 때문에 계약심사를 하지 않는다.

이러한 사회보험과 민영보험의 공통점과 차이점에도 불구하고 이 두 제도는 현재 자본주의 경제체제 하에서 필수적인 생활보장 수단이다. 사회보험과 민영보험은 국민의 생활보장이라는 공통의 목적을 위해 존재하며 상호 보완적 관계에 있다. 일반적으로 한 개인의 안정적인 생활보장을 위해서는 3층 보장이 필요하다고 한다. 3층 보장이란 국가가 최저 수준의 국민생활을 보장해 주는 사회보장과 기업이 종업원의 복리후생이나 퇴직 후의 안정된 생활을 보장해 주는 기업보장, 그리고 개인이 필요한 수준까지 보장받기 위해 자구노력으로 준비하는 개인보장을 효과적으로 활용하는 것을 말한다. 이러한 3층 보장 측면에서 볼 때 사회보험과 민영보험은 사회보장과 개인보장의 중추적인 역할을 수행한다.

그림 4-1 사회보험과 사회복지

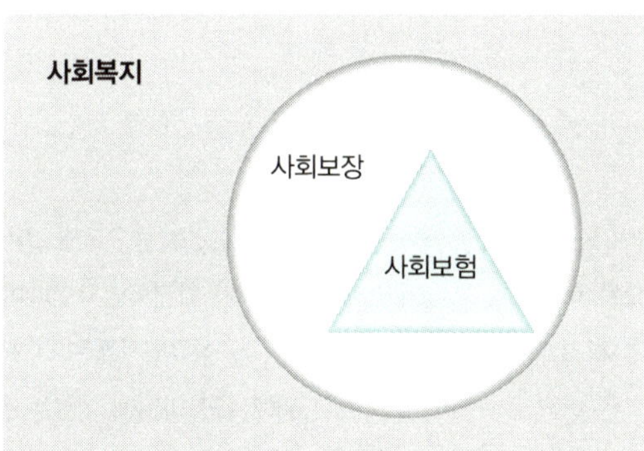

DHC 씨네마

펠리컨 브리프(The Pelican Brief)

미국의 대법관 2명이 연달아 살해당하는 일이 벌어진다. 뉴올리언스 법대생 다비 쇼는 두 법관들이 환경보호 문제를 중요시했다는 점에 착안해, 암살 배후 추정 보고서를 작성한다. 보고서는 사업가 빅터 매티스가 환경보호 단체들과 7년간의 소송건에 연루된 나머지 불리한 판결이 날 것을 우려해 법관들을 살해했을 것이란 내용.

그 보고서를 읽은 FBI 국장 보일즈는 사업가 매티스가 대통령과도 친숙한 사이란 것을 알고 수사를 시작한다. 하지만 사건에 연루된 변호사와 다비의 연인이 살해당하고 다비 자신도 킬러에게 쫓기게 된다.

그녀를 죽이려는 살인청부업자는 그녀에게 점점 접근해 오고, 다비는 더 이상 달아날 수도, 숨을 수도 없다는 것을 알게 된다. 이런 긴박한 상황과 공포에 지친 다비는 그레이 그랜섬이라는 워싱톤 헤럴드 기자에게 도움을 청하게 된다.

그레이는 호기심이 많고 무언가를 캐내기 좋아하는 기자인데, 다비는 그에게 대법원 판사 암살사건에 대한 브리프(문서)의 내용을 이야기해 준다. 거기에는 사건의 배후인물과 그 사건을 은닉시키는 데 정부 고위층까지 연루되어 있다는 사실이 적혀 있는데 ……

자료 : http://movie.naver.com/movie/bi/mi/basic.nhn?code=16222

허리케인 카트리나(Hurricane Katrina)는 2005년 8월 말 미국 남동부를 강타한 초대형 허리케인으로 북대서양에서 발생한 허리케인 중 6번째로 강했다. 허리케인 카트리나로 인해 가장 큰 피해를 입은 지역은 미국 뉴올리언스이다. 8월 30일 허리케인으로 인해 폰차트레인 호의 제방이 붕괴되면서 이 도시의 대부분 지역에 물난리가 일어났다.

천재지변天災地變(Acts of God)으로 입은 엄청난 피해라고는 하지만 과연 천재뿐이었을까? 많은 이들이 인재人災로 인해 사태가 악화되었다고 비판하고 있다. 본 영화의 원소설인 *The Pelican Brief*(1992)에서 작가 존 그리샴은 다음과 같이 말하고 있다. "(루이지애나 뉴올리언스) 늪지대는 자연 진화가 이루어낸 경이였다 …… 습지대는 광활하고 풍요로웠으며 풍부했다. 그러다가 1930년 석유가 발견되면서 그때부터 자연에 대한 강간이 자행되었다. 석유회사들은 그 풍요한 부의 지대에 도달하기 위해 1만 마일에 이르는 운하를 준설했다. …… 석유가 발견된 이래로 수만 에이커의 습지대가 바다에 의해 삼켜졌다. 지금도 매년 60평방 마일의 루이지애나가 사라지고 있다. 14분마다 1에이커의 땅이 물밑으로 사라지고 있는 것이다."

지난 50년간 전 세계적으로 허리케인이나 태풍, 지진, 홍수, 쓰나미 등의 자연재해 발생이 예전에 비해 훨씬 빈번해지고 그 강도 또한 심해지고 있다. 난개발, 환경오염에 따른 자연 파괴와 지구온난화로 우리의 지구가 몸살을 앓고 있다.

'The Other America' 지난 주(2005년 9월) 미국의 시사 주간지 *Newsweek*의 표지기사 타이틀이다. 그 내용은 다름이 아니라 바로 미국 흑인사회의 빈곤 문제이다. 거듭되는 빈곤에서 야기되는 악성 질병, 참교육

부재, 마약, 폭력 등 구조적으로 악순환되고 있는 흑인 사회 문제를 분석하고 있다. 역사상 유례가 없는 허리케인 카트리나의 막대한 피해 속에서 피해의 대부분을 고스란히 당한 미국 흑인들의 처참한 실상을 조명하고 있는 것이다.

10여 년이 넘는 미국 생활을 통해 내가 분석한 미국 흑인사회 문제의 근간은 가정 파괴인 듯하다. 우리 사회의 가장 기본적인 단위가 되는 가정이 정립되지 않고 있는 것이다. 대다수 흑인들의 경우 아버지의 존재가 없다. 병이나 폭력 등으로 친아버지는 이미 사망했거나 문란한 성문화로 인해 누가 자기 아버지인지조차 모르는 경우가 매우 흔하다. 많은 형제들도 이복인 경우가 태반이니 흑인들의 가정교육은 실종 그 자체이다. 근본이 되는 가정이 엉망이니 정상적인 사회인으로 성장하기는 매우 힘들 수밖에 없다. 외국인인 내가 보기에도 안타까울 지경이니 그 문제의 심각성은 실로 어마어마하다. 미국이 도저히 풀 수 없는 문제가 아닐까 하는 생각이 들다가도 미국 주류인 백인 WASP들의 자업자득이지 싶기도 하다. 먼 아프리카 땅에서 생사람들을 데려다가 짐승처럼 흑인들을 부려 먹었으니 어찌 벌을 면할 수 있겠느냐 하는 생각이 드는 것이다.

그런데 말이다 ……… 이런 빈곤 문제, 빈부갈등 문제가 바다 건너 미국만의 문제일까? 아니다. 바로 우리나라의 당면한 문제이기도 하다. 날이 갈수록 벌어지는 빈부격차, 사회의 안전판이랄 수 있는 중산층의 실종, 헤어날 수 없는 빈곤 속에서의 무력감과 자포자기 ……… 진짜 문제는 향후에도 이런 사회갈등과 사회불안이 개선될 조짐이 안 보인다는 점이다.

사회구조 시스템의 유무에 따라 구조적인 선순환과 악순환이 거듭될 수밖에 없다. 한번 시스템이 짜여지면 일시적인 문제가 발생해도 쉽게 무너지지 않는다. 시스템이 구조적이지 못하면 매번 어긋날 수밖에 없고 문제가 터지면 여기저기서 누수현상이 심해지고 결국 터지고 만다. 2005년 현재 미국의 흑인문제, 대한민국의 빈부차와 사회갈등은 구조적인 악순환의 대표적인 예가 되지 않는가?

세상에 공짜는 없다. 하루아침에 미국의 모든 흑인들이 건전한 사회구성원이 될 수 없다. 하루아침에 우리나라가 두터운 중산층을 확보한 건전한 자본주의의 민주사회가 될 수 없다. 안타깝지만 시간이 필요하다. 조금씩 조금씩 다져나갈 수밖에 없다. 쉽게 무너지지 않는 시스템을 구축하기 위해서. 문득 대학시절 시위 현장에서 즐겨 부르던 노래 가사가 생각난다. "흔들리지 흔들리잖게, 흔들리지 흔들리잖게, 물가 심어진 나무 같~이 흔~들리잖게 ~ ……"

자료 : http://konkuk.ac.kr/~dhchang/

DHC 라이브러리

새로운 금융질서 —21세기의 리스크(New Financial Order)

『새로운 금융질서』는 단순히 금융분야의 저술이라기보다는 다변하는 시대의 다양한 리스크에 대응하여 개인과 기업, 국가가 무엇을 해야 할 것인가를 제시한 일종의 사회개혁서 성격을 띤다. 이 책은 그동안 최신 정보 기술과 리스크 관리 기술로부터 무시되어 온 기본적인 리스크(우리 직업의 가치에 대한 리스크, 우리 가정의 가치에 대한 리스크, 우리 사회의 생명력에 관한 리스크, 그리고 국가경제의 견고성에 대한 리스크)를 조절하는 진보적인 금융이론에 바탕을 둔 여섯 가지의 기본적인 아이디어(생계와 주택을 위한 보험, 거시시장의 창출, 소득연계대출, 불평등보험, 세대 간 사회보장, 국제리스크관리협약)를 제시하고 있다.

로버트 쉴러 지음
정지만 · 황해선 · 도은진 옮김
민미디어 | 2003년

쉴러 교수는 포괄적인 위기 정보 데이터베이스에 의해 밝혀진 이 '새로운 금융질서'가 무역 위기와 불평등한 협정에서부터 세대 간 사회적 불안정성에 이르기까지 광범위하게 적용될 것으로 전망한다. 아울러 이 새로운 금융 기회를 이용하기 위한 국제시장이 새롭게 열릴 것으로 내다본다.

자료 : http://blog.naver.com/hansea76?Redirect=Log&logNo=5771053

어제는 한국금융연구원 주최로 은행연합회에서 열린 세계 석학 세미나에 참석했다. 주인공은 미국 Yale 대학의 Robert Shiller 교수였다. 미시간대 학부, MIT 석 · 박사, Wharton School 교수, Yale대 교수 등의 학력을 갖고 있고, Finance 분야의 대가시다. 그런 대가들의 세미나에 가면 느끼는 바가 무척 많다. 우선 청중들의 면면을 보고 놀라게 되는데, 소위 방귀 깨나 뀐다고 하는 학자들이나 관련 유명 인사들이 즐비하게 자리를 잡고 있다. 한마디도 놓치지 않고 대가의 발표를 경청하는 그분들의 모습을 보고 있노라면 심지어 경건한 마음이 들 정도다. 또, 대가의 발표에는 공통적으로 카리스마가 느껴진다. 청중을 압도하는 무게감과 여유롭게 발표를 리드하는 석학의 모습을 보노라면 경외심과 더불어 아름답기까지 하다.

어제 발표의 주제는 The New Financial Order였는데 Shiller 교수는 동일한 타이틀로 올해 초에 책을 출간하신 바 있다. 요점은 첨단 IT를 바탕으로 Finance의 리스크 관리 knowhow를 통해 오늘날 우리가 직면하고 있는 여러 리스크들을 훌륭하게 극복할 수 있다는 주장이다. 구체적인 예로서 불평등 리스크에 대한 리스크 관리 수단으로 불평등보험(Inequality Insurance) 개발을, 재정문제로 세계적으로 골치를 앓고 있는 국민연금의 대안으로 세대 간 리스크 공유(Inter-generational Risk Sharing) 방안 등을 제안한다. 때는 바야흐로 리스크 관리의 시대임을 보여주고 있다.

그 책 *The New Financial Order*의 내용을 볼 것 같으면 거의 철학적인 수준이다. Finance 전공 학자이시니 복잡한 수식과 이론적인 모델로 책이 범벅이 되어 있겠지 했던 선입관은 무참히 깨어진다. 심지어 이건 너무 비약 아닌가 싶을 정도로 큰 틀을 제시하고 있다. 사실, 국민연금의 경우 세대 간 불평등(Inter-generational Inequality) 문제가 심각한 형편에 오히려 세대 간 리스크 공유(Inter-generational Risk Sharing) 방안을 주장하고 계시니 어느 한편 황당한 생각이 들 정도다. 어느 분야이건 대가의 경지에 들어서면 철학자가 되는 모양이다. 모든 것이 물 흐르듯 막힘이 없고, 이런저런 주변 것들은 자연히 정리가 되면서 큰 흐름을 이루는 모양이다. 그저 존경스러울 따름이다.

존경스러운 마음에 멍하니 발표를 듣고 나서 질문시간에 그저 말 한마디라도 건네보고 싶은 마음에 대책없이 손을 들고 말았다. 버걱거리는 영어로 첫 질문을 마치고, 진짜 중요한 두 번째 질문을 이번엔 유창한 영어로 던졌다. “Can I get your signature, PLEA~SE?” 귀국 전에 U Penn 대학 서점에서 어마어마한 달러를 주고 구입했던 Shiller 교수의 책 *The New Financial Order*를 어제 세미나에 가지고 갔던 것이다. 우하하하~ 한 건 했다. 영양가 있는 하루였다.

자료 : http://konkuk.ac.kr/~dhchang/

보험 비즈니스

Risk Management and Insurance

ch. five

05

1. 보험산업

2. 보험 비즈니스

1 보험산업

Risk Management and Insurance, ch. five

보험은 보험료라는 대가를 지불하고 피보험자가 보험자(보험회사)에게 리스크를 전가하는 경제행위이다. 즉, 보험료를 보험자에게 미리 지불함으로써 피보험자는 유사시에 자신에게 혹은 그의 재산에 손실을 입었을 경우 보험자가 금전적 손실의 일부나 전부를 보상해 주리라는 안전수단을 확보하게 된다.

피보험자는 향후 자기가 어떤 정도의 손실을 입게 될지 알 수 없으나 보험자는 보험 가입 pool 전체를 대상으로 하여 어느 정도 피보험 리스크의 평균 손실을 추정할 수 있다. 보험자는 특정 리스크에 대하여 많은 보험가입자를 확보함으로써 예상 손실을 추정하게 되고 그 예상 손실을 상회하는 보험료를 부과함으로써 보험금 지급 후에도 적정 이윤을 취할 수 있다.

보험산업의 기능은?

보험 비즈니스의 규모는 대단히 크고 나라 경제에서 보험산업이 차지하는 비중과 중요성도 점점 커지고 있다. 보험회사들이 제공하는 보험은 크게 개인보험과 기업보험으로 분류되며 생명보험, 건강보험, 재산보험, 상해보험, 자동차보험 등과 같이 일반에 익숙한 보험상품뿐 아니라 보험사를 위한 보험인 재보험과 같이 특별한 보험도 있다. 손해 보상 이외에 보험회사의 주요 업무로는 보험의 필요성과 구체적인 상품을 홍보하는 마케팅 기능이 중요하며, 리스크 인수 및 리스크 분류, 보험료율 책정을 담당하는 언더라이팅 기능이 핵심이 된다.

보험회사는 금융기관으로서의 기능도 매우 중요한데 상당 규모의 보험료 수입을 기초로 향후 보험금 지급 용도의 준비금을 적립하고 이를 적절히 투자하여야 한다. 보험회사의 투자 대상은 국내 및 해외의 주식, 채권, 부동산 등을 망라하는데 이 과정에서 나라 경제의 중요한 유동성 공급자로서의 역할을 수행하고 있다.

1.1 우리나라의 보험산업[1]

2014년 보험산업은 생명보험과 손해보험 성장률이 모두 명목경제성장률과 유사한 수준을 기록하면서 전체적으로 5.0% 성장할 것으로 전망된다.

표 5-1 보험산업 수입보험료 전망 (단위 : 조원, %)

구분	FY2011		FY2012		FY2013(E)		FY2014(F)	
	보험료	증가율	보험료	증가율	보험료	증가율	보험료	증가율
생명보험	87.8	5.8	115.3	31.3	80.8	−3.8	117.1	4.4
손해보험	61.0	16.7	68.5	12.4	54.0	4.6	75.2	6.1
전체	148.8	10.0	183.9	23.6	134.8	−0.6	192.3	5.0

주 : 보험연구원 추정치(E) 및 전망치(F).

2014년 보험침투도(insurance penetration)[2](총보험료/명목 GDP)는 명목 GDP 성장률 둔화가 전망됨에 따라 보험산업 수입보험료 증가율이 명목 GDP 성장률을 상회하면서 13.9%까지 상승할 것으로 전망된다.

생명보험 침투도는 FY2013보다 0.5%p 상승한 8.5%, 손해보험 침투도는 0.1%p 상승한 5.4%를 기록할 것으로 보인다.

표 5-2 보험침투도 전망 (단위 : %)

구분	FY2010	FY2011	FY2012	FY2013(E)	FY2014(F)
생명보험	7.0	7.0	9.0	8.0	8.5
손해보험	4.4	4.9	5.4	5.3	5.4
전체	11.3	11.9	14.4	13.3	13.9

주 : 보험침투도 = 총 보험료/명목 GDP.

1. 보험연구원, 「2014년도 보험산업 전망과 과제」, 2013. 12.
2. 보험침투도는 명목 GDP 대비 수입보험료의 비율을 가리키는데, 이는 한 국가의 보험산업이 동 국가 경제에서 차지하는 위치를 가늠하게 하는 수치이다.

그림 5-1 보험침투도 추이 및 전망

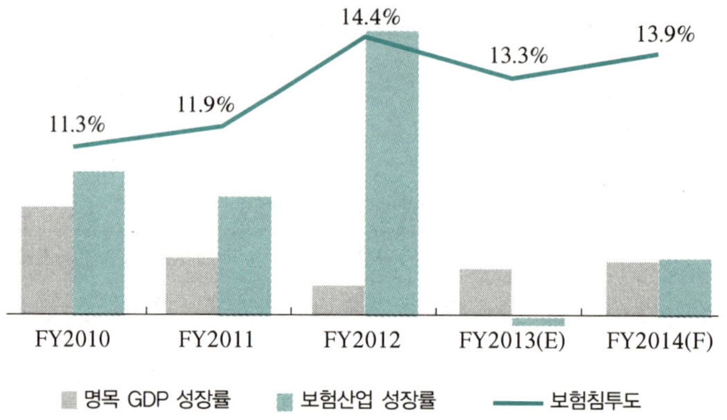

자료 : 농협보험을 포함함.

2014년 보험밀도(insurance density)[3](총보험료/총인구 수)는 381만 3,000원을 기록할 것으로 전망된다.

생명보험과 손해보험 밀도는 각각 232만 2,000원, 149만 2,000원을 나타낼 것으로 예상된다.

표 5-3 보험밀도 전망 (단위 : 천원)

구분	FY2010	FY2011	FY2012	FY2013(E)	FY2014(F)
생명보험	1,679.8	1,764.5	2,306.0	1,608.9	2,321.5
손해보험	1,056.5	1,224.7	1,370.7	1,074.4	1,491.5
전체	2,736.3	2,989.2	1,676.7	2,683.3	3,812.9

주 : 1) 보험밀도 = 총 보험료/총인구 수.
2) 인구는 통계청의 장래추계인구 2013년 12월 자료를 사용함.

3. 국민 1인당 보험료를 나타내는 보험밀도는 해당 국가의 보험 보급 및 보험산업 발전수준을 알려주는 지표이다.

2 보험 비즈니스[4]

Risk Management and Insurance, ch. five

2.1 보험 비즈니스 전반

(1) 보험자의 분류

보험자의 종류는?

보험자(Insurer)는 소유권의 법적 형태에 따라 주식회사나 로이즈(Lloyd's)와 같은 영리형, 상호회사와 같은 조합형, 공공보험자 등으로 분류된다.

보험자의 이해관계자로는 소유주(Owner), 경영자(Manager), 보험계약자(Policyholder)들이 대표적인데, 이들 간의 조합에 따라 보험자의 조직 형태는 다음의 표와 같이 정리될 수 있다.

표 5-4 보험자의 종류와 차이

	OWNER	MANAGER	POLICYHOLDER (보험계약자)
주식보험회사 (STOCK CO.)	O	M	Ph
상호보험회사 (MUTUAL CO.)	Ph	M	Ph
로이드 (LLOYD' S)	Underwriters	Underwriters	Ph

주식株式회사는 원칙적으로 소유주, 경영자, 보험계약자가 분리되어 있어 각자의 이해 추구에 있어 상호 간의 견제와 균형이 이루어지는 장점이 있는 반면, 소위 말하는 대리인 비용이 크게 발생할 수 있다. **상호相互회사**의 경우는 보험소비자인 보험계약자가 동시에 소유주가 됨으로써 대리인 비용을 줄일 수 있는 반면, 경영

4. Myhr and Markham, *Insurance Operations, Regulation, and Statutory Accounting*(2004)의 내용을 중심으로 정리함.

자에 대한 모니터링이 소홀해질 가능성이 높고 자본조달에 한계가 있어 규모의 경제를 이루는 데에 있어 불리하다. 개별 보험업자라고 할 수 있는 언더라이터(Underwriter) 들이 그룹(Syndicate)을 이루어 리스크 인수가 이루어지는 Lloyd's 조직(회사의 형태가 아님)은 Underwriters들이 소유하고 운영하는 독특한 구조를 가짐으로써 Underwriters들의 pooling을 통하여 특수한 성격의 소수의 리스크 인수도 가능하게 된다.

영리 추구를 주목적으로 하는 주식보험회사와 영리와 조합의 이익을 동시에 추구하는 상호보험회사의 장 · 단점은 다음과 같다.

표 5-5 주식회사 vs 상호회사

주식보험회사		상호보험회사
■ 자본조달 용이 ■ 경영자 모니터링 용이 ■ 사업분산 용이	장점	■ 낮은 대리인 비용 ■ 낮은 보험료/좋은 서비스(?) ■ 주식운영비용 전무
■ 높은 대리인 비용	단점	■ 자본조달의 어려움 ■ 경영자 모니토링 어려움 ■ 규모의 경제 어려움

1980년 이후 전 세계적으로 보험자들의 탈脫 상호회사(Demutualization)가 큰 흐름으로 자리잡고 있는데, 이런 현상은 무엇보다도 보험시장의 경쟁 심화에 따른 대형화를 위해선 자본조달이 용이한 주식회사 형태가 유리하다는 판단에 따른 것이다.

(2) 보험 비즈니스의 성과 평가

보험 비즈니스의 수익성 측정에는 여러 요소들이 고려되는데 보험료, 사업비율, 손해율, 합산비율, 투자 수입, 운영 이익 또는 손실 등이 포함된다.

가. 보험료

보험사의 이익은 보험료(Premiums) 수입에 크게 의존한다. 따라서 성공한 보험사의 경우를 보면 이들의 보험료 규모가 큰 것을 발견하게 된다. 투자 수익 또한 부분적으로 보험료 수입에 의존하는데 보험료 수입은 투자에 사용된다. 보험료 수입의 성장은 시간이 지남에 따라 지속되어야 한다. 그러나 급속한 보험료의 성장은 바람직하지 않을 수 있는데 이는 언더라이팅을 느슨하게 함으로써 일시적으로 부적절한 보험료 수준을 야기할 수 있기 때문이다. 손실이 커지면 그 손실을 메꾸기 위해 무리하게 보험 영업을 하게 되고 그에 따른 부적절한 보험료의 성장은 결국 수익 감소로 이어질 수 있다. 물론, 보험료의 성장세 또는 하락세는 현재의 시장 상황에 준하여 평가되어야 한다. 결국, 업계 평균보다 느린 보험료 성장은 일반적으로 문제가 있다고 판단되며, 업계 평균보다 월등히 높은 보험료 성장 또한 장기적으로 바람직하지 못한 결과를 가져올 수 있는 것이다.

보험료의 개념은 다음과 같이 여러 가지이다. **수입보험료**(Premiums Written)는 보험계약자가 보험계약 체결의 대가로 보험자에게 지급하는 것으로 원래 금액인 **원수**原受**보험료**(Direct Premium Written)와 재보험료를 가감한 **보유**保有**보험료**(Net Premium Written)으로 나뉜다.

보유보험료(NPW) = 원수보험료(DPW) ∓ 재보험료

보험계약 체결 시점에 피보험자로부터 수령한 수입보험료는 일단 보험사의 부채가 되며, 계약기간이 경과하면서 일부가 보험사의 수입으로 평가된다. 계약기간 중 특정 시점에 보험사 수입으로 평가되는 보험료를 **경과보험료**(Earned Premium)라 하고, 아직 부채로 남아 있는 보험료를 **미경과보험료**(Unearned Premium)라 한다.

나. 사업비율

일반적으로 보험사의 지출은 **사업비율**(Expense Ratio)로 측정되는데 사업비율의 개념은 다음과 같다.

손실조정 사업비율 = 손실조정 사업비용(loss adjustment expenses)/경과보험료

수수료 사업비율 = 수수료/보유 보험료

기타 사업비율 = 기타 비용/보유 보험료

언더라이팅 사업비율 = 수수료 사업비율 + 기타 사업비율

사업비율은 보험의 종류에 따라 차이가 크고, 또 시간의 경과에 따라 다르게 나타나는 게 일반적인데 보험료율이 상승하는 경우 사업비는 손실만큼 빠르게 상승하지 않기 때문에 하락하는 경향이 있다. 반대로 정부 규제로 인해 보험료율이 떨어지는 경우는 물가 상승과 동반하여 사업비율은 오르게 된다.

다. 손해율

경과보험료에 대한 발생 손실의 비율인 손해율(Loss Ratio)은 보험사가 피보험자의 손실에 대해 얼마나 지급해야 하는지를 측정한다. 손해율 계산엔 손실조정비용(loss adjustment expenses)이 반영될 수도 있고 안 될 수도 있는데, 손실조정비용은 상당한 비중을 차지하므로 손실조정비용의 포함 여부는 매우 중요하다. 예를 들어 2000년 미국의 의료과실보험의 경우 경과보험료에 대한 손실의 비율은 74.4%였고 손실조정비용의 비율은 36.0%였다. 2001년 손해조정비용을 추가하기 전 의료과실보험의 손해율은 97.4%로 20%p 이상 상승했다. 일반적으로 보험사의 손해율 측정엔 손실조정비용이 포함된다.

보험사의 수익성을 평가할 때는 손해율과 사업비율을 함께 고려하여야 하는데, 예를 들어 업계 평균보다 낮은 사업비율의 보험사는 업계 평균보다 높은 손해율을 감당하면서도 어느 정도의 이익을 시현할 수 있을 것이다.

라. 합산비율

손해율과 사업비율의 합이 합산비율(Combined Ratio)이다. 100%보다 낮은 합산비율은 보험 비즈니스 운영의 이익을, 반대로 100%가 넘는 합산비율은 운영손실을 의미한다.

보험 비즈니스에선 통상 두 가지의 합산비율을 쓰는데, 하나는 재정 기반(financial basis) 합산비율이고 다른 하나는 거래 기반(trade basis) 합산비율이다.

표 5-6 **보험 비즈니스의 합산비율 계산**

Combined Ratio Calculation

Incurred underwriting expenses	$ 5,000,000	
Incurred losses and loss adjustment expenses		14,000,000
Net written premiums	25,000,000	
Earned premiums	20,000,000	

Insurance Company's *financial basis* combined ratio would be :

$$\frac{\textit{Incurred losses and loss adjustment expenses}}{\textit{Earned premiums}} + \frac{\textit{Incurred underwriting expenses}}{\textit{Earned premiums}}$$

$$= \frac{14{,}000{,}000 + 5{,}000{,}000}{20{,}000{,}000}$$

$$= 0.95 \text{ or } 95\%$$

Insurance Company's *trade basis* combined ratio would be :

$$\frac{\textit{Incurred losses and loss adjustment expenses}}{\textit{Earned premiums}} + \frac{\textit{Incurred underwriting expenses}}{\textit{Net written premiums}}$$

$$= \frac{14{,}000{,}000}{20{,}000{,}000} + \frac{5{,}000{,}000}{25{,}000{,}000}$$

$$= 0.70 + 0.20 = 0.90 \text{ or } 90\%$$

자료 : Myhr and Markham, *Insurance Operations, Regulation, and Statutory Accounting*, 2004.

보험 비즈니스의 구체적인 기능들은 무엇인가?

(3) 보험 비즈니스의 기능

보험 비즈니스엔 언더라이팅, 마케팅, 보상의 3대 핵심 기능을 포함하여 다음과 같은 다양한 기능들이 포함된다.

- 언더라이팅(Underwriting)
- 마케팅(Marketing)
- 보상(Claims)
- 보험계리計理(Actuarial) : 보험료율 산정, 적정 지급준비금 적립 분석
- 재보험(Reinsurance)
- 손실 통제(Loss Control)
- 투자(Investment)
- 정보기술(Information Technology)
- 보험료 감사(Premium Audit)

- 인사(Human Resources)
- 법무(Legal Services)
- 회계(Accounting)

그림 5-2 보험 비즈니스의 3대 기능

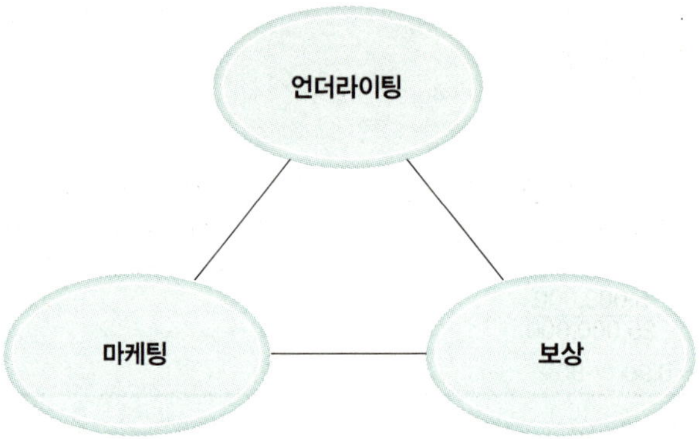

2.2 언더라이팅

언더라이팅(Underwriting)은 보험계약의 모집과정에서부터 계약 인수 및 처리, 손해 사정 및 보험금 지급까지의 전 과정을 포함하는 광범위한 개념으로 해석

그림 5-3 보험 언더라이팅의 개념

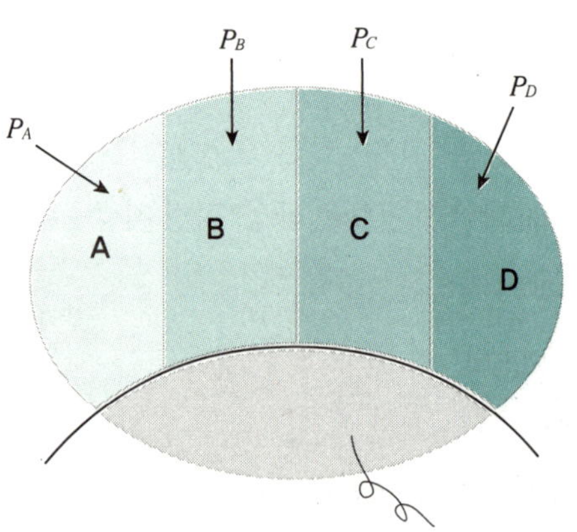

될 수 있으나, 일반적으로는 보험사가 계약 인수 시에 행하는 리스크의 분석 및 평가, 보유 및 리스크 분산에 관한 일련의 사무처리 과정을 의미한다.

보험사 언더라이팅의 주요 업무는 리스크의 선별, 인수 리스크의 분류, 보험료 부과(Rating), 보유 결정(Retention Setting) 및 재보험 처리 등이다. 성공적인 보험사업에 있어서 언더라이팅의 중요성은 아무리 강조해도 지나침이 없다. 언더라이팅 결과가 보험사의 수익성 및 성장, 심지어 보험사의 존속 여부에 결정적인 영향을 미친다고 할 수 있는바 언더라이팅은 보험사업의 핵심 기능으로 여겨지는 것이다.

Tips 어떤 기업이 주식이나 채권과 같은 증권을 발행할 때 증권사가 기업을 대신해서 증권을 인수, 모집, 판매하는 의미의 증권 언더라이팅과 위의 보험 언더라이팅은 다르다.

(1) 언더라이팅의 목적과 기능

언더라이팅의 목적은 수익성 있는 보험사업의 유지 및 발전에 있다고 할 수 있다. 한편 이같은 목적의 달성을 위하여 언더라이터는 **역선택**逆選擇(adverse selection) 방지에 주력하여야 한다.

언더라이팅의 제반 기능은 라인(Line) 언더라이터 기능과 스탭(Staff) 언더라이터의 기능으로 양분된다. 라인 언더라이터에게는 보험청약자 개개인의 평가 및 갱신 보험계약 평가의 책임이 있다. 스탭 언더라이터는 언더라이팅 정책의 결정 및 이행 등 언더라이팅 관리를 돕는다.

가. 스탭 기능

스탭(Staff) 언더라이팅 기능은 보통 본사에서 이행되는데 주된 스탭 언더라이팅 기능들은 다음과 같다.

- 언더라이팅 정책의 고안
- 보험사업의 평가
- 보험증권 양식, 보상범위의 개발 및 조사

- 요율산정안의 검토 및 수정
- 언더라이팅 지침의 준비
- 언더라이팅 감사
- 교육 및 훈련

나. 라인 기능

라인(Line) 언더라이팅의 주된 기능들은 다음과 같다.

- 리스크 선별
- 인수 리스크의 분류
- 적정한 보상수준 결정
- 적정한 보험료 부과
- 생산자 및 보험계약자 서비스

(2) 언더라이팅 정책

효과적인 언더라이팅 정책이라 함은 보험회사의 소유주나 최고경영자의 목표를 개별적인 혹은 총체적인 언더라이팅 결정에 지침이 되는 규칙이나 절차에 잘 반영한 정책을 의미한다. 언더라이팅 정책은 사업의 구성을 결정하며, 언더라이팅 정책의 수립은 보험사가 추구하는 목표들 간의 조화를 필요로 한다. 무릇 모든 보험자는 수입보험료 증대, 시장점유율 제고, 이윤 창출 등을 추구한다. 보수적인 성격의 보험회계원칙은 보험자의 수입보험료를 대차대조표상 부채로 계상할 것을 요구한다. 시간의 경과에 따른 보험료 수입으로 부채는 줄어들고 보험자가 사용할 수 있는 현금은 늘어나게 된다. 보험자는 또 초기의 사업비를 발생 즉시 비용으로 공제해야 하는 어려움에 직면한다. 이와 같은 내용의 회계처리는 보험자의 현금부족 사태를 야기하는데 이는 보험자의 이익잉여금 및 자본잉여금(즉, 보험계약자 잉여금)의 감소로 이어진다. 따라서 타 사업과는 달리 보험사업의 확장은 보험자의 기술적 지급불능 상태를 초래할 수 있다. 이러한 이유로 장기적으로 보험자가 성장하기 위해서는 여러 요인들 간의 균형상태가 유지되어야 하는 것이며, 이런 내용들이 언더라이팅 정책의 수립에 필히 반영되어야 한다.

보험사 언더라이팅 정책의 주요 내용들은 주요 보험종목, 주요 거점지역, 증권양식, 요율 및 요율 산정방식의 결정 등이다. 한편 언더라이팅 정책을 제한하는 요인들로는 보험사의 인수능력, 정부의 규제, 인적자원, 재보험 등이 있다. 이러한 요인들은 언더라이팅 정책을 수립함에 있어 큰 영향을 미치게 된다.

그림 5-4 보험사 언더라이팅 정책의 제한 요인

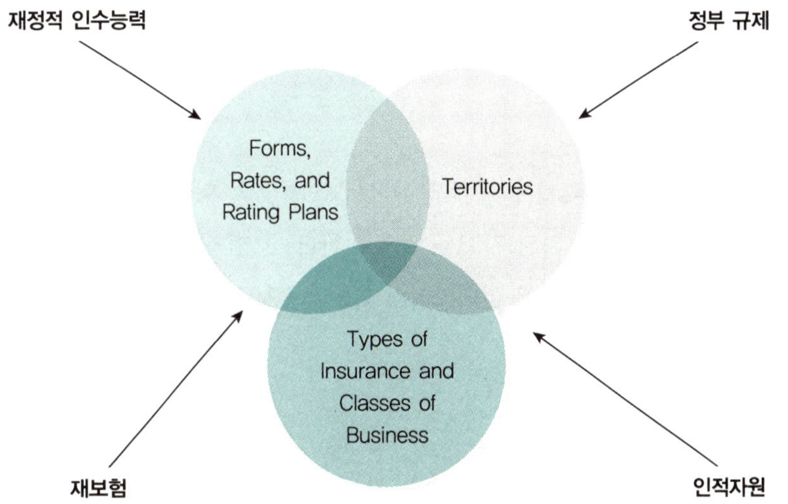

자료 : Myhr and Markham, *Insurance Operations, Regulation, and Statutory Accounting*, 2004.

가. 인수능력

보험자의 인수능력(Capacity)은 보험계약자잉여금 대비 수입보험료의 크기로 제한되는데, 이는 보험자의 지급능력支給能力을 평가하는 데 결정적인 기준이 된다. 이 비율이 300%를 초과할 때 보험자의 인수능력은 그 한계를 넘겼다고 여겨진다. 앞서 살펴본 것처럼 수입보험료의 빠른 성장에 의해 이 비율이 300%를 초과하는 경우가 생긴다.

보험사업의 확장은 잉여금을 감소시키는 한편 수입보험료를 증대시킨다. 이때 추가적인 조치를 취하지 않는다면 인수능력의 제한으로 보험자의 사업확장이 저해될 수 있다. 따라서 보험자는 그들의 인수능력의 제한을 분명히 인식하고 그들이 할 수 있는 바를 최대한 효율적으로 이용해야 한다. 사업종목 간 인수능력의 할당은 중요한 정책 현안이 되며 이는 정기적으로 점검되고 평가되어져야 하는 사안이다.

나. 정부 규제

주지하는 바와 같이 정부의 규제(Regulation)는 보험사업 운영에 있어 큰 영향을 끼치며 언더라이팅 정책의 수립 및 이행에 있어서도 지대한 영향을 미친다.

다. 인적자원(Personnel)

보험사업은 효과적인 상품의 개발, 특정 보험종목의 취급, 손실 통제 서비스 등을 수행함에 있어 전문가의 자질을 필요로 한다. 보험자는 언더라이팅 정책을 훌륭히 수행할 수 있는 질 좋은 언더라이터들을 많이 보유하여야 한다.

라. 재보험

재보험(Reinsurance) 특약의 보험료율 및 가용성可用性(availability)은 보험자의 인수능력에 큰 영향을 미친다. 재보험을 통해 보험자는 계약자잉여금을 확충하고 법정준비금 부담을 줄임으로써 인수능력을 제고할 수 있다. 한편 특정 보험종목이나 특정 리스크의 경우 재보험 처리가 어려울 수 있으며, 재보험료율 또한 과도하게 높을 수 있다는 한계가 있다.

(3) 언더라이팅 결과의 평가

가. 정량적 평가

상황이 원활하게 전개되는 경우 언더라이팅은 재정적으로 좋은 결과를 가져올 수 있고, 어떤 때는 언더라이터가 열심히 일을 했음에도 결과가 좋지 않을 수 있다. 단기적으로 언더라이팅의 재정적 결과를 쉽게 가늠하지 못하게 하는 주요 요인들은 다음과 같다.

- 보험 비즈니스 싸이클
- 대형 자연재해 손실
- 수입보험료 크기
- 손실 발전 추이

보험 비즈니스는 장기적으로 볼 때 싸이클을 가지고 있기 때문에 특정 기간엔 대부분의 보험사들이 수익성을 올리는 반면 다른 기간엔 대부분 손실을 보는 경우가 일반적이다. 따라서 특정 보험사의 언더라이팅 결과를 공정하게 평가하기 위해서는 동 기간 중 타 보험사들 성과와의 상대적 비교가 필요하다.

언더라이팅 결과는 통상 연 단위로 평가되는데 대형 태풍이나 지진과 같은 자연재해들은 불규칙하게 발생하므로 이런 경우 특정 해의 언더라이팅 결과의 의미는 떨어질 수밖에 없다.

보험사의 합산비율과 사업비율은 보험료 규모에 크게 의존하는바 보험료 크기와 언더라이팅 결과는 직접적으로 연계된다. 언더라이팅 기준이 타이트해지면 보험료 수입은 줄게 되고, 반대로 언더라이팅 기준이 완화되면 보험료 수입은 커진다.

배상책임보험과 같은 경우 손실 발생과 클레임 완료까지의 시간, 즉 손실 발전(loss development)의 추이가 매우 길 수 있는데 통상 'long tail'이라고 불리는 리스크의 경우이다. 이런 리스크의 경우 적정 보험준비금의 적립이 매우 어려워지는데 이는 첫째, 상황의 변화에 따라 처음에 적립했던 보험준비금 규모가 모자라는 경우가 일반적이고, 둘째, 소위 IBNR(Incurred But Not Reported : 기발생 미보고) 손실의 경우 적립액 자체의 예상이 지극히 어렵기 때문이다.

나. 정성적 평가

정량적 평가 못지않게 언더라이팅 결과의 정성적 평가도 매우 중요하다고 하겠는데 그 주된 기준들은 다음과 같다.

- 리스크 선별

- 상품 혼합
- 보험료 부과
- 유지율
- 성공률
- 보험모집조직에 대한 서비스

상품 혼합이란 신규 사업과 갱신 사업의 적절한 조합을 의미한다. 예를 들어 특정 기간에 생산물책임보험 사업의 결과가 좋지 않았다면 특정 제조업 리스크의 인수를 줄이고 다른 리스크의 인수를 늘릴 수 있을 것이다.

유지율이란 보험사업의 갱신율을 의미하는데 두말 할 것 없이 특별한 손실이 없는 경우 기존 사업의 유지가 언더라이팅 결과에 긍정적이다.

성공률은 보험계약의 성공률을 의미하는데 이는 기업물건의 경우 더욱 중요하다. 지나치게 높은 성공률이나 낮은 성공률에 대해서는 면밀한 분석이 필요할 것이다.

2.3 마케팅(Marketing)

(1) 보험 마케팅의 특성

가. 보험 대리점의 법적 지위

대리인(Agent)은 개인이나 회사로부터 권한을 위임받아 개인이나 회사를 대리할 수 있는 지위에 있는 사람 또는 조직을 의미한다. 법적으로 대리인은 위탁자(Principal)의 피고용인이 될 수도 있고 독립 상인이 될 수도 있다.

보험 비즈니스의 경우 대리인 또는 대리점은 보험사를 대리하는 독립 상인을 의미한다. 중개인(Broker)은 보험사와 업무를 다룰 때 보험계약자 및 미래의 보험계약자를 대리하는 독립 상인을 의미한다.

보험 마케팅에서 자주 등장하는 이들이 **프로듀서**(Producer), 즉 보험모집조직인데 프로듀서는 고객에게 보험상품을 파는 사람을 말한다. 프로듀서엔 보험중개인, 보험 대리점, 보험사 직원 등이 포함된다.

통상 대리점의 권한은 보험사가 대리점 계약을 통해 대리점에 부여한 권한에 국한된다.

나. 소비자에 대한 프로듀서의 의무

프로듀서가 고객에게 특정 보험을 제공하는 경우 그는 고객에 대해 두 가지 의무를 지게 된다. 첫째, 협정된 보험증권을 제공한다. 둘째, 지급능력이 충분한 보험사의 보험에 가입한다.

(2) 보험상품 마케팅 계획

보험상품의 마케팅 계획에는 통상 다음의 내용이 포함된다.

- 신상품 내용과 판매 목표
- 상황 분석 : 시장의 SWOT 분석
- 마케팅 목표
- 마케팅 전략

마케팅 계획은 판매 상품과 서비스의 차이에 따라 그 내용이 달라지겠지만 모든 마케팅 계획에 공통되는 바가 있는데, 마케팅 계획엔 잠재적 구매자들을 효과적으로 판매자와 연결시켜 수익성이 있는 사업으로 발전하게 하는 로드맵이 있어야 한다.

(3) 전통적 보험 마케팅 시스템

보험사들은 전통적 마케팅 시스템, 새로운 유통채널 또는 양자 결합의 방식으로 고객에게 그들의 상품과 서비스를 제공한다. 우선 전통적인 보험 마케팅 시스템은 다음과 같다.

- **독립 대리점**(Independent Agency)과 **보험중개인**(Brokerage) 시스템

- 전속 대리점(Exclusive Agency) 시스템
- 직급直扱(Direct Writer) 시스템

가. 독립 대리점과 보험중개인

독립 대리점과 보험중개인은 여러 분야의 고객의 다양한 니즈를 만족시키는 효과적인 보험 마케팅 시스템이다. 독립 대리점과 보험중개인은 여러 보험사를 대리하는 독립 상인으로서 보험사의 직원이 아니고 사업 성과에 따라 수수료를 취득한다.

독립 대리점이나 보험중개인의 수수료 체계는 통상 다음과 같다.

- 모든 비즈니스에 대해 일정 비율(flat percent)의 수수료.
- 일정 목표 달성 시 인센티브 또는 이익 공유(profit sharing) 수수료

최근 들어 보험 대리점의 대형화 및 전문화 추세에 따라 법인대리점(Managing General Agents ; MGA)이 인기를 끌고 있는데 MGA는 고객에게 보험상품을 직접 판매하는 프로듀서와 보험사 사이에서 중개 역할을 한다. 보험사 입장에선 MGA를 통해 보험영업을 하는 경우 별도의 영업 지원 체계를 생략하여 고정비용을 낮출 수 있는 게 장점이다.

나. 전속 대리점

전속 대리점 역시 보험사 직원이 아닌 독립 상인인데 특정 보험사 하나만을 대리하게 되고 사업 성과에 따라 수수료를 취득한다. 독립 대리점에 비해 보험사의 영향력이 크다고 하겠으며, 전속 대리점은 보험사로부터 구체적으로 허락을 받은 보험상품들만 판매하게 된다.

다. 직급

세 번째 마케팅 시스템은 보험사 직급直扱 시스템인데 이들은 보험사의 직원으

로서 회사의 구체적인 관리 감독 하에 영업을 하게 된다. 직급 직원들은 독립 상인이 아닌 회사 직원이므로 수수료가 아닌 급여를 받게 된다.

라. 프로듀서의 기능

프로듀서(Producer), 즉 보험모집조직의 기능을 정리해 보면 다음과 같다.

- 판로 확보
- 리스크 관리 검토
- 판매
- 보험증권 발행
- 보험료 징수
- 대 고객 서비스
- 보상 업무
- 보험 관련 컨설팅

(4) 전통적 마케팅 시스템의 결합

가. 보험사와 대리점

은행-증권-보험으로 구분되었던 금융 영역의 분리 규제가 완화되고 그에 따른 금융 겸업화의 여파로 직급, 전속 대리점 또는 독립 대리점의 한 가지 마케팅 시스템에만 의존하는 보험사는 이제 찾아보기 힘들게 되었다. 많은 보험사들이 여러 가지 마케팅 시스템을 상호 보완하여 사용함으로써 성공적인 비즈니스 성과를 보이고 있고 향후 이런 추세가 계속될 전망이다.

나. 은행과 보험사

보험사들과 금융 서비스 회사들은 교차판매(cross selling)의 기회를 극대화하기 위해 협력 중이다. 보험사 입장에선 은행과의 비즈니스 연계가 새로운 잠재고객에 접근하는 유효한 방법이 된다. 은행의 입장에선 고객들에게 보험상품과 관련 서비스를 제공함으로써 추가적인 수익 창출을 기대할 수 있으며 고객과 은행의 관계를 보다 긴밀히 할 수 있다.

표 5-7 **보험 비즈니스의 교차판매 방법**

Cross-Selling Methods	Advantages	Disadvantages
Organic growth	Allows company to maintain control of product development process	Takes time and effort to develop internal insurance expertise
Acquisition	Reduces need to develop internal insurance expertise	Incurs costs related to acquisition
Outsourcing	Is easy to initiate ; can discontinue arrangement if unsatisfactory	Entails potential loss of control over outsourced functions and operations
Combinations of the Above	Varies based on choice of method combination	

자료 : Myhr and Markham, *Insurance Operations, Regulation, and Statutory Accounting*, 2004.

다. 보험사와 타他 비즈니스

은행 외에 보험사와의 교차판매에 효과적일 수 있는 비즈니스는 다음과 같다.

- 자동차 딜러
- 부동산 회사
- 금융서비스 회사
- 공인회계사
- 리스크 관리 회사
- 신용조합

(5) 새로운 보험 마케팅 채널

보험 마케팅 시스템의 융합은 보험 비즈니스에 큰 영향을 미치고 있다. 앞서 설명한 세 가지 전통적 마케팅 시스템 외에 보험사 및 보험모집조직은 다음의 새로운 유통채널을 사용하여 보험을 판매하고 있다.

- 인터넷
- 콜센터
- 그룹 마케팅
- 금융기관

가. 인터넷

보험사와 보험모집조직은 인터넷을 통하여 비즈니스에 다음과 같이 많은 도움을 받고 있다.

- 자동화 작업에 따른 낮은 오버헤드로 언더라이팅 및 보상 서비스의 원가 절감
- 간소화된 비즈니스 수행으로 직접 판매에 참여하는 직원 사용의 필요가 적어짐
- 브랜드 인식 제고 효과
- 마케팅 제고 가능성

위와 같은 장점에도 불구하고 인터넷을 통한 보험 판매엔 다음과 같은 도전과제들이 존재한다는 사실도 유념해야 할 것이다.

- 인터넷 사용의 원가 우위 가정이 반드시 옳다는 보장은 없음
- 단 한 번의 클릭으로 고객을 경쟁사에 뺏길 수 있음
- 보험료 정보의 접근 용이성과 보험료 정보 제공의 신속성
- 유용한 정보의 가용성
- 제공되는 서비스의 범위
- 까다로운 고객에 대한 서비스 제공의 어려움
- 보안 문제
- 웹사이트 콘텐츠 업데이트 문제

나. 콜 센터

보험 마케팅을 위한 콜 센터(Call Center) 운영에는 다음이 필요하다.

- 상담원
- 터치 톤 서비스
- 음성인식 서비스 활성화

다. 그룹 마케팅

특정 타겟 그룹을 대상으로 하는 그룹 보험 마케팅에는 다음의 유형들이 있다.

- 동창회, 동호회 등 친목그룹 마케팅
- 특정 회사 직원 전체를 대상으로 하는 단체 보험 마케팅

그룹 마케팅이 성공하기 위해서는 스폰서의 전폭적인 후원, 보험료 할인 서비스, 언더라이팅 기준의 완화와 더불어 프로그램 운영이 원활해야 할 것이다.

라. 금융기관

보험사 입장에선 은행과 같은 금융기관들이 다음과 같은 이유에서 보험 비즈니스의 전략적 파트너로 매우 훌륭한 상대라고 하겠다.

- 강력한 고객 베이스
- 제품 교차판매의 가능성
- 비즈니스 처리 능력
- 특정 상품과 서비스를 대상으로 하는 데이터베이스 마이닝(mining) 기술 능력

마. 전통적 마케팅 시스템과 대체 유통채널의 결합

전통적 마케팅 시스템과 대체 유통채널의 결합에 있어 보험사가 유의해야 할 점들은 다음과 같다. 첫째, 상품 및 서비스에 대한 고객과의 의사소통에 있어 일관성을 유지해야 한다. 둘째, 대리점과의 상담이든 인터넷 웹 싸이트 상에서든 동일한 정보에 대해선 고객이 일관된 서비스를 받도록 해야 한다. 셋째, 보험의 종류에 맞추어 그에 적합한 마케팅 시스템을 활용해야 한다. 예를 들어 기업보험보다는 개인보험의 경우 상품의 내용이나 계약 내용이 덜 복잡하므로 직급이나 전속 대리점을 이용한 마케팅이 보다 일반적이다.

2.4 보상(Claims)

개인과 기업은 금전적 손실로부터 스스로를 보호하고 손실 발생에 대한 걱정을 경감하기 위하여 보험을 구매한다. **손해 보상**(Claim Adjusting)이란 보상 여부 심사, 법적 책임 심사, 손실액 심사, 보상 처리의 일련의 과정을 의미한다.

(1) 보상 환경

가. 보상의 목적

손해 보상의 두 가지 목적은 다음과 같다.

첫째, 보험계약상의 보상 약속을 준수한다. 보험사는 보험계약에 따라 보험계약자의 손실에 대한 보상 의무를 지는데, 실제 보험계약자에게 피해가 발생하는 경우 공정하고 신속한 서비스를 제공함으로써 그 의무를 이행하게 된다.

둘째, 보험사의 이윤 목표를 지원한다. 통상 보험사의 이윤 목표는 마케팅과 언더라이팅의 결과로만 이해하기 쉬운데 적절한 보상을 통한 비용 관리도 보험사의 이윤에 적지 않은 영향을 미친다. 적정 보상을 넘어서는 과도한 보상은 보험 비즈니스의 이윤을 줄어들게 하고 이는 결국 보험료

인상을 초래한다. 반면에 과소 보상은 계약자의 불만을 초래하여 소송이나 당국의 감사를 가져올 수 있다. 보험 비즈니스의 성공은 약속된 서비스를 제대로 제공함으로써 쌓이게 되는 신용에 크게 의존하고 있음을 기억해야 한다.

나. 보상 정보의 중요성

보상 기능은 다른 보험 비즈니스 파트에 가치 있는 정보를 제공하는데 보상 정보를 받는 주요 부서는 마케팅, 언더라이팅, 보험계리 파트이다.

마케팅 부서는 소비자 만족도, 보상처리의 적시성 등 보험 마케팅에 도움이 되는 다양한 정보가 항상 필요하다. 보험사가 손실 발생 후 보상 처리를 제대로 못하는 경우 고객들은 보험사가 제공하는 다른 서비스들에 대해 쉽게 잊어버리게 된다는 점을 마케팅 부서는 잘 알고 있다.

개인 언더라이터들은 자기가 인수한 특정 리스크와 관련한 클레임 정보에 비상한 관심을 갖게 된다. 사후 손실 분석을 통하여 언더라이터는 특정 리스크에 대해 보험 청약 시점에 이미 감지됐어야 할 특별한 속성을 파악할 수 있게 된다. 만약 상당 수의 유사 사고가 계속 발생한다면 해당 리스크나 해당 계약자 그룹에 대한 언더라이팅 기준을 재고해 볼 필요가 있을 것이다.

보험계리사들은 사고가 이미 발생하여 보험금이 지급되고 있는 케이스에 대한 보상 정보뿐 아니라 사고가 발생됐다고 추정되어 지급금을 적립할 필요가 있는 케이스(IBNR)에 대한 정보도 절대로 필요하다.

다. 보상부서의 업무 범위

보험모집조직 외에 소비자들이 가장 많이 접촉하는 보험사 부서가 보상부서일 것이다. 따라서 보험사 보상부서는 일반 대중, 원고측 변호사, 피고측 변호사, 감독기관, 보상 관련 단체들과 긴밀한 관계를 유지하여야 한다.

많은 보험사들이 회사 홍보를 위하여 별도의 대고객 서비스 부서를 운영하고 있지만 보험사 서비스의 대중 이미지는 통상 보상 과정을 통해 형성된다. 무엇보다도 신속한 보상 처리가 보험사 서비스 평가에 있어 가장 중요하다는 조사결과가 있다. 통신수단 등 과학기술의 발달이 보험사의 보상 처리 서비스의 질과 속도를 향상시키고 있다.

간혹 보상 청구자들이 변호사를 고용하는 경우가 있는데 이런 경우 비싼 소송으로 이어질 가능성이 있다. 배상책임보험의 경우 제3자 소송은 보험사 입장에서 시간적으로나 금전적으로 큰 골칫거리가 되는바 보상 부서는 소송을 줄이기 위한 적극적인 노력을 경주해야 할 것이다.

배상책임보험의 경우 금전적 보상 못지않게 계약자를 방어하는 노력 또한 매우 중요하다. 방어비용의 관리가 전체적인 보상과정에 있어 중요한데 비용이 많이 드는 외부 변호사의 고용보다 보험사가 내부 변호사를 충원하여 사용하는 케이스가 늘어나고 있다.

감독당국은 보험사의 보상 처리에 특별히 신경을 쓰고 있는데 구체적으로 손해사정사의 자격 심사, 보험소비자 불만 심사, 보험사의 불공정행위 등을 면밀하게 살피고 있다.

라. 손해사정인

손해사정인(Adjuster)은 계약자의 클레임과 관련하여 손해 조사와 더불어 보상, 책임 및 보상액 협상 업무를 담당한다. 손해사정인은 보험사 직원이거나, 보험사 자회사 소속, 또는 계약에 의거하여 일하는 독립사정인인 경우가 있다.

보험사 소속의 손해사정인은 보통 보험사로부터 권한을 위임받아 보상업무를 수행할 수 있는 반면 독립사정인의 보상업무 권한은 통상 제한적이다.

(2) 보상 절차

손해 사정은 다음과 같은 절차를 거친다.

1. 보험증권에 의거하여 손해의 보상 여부를 심사함
2. 필요한 경우 손인損因(Cause of Loss) 및 법적 책임을 심사함
3. 손실액을 심사함
4. 보상 처리

가. 보상 여부 심사

보상 여부의 심사는 손해 사정의 기초다. 손해사정인은 담당하고 있는 보험증권의 내용에 대해 정확히 알고 있어야 한다. 결국 보상 여부 심사는 해당 손실이나 손해 종류가 부보 약정에 속하는지, 증권상 면책이나 보상 한정 조건에 저촉되는지를 따지게 된다.

예를 들어 영업일반배상책임보험(CGL)의 부보 약정엔 다음과 같은 문구가 포함되어 있다. "피보험자가 '신체 상해' 혹은 '재물 피해' 등으로 법적 책임을 지게 되는 경우 이에 대해 보상한다."

여기서 '신체 상해', '재물 피해', '피보험자'와 같은 표현의 정의가 매우 중요한데 각각의 정의에 부합하지 않는 보상은 이루어지지 않게 된다.

손해사정인은 해당 손실이 면책에 해당되지 않는지를 면밀하게 분석해야 하는데 면책은 통상 다음과 같은 경우에 해당된다.

- 다른 보험에서 보상되는 경우
- 보험계약자에게 보상이 필요 없는 경우
- 손해 발생을 계약자가 관리 예방할 수 있었던 경우
- 손인이 부보 대상이 아닌 경우

손실 발생 후 보험계약자의 의무 준수 여부 또한 손해 사정에 있어 매우 중요하다. 보험계약자는 손실과 소송 등의 내용을 지체 없이 보험사에 통보하여야 하며, 손해 조사 및 조정, 클레임 방어에 있어 보험사에 적극 협조하여야 한다.

보상 여부 심사에 있어 손해사정인은 보험사의 이익에 반하지 않는 범위 내에서 업무를 신속하게 처리해야 할 것이다. 간혹 보상 여부가 확실치 않은 경우, 손해사정인은 보상을 암시하는 등 일을 어설프게 처리하지 말고 결정 유보(reservation of rights) 등의 통지와 함께 조사 업무를 계속해야 한다.

나. 법적 책임 심사

다음으로 배상책임보험의 경우 보험계약자가 법적으로 배상책임이 있는지의 여부를 따져야 한다. 다른 이의 손해에 대해 법적으로 책임이 있는 상태인 '법적 배상책임' 은 배상책임보험의 보상에 있어 핵심적인 요건이다. 법적 책임의 세 가지 원인은 불법 행위, 계약 위반, 법규 위반이다.

다. 손실액 심사

다음은 정확한 손실액을 평가하여 보상 규모를 심사하는 단계이다. 손해보험이나 배상책임보험은 계약자의 재물 피해나 제3자의 피해에 대해 보상하는 것이 주된 목적이다.

손해보험의 경우 계약자의 '재물 피해' 라 함은 계약자의 재산에 대한 직접적이고 물리적인 파괴 내지 파손을 의미한다. 이와 같은 피해에 대한 보험사의 가치 평가는 통상 대체비용이나 실제현금가액(ACV) 기준에 따른다. 배상책임보험의 경우 재물피해는 제3자의 재산에 대한 물리적 피해와 함께 사용불가 피해(loss of use)가 포함된다.

'신체 상해' 엔 다음 내용들이 포함된다.

- 의료비
- 수입 상실
- 정신적 피해(pain and suffering)
- 상해의 영구성(permanency)
- 미래의 추가적인 피해
- 징벌적 배상(punitive damages)
- 억울한 죽음(wrongful death)

라. 보상 처리

손해 보상의 마지막 단계가 보상 처리다. 모든 보험 클레임은 처리되어야 하는데, 일정액을 보상하는 경우를 제외하고 대부분의 보상 처리엔 손해사정인의 협상이 요구된다. 보상 처리에 있어 여러 단계에서의 협상은 불가피하다. 여러 보험이 동시에 적용되는 경우 특정 보험의 보상 여부나 손실액에 대한 이견 등에 있어 협상이 필요하다.

클레임의 전부나 일부에 대해 보상 처리하지 않는 것도 중요한 보상 처리 결과인데 클레임 거절에 있어 손해사정인은 사건에 대한 완벽한 조사를 바탕으로 해야 한다. 소송 등의 고객 불만에 대비하여 보상 여부, 법적 책임, 손실액 평가에 있어 정확한 정보와 분석이 필요한 것이다.

손해사정인은 보상 처리 과정에서 그때그때 적절한 보고서를 작성하고 보관해야 하는데 손해 사정 보고서의 종류는 다음과 같다.

- 클레임의 기초 정보에 대한 예비 보고서
- 주기적으로 업데이트되는 현황 보고서
- 주요 정보가 망라된 정식 클레임 보고서
- 보상 처리 종료 보고서

마. 준비금 적립

최종 보상을 위해 적절한 준비금을 적립하는 것은 보상 처리에 있어 매우 중요한 일이다. 보험계약준비금은 보험계약에 의거한 책임을 이행하기 위하여 보험회사가 결산기 말에 적립하는 준비금이라고 정의되며, 이는 크게 미경과보험료적립금, 책임준비금 및 비상위험준비금으로 대별된다. 손해보험의 경우 책임준비금은 다시 지급준비금, 장기보험 보험료적립금 등으로 구분된다. 그 내용상 책임준비금은 또한 (1) 기旣보고된 손해에 대한 준비금 및 (2) 미보고손해(Incurred But Not Reported ; IBNR)에 대한 준비금으로 구분될 수 있다.

일반적으로 보험료는 보험사고가 발생하기 전에 선금으로 받아들이고 보험계약에서 규정한 사고가 발생했을 경우 보험회사는 약속한 보험금을 지급해야 하는데, 이렇게 사전에 약속한 보험금을 지급하기 위하여 보험회사는 준비금을 적립하는 것이다. 보험당국은 보험계약자의 이익을 도모하기 위하여 법으로 각종 준비금의 적립을 명령하게 되는데 이러한 준비금을 법정준비금이라고 한다. 한편 보험회사 스스로의 판단에 의해 일정한 목적을 위해 자발적으로 적립하는 준비금도 있다.

보험회사의 부채 성격을 갖는 보험계약준비금은 보험회사 운영에 지대한 영향을 미치는데 준비금적립의 중요성을 정리해 보면 다음과 같다. 첫째, 준비금 적립은 특정 시점에서의 보험회사 부채를 정확하게 반영하여야 하며, 아울러 법정준비금 기준을 준수하여야 한다. 둘째, 준비금의 과다 계상은 보험회사의 실제 손실 발생을 초과하는 준비금이 계상됨으로써 보험료 인상이라는 바람직하지 못한 결과를 초래하며 이는 보험회사의 이미지에 나쁜 영향을 미치게 된다. 셋째, 준비금의 과소 계상 또한 보험회사의 영업 결과를 왜곡하는 결과를 초래한다. 즉, 준비금의 과소 계상은 보험영업이익의 과대평가(혹은 영업손실의 과소평가)로 연결되어 보험회사 영업에 대한 올바른 평가를 어렵게 만든다. 이상의 이유로 보험계약준비금의 적립은 가능한 한 정확성을 기해야 하는 것이다. 그러나 그 성격상 보험계약준비금의 적절한 적립은 매우 어려운 일이며, 특히 미보고손해(IBNR)에 대한 준비금 추정은 그야말로 오랜 경험과 고도의 기술을 요구하는 도전적인 업무이다.

지급준비금의 추정을 위하여 각종 적립방식들이 사용되고 있으며 보다 나은 적립방식의 개발 노력이 계속되고 있는데 대표적인 준비금 적립방식들은 다음과 같다.

- 개별추산방식
- 평균지급보험금방식
- Chain Ladder 방식

개별추산방식(Judgment Method)은 지급준비금 추정의 전통적인 방식으로 결산일 현재 모든 기발생손해를 대상으로 개별 case의 준비금을 추정하는 방식인데 대부분의 재물보험이나 손해정산기간이 짧은 보험에 적절한 방식이다. 반면에 배상책임보험이나 자동차보험의 대인손해처럼 손해정산기간이 장기인 경우에는 적용하기가 곤란한 방식이다. 또한 개별추산방식은 담당자가 각 case에 대해서 일일이 준비금을 추정함에 따라 비용이 많이 들고, 담당자의 주관적인 견해가 결정적인 오류로 연결될 가능성도 있다.

평균지급보험금방식(Average Payment Method)은 결산일 현재 계류 중인 보험사고들이 앞으로도 과거 특정 기간(예, 5년)의 지급 추이를 따르리라는 가정 하에 지급준비금을 계산하는 방식이다. 즉, 사고 발생 이후 일정 기간을 경과한 손해집단의 평균지급보험금은 매우 안정된 형태의 일정 상승률을 보인다는 가정 하에 손해가 발생해 보험금이 완전히 지급 종료될 때까지 각 경과기간별 건당 평균지급보험금 진전계수를 구하고 이를 근거로 향후 지급될 지급준비금을 산정하는 방식이다.

Chain Ladder 방식 역시 과거의 지급보험금 발전의 일정 추이를 지급준비금 산정에 이용하는 통계적 방식의 하나이다. 그러나 평균지급보험금방식처럼 단순히 과거 특정 기간의 지급평균을 준비금 산정에 이용하는 것이 아니고, 지급준비금의 진전 추이와 더불어 물가 상승 등 각종 외부요인의 변화까지도 준비금 산정에 고려할 수 있는 보다 고도화된 준비금 산정방식이다.

Tips Chain Ladder Method

기준년도(i)	지급년도(j)					
	1	2	3	4		
91	$C11$	$C12$	$C13$	$C14$	…	$C1\infty$
92	$C21$	$C22$	$C23$	…		
93	$C31$	$C32$	…			
94	$C41$					

기준년도(i)	지급년도(j)					
	1	2	3	4		
91	30	80	120	140	…	154
92	44	110	165	…		
93	65	156	…			
94	65					

$$M4 = \hat{C}1\infty / C14 = 154/140 = 1.1$$

$$m3 = C14/C13 = 1.17$$

$$m2 = \frac{\sum_{i=1}^{2} C_{ij+1}}{\sum_{i=1}^{2} C_{ij}} = (C13 + C23)/(C12 + C22) = 1.5$$

$$m1 = \frac{\sum_{i=1}^{3} C_{ij+1}}{\sum_{i=1}^{3} C_{ij}} = (C12 + C22 + C32)/(C11 + C21 + C31) = 2.49$$

$$R91 = C14\,(M4 - 1) = 14$$

$$R92 = C23\,(m3M4 - 1) = 47.4$$

$$R93 = C32\,(m2m3M4 - 1) = 145.2$$

$$R94 = C41\,(m1m2m3M4 - 1) = 247.5$$

바. 소송

배상책임보험의 경우 소송이 제기됐을 때 보험사는 방어 여부를 결정해야 한다. 소송을 통해 클레임을 알게 되고 계약자의 법적 책임 가능성이 존재하는 경우, 보험사는 원고측 변호사에게 소송 연기 협조를 요청하고 사건 조사에 임함으로써 방어비용을 줄일 수 있다. 이미 사건 정황이 파악되고 계약자의 책임이 확실한 경우라면 지체 없이 보상 처리함으로써 불필요한 법무비용을 없앤다. 그러나 원고측이 과도한 배상을 요구하거나 사건 조사 결과 클레임이 근거가 없다고 판단되는 경우라면 보험사는 적극적으로 방어에 나서야 할 것이다.

소송에 따른 과도한 비용과 시간적 손실을 감안할 때 협상이나 중재 등의 **대체분쟁조정**(Alternative Dispute Resolution) 방법을 이용할 수 있다.

한편, 자동차보험 등의 경우 계약자에 대한 보상 처리 이후 보험사가 사고에 책임이 있는 제3자에 대해 대위代位에 따른 구상求償을 행사할 수 있다면 이를 통해 보상비용을 줄여야 한다.

사. 보상 처리 평가

보상 처리는 보험고객에게 가장 민감한 서비스인바 보험사는 보상 처리에 대한 평가에 유의해야 한다. 보상 처리의 성과는 정량 기준과 정성 기준으로 평가할 수 있다.

정량 평가의 대표적인 기준은 두말할 것 없이 손해율이 된다. 손해율의 지속적인 상승은 보상 처리에 있어 문제가 있음을 반증한다. 보험사의 사업비용 증가도 손해 사정에 있어 비용 감소 압력으로 작용한다. 또 하나의 중요한 정량 평가 척도가 준비금 적립의 정확성이다. 준비금의 과소 계상은 클레임 부서가 책임져야 할 매우 심각한 문제이다.

보상 처리 성과의 정성적 평가엔 다음이 포함된다.

- 클레임 건수
- 보상 처리 평균 비용
- 소송 제기 건수

- 소송 승패 비율
- 적립 준비금/미적립 준비금 비율
- 고객 만족

DHC 뉴스 WTC 사고와 보험

여기 35억 달러짜리 문제가 있다. 2001년 9월 11일 뉴욕의 World Trade Center(WTC) 쌍둥이 빌딩을 무너뜨린 두 대의 비행기 충돌은 하나의 사고일까? 두 개의 사고일까? 많은 보험사들은 하나의 사고라고 주장한다. 지난 5월 3일 배심원들은 WTC 부보 물건의 25% 가량을 인수한 세계 제2위 재보험사 Swiss Re는 하나의 사고에 준해서 보상하라고 평결했다. 지난 주에도 같은 배심원들은 Lloyd's of London 및 일곱 개 보험사들의 손을 들어주었다. 배심원 평결의 패자는 WTC를 임차한 Larry Silverstein 씨인데 그는 두 건의 별개 사고라고 주장하며 70억 달러의 보상을 청구했던바 이제 그는 50%만 받게 된 것이다.

대부분의 재난보험의 경우 '사고(occurrence)'는 매우 조심스럽게 정의되고 있다. 지진보험의 경우는 만 4일 동안의 모든 충격들을 하나의 사고로 취급하고 있다. WTC 보험의 경우 논란거리는 Silverstein 씨가 2001년 여름에 WTC를 임차했고 사고가 발생한 9월 11일 현재 보험 처리가 채 끝나지 않았다는 점이다. Silverstein 씨 측은 사고에 대한 정의를 포함하고 있는 WilProp 보험증권에서 사고에 대한 정의가 없는 Travelers 보험증권으로 교체할 계획이었다고 주장하는 반면, 보험사들은 사고가 이미 발생한 상황에서 그런 주장을 하는 것은 말이 안 된다고 반박하고 있다.

보험증권 양식에 대한 이런 다툼은 일반인들이 이해하기 어렵다. 상식적으로 볼 때 법적 분쟁이 치열한 비즈니스 세계에서라면 모든 것들이 완벽하게 준비되어 쌍방이 서명을 한 후에 비로소 보험이 효력을 발하는 것으로 생각할 것이다. 그러나 현실은 그렇지 않다. 더욱이 WTC처럼 거대한 물건의 경우는 많은 보험사들이 리스크를 분담한다. 이런 상황에서 모든 보험사들이 동일한 보험증권 양식을 쓸 것으로 기대하기는 힘들고, 오랜 시간이 지나고 나서야 전체적으로 일관성 있게 정리되는 것이 보통이다. (바로 이런 과정에서 WTC 사고가 벌어진 것이다.)

자료 : *The Economist*(May 6th 2004).

2.5 보험료율 산정

보험료율 산정(Ratemaking)이란 보험자가 **보험료율**(Rates)을 계산하는 과정인데 보험료율은 **보험료**(premium)의 핵심 요소이다.

(1) 요율 산정의 목적

요율을 개발함에 있어 미래에 우연히 발생하는 손실의 크기와 그에 수반하는 비용은 미리 예측하기가 어렵기 때문에 보험료율 개발은 매우 도전적인 기능이다. 이러한 불확실성을 감안하여 보험자는 그들의 비즈니스 목적과 정부 규제를 함께 만족시키는 차원에서 요율을 개발하고 있다.

보험료율 산정에 있어 정부 규제의 가이드라인은 "요율이 적정하고(adequate), 과도하지 않으며(not excessive), 불공정하게 차별적이지 않아야(not unfairly discriminatory)" 한다는 것이다. 보험자의 관점에서 보험료율 산정의 목적은 보험 비즈니스에서 적정한 이윤을 취하는 동시에 시장에서 효과적으로 경쟁할 수 있는 요율구조를 개발하는 것이다.

이러한 보험료율 산정의 목적은 보험 비즈니스의 안정적 수익 창출이라는 언더라이팅의 목적을 보완한다. 보험 비즈니스의 경쟁성과 수익성을 위하여 보험료율은 다음의 다섯 가지 특성을 갖춰야 한다:

- 안정적이고
- 상황의 변화에 민감하며
- 우발적인 사고에 즉각 대응할 수 있고
- 손실 통제 동기를 부여하며
- 가급적 간단해야 할 것임.

일반적으로 **보험계리사**(Actuary)가 보험료율 산정을 담당한다. 보험계리사는 보험 비즈니스에 있어 수리적인 업무를 담당하는 전문인인데 특히 손실 등의 데이터 분석을 통하여 보험료율을 산정한다. 큰 보험사들은 여러 명의 보험계리사를 자체 보유하고 있지만, 작은 보험사들은 계리 컨설턴트에 주로 의존하고 있다.

Tips 보험료율 산정(Ratemaking)은 보험계리사의 일이고, 인수 리스크에 대한 실제 보험료 부과(Rating)는 언더라이터의 몫이다.

(2) 요율 구성

보험료율은 다음의 세 요소로 구성된다.

- 지급 예상 보험금 및 손실조정 비용(잠재적 손실비용)
- 취득비용, 간접비 등의 비용(각종 경비)
- 적정 이윤 및 우발사고 대비 비용

보험료율 산정에 쓰이는 주요 용어들은 다음과 같다.

- 순보험료(pure premium) : 손실 보상에 대비할 위험노출 단위(loss exposure unit)당 금액
- 경비(expenses) : 보험 비즈니스에 수반되는 각종 비용(취득비용, 일반 경비, 공과금 등)을 커버하기 위해 보험료율에 포함되는 금액으로 투자비용은 제외함
- 손실조정비용(loss adjustment expense) : 지급 보험금 조정과 관련된 비용으로 보험준비금 조정비용, 방어비용 등이 포함됨
- 우발사고(contingency) : 실제 보상액이 예상액을 초과할 가능성에 대해 보험사를 보호하기 위해 보험료율에 추가 반영됨

(3) 요율 산정 요인

미래에 발생할 손실과 비용을 예측하는 것은 불확실성과의 싸움인데 보험료율 산정에 있어서의 불확실성이란 손실에 대한 예측과 데이터 수집과 사용 사이의 지연이 주된 내용이다.

가. 손실에 대한 추정

미래의 클레임을 보상하기 위해 필요한 적정 보험료율 개발의 핵심은 클레임에 따른 손실의 규모를 추정하는 것이다. 일반적으로 과거의 손실 경험이 미래 손실 추정의 출발점이 된다. 보험료율 산정은 과거 보험 기간 동안의 손실을 추정하고 이를 미래에 있을 상황 변화에 따라 조정하는 것이 기본이다.

보험료율은 발생손해(incurred losses)를 기초로 하는데 발생손해는 지급손해(paid losses)와 보험준비금을 포함한다. 보험준비금은 이미 발생한 보험사고에 따른 손해에 대한 지급준비금을 의미하는데 여기에는 기보고 미지급분(reported but not paid)과 기발생 미보고분(Incurred But Not Reported ; IBNR)이 포함된다.

표 5-8 자동차보험 비즈니스의 지급손해, 보험준비금, 발생손해의 예

Paid Losses, Loss Reserves, and Incurred Losses for Hypothetical Auto Liability Insurance as of the End of Year 3

Year	(1) Paid Losses	(2) Loss Reserves	(3) Incurred Losses
1	$10,000,000	$ 0	$10,000,000
2	7,500,000	2,500,000	10,000,000
3	2,500,000	7,500,000	10,000,000
Total	$20,000,000	$10,000,000	$30,000,000

자료 : Myhr and Markham, *Insurance Operations, Regulation, and Statutory Accounting*, 2004.

표 5-9 자동차보험 비즈니스의 보험금 지급 예

Payout Pattern for Automobile Liability Insurance Year 1 Losses

Year	(1) Paid Losses to Date	(2) Unpaid Losses Reported	(3) Unpaid Losses IBNR	(4) Estimated Losses for Year 1
12/31/X1	$ 5,051,145	$13,838,205	$9,592,239	$28,480,589
12/31/X2	10,780,845	12,906,866	4,187,646	27,875,357
12/31/X3	16,036,708	9,058,737	2,036,246	27,131,691
12/31/X4	19,667,531	6,782,231	79,247	26,529,009
12/31/X5	22,268,032	4,308,212	0	26,576,244
12/31/X6	24,714,163	3,136,059	0	27,850,222
12/31/X7	25,088,249	860,395	0	25,948,644

자료 : Myhr and Markham, *Insurance Operations, Regulation, and Statutory Accounting*, 2004.

나. 데이터 수집과 사용 사이의 지연

손실이 발생한 후 동 손실이 보험료율에 반영되기까지는 불가피하게 지연이 따르는데 두말할 것 없이 이러한 지연은 보험료율의 정확성을 떨어뜨린다. 손실발생 반영의 지연은 다음과 같은 이유에서 비롯된다.

- 보험사에게 손실을 보고하는 보험계약자에 의한 지연
- 데이터를 분석하고 요율 신청을 준비하는 데 필요한 시간
- 신청 요율에 대해 당국의 승인을 획득하기까지의 시간
- 새로운 요율을 적용하는 데 필요한 시간
- 새로운 요율이 적용되는 기간(통상 1년)

표 5-10 **새로운 보험료율 적용의 실제**

Delay Caused When Rates are in Effect One Full Year		
1/1/X1 --------------	----- 12/31/X1 -----	------------ 12/31/X2
Beginning of Policy Year First Policies Issued	Last Policies Issued for This Policy Year	Policies Issued 12/31/X1 Expire

Chronology of a Rate Filing	
1/1, Year 1	Start of experience period, first loss incurred
12/31, Year 1	
12/31, Year 2	
12/31, Year 3	End of experience period
3/31, Year 4	Start of data collection and analysis
7/1, Year 4	Rates filed with regulators
9/1, Year 4	Approval of rates received
1/1, Year 5	New rates initially used
12/31, Year 5	Rates no longer used
12/31, Year 6	Last loss incurred under this rate filing

자료 : Myhr and Markham, *Insurance Operations, Regulation, and Statutory Accounting*, 2004.

보험사는 이전 특정 기간(통상 3년) 동안의 손실 경험에 따라 새로운 요율을 내놓고 있는데 이를 '경험기간(experience period)' 이라고 한다.

(4) 요율 산정 방법

보험사는 일반적으로 다음과 같은 세 가지 보험료율 산정방식을 사용한다.

표 5-11 **보험료율 산정방식**

Ratemaking Methods

Method	Data Required	Uses
Pure premium method (순보험료 산정방식)	▪ Incurred losses ▪ Earned exposure units ▪ Expense provision ▪ Profit and contingencies factor	To develop rates from past experience (Cannot be used without past experience)
Loss ratio method (손해율 산정방식)	Actual loss ratio, calculated from : ▪ Incurred losses ▪ Earned premiums Expected loss ratio, calculated from : ▪ 100% – expense provision	To modify existing rates (Cannot be used without existing rates; cannot be used to determine rates for a new type of insurance)
Judgment method (경험요율 방식)	Rates based on experience and judgment	To develop rates when data are limited (Requires skilled judgment)

자료 : Myhr and Markham, *Insurance Operations, Regulation, and Statutory Accounting*, 2004.

가. 순보험료 산정방식

순보험료 산정방식(Pure Premium Method)은 다음과 같은 네 단계에 따른다:

1) 순보험료 계산
2) 위험노출 단위당 비용 추정
3) 이윤 및 우발사고 factor 결정
4) (순보험료 + 비용)을 (1 – 이윤 및 우발사고 factor)로 나눔

예〉 순보험료 산정방식에 따른 자동차보험료율 산정

자동차보험 발생손해 = $4,000,000

피보험차량 수 = 100,000

순보험료 = 발생손해/피보험차량 수 = $4,000,000/100,000 = $40

총 비용 = $1,700,000

위험노출 단위당 비용 = $1,700,000/100,000 = $17

이윤 및 우발사고 factor = 5%

보험료율 = (순보험료 + 비용)/(1 − 이윤 및 우발사고 factor)

= ($40 + $17)/(1 − 0.05)

= $57/0.95

= $60

나. 손해율 산정방식

손해율 산정방식(Loss Ratio Method)은 상황의 변화를 반영하여 기존의 보험료율을 상향 또는 하향 조정하는 것이다. 손해율 방식은 두 가지 손해율, 즉 실제손해율과 예상손해율을 사용한다.

1) 실제손해율 = 발생손해/경과보험료(earned premium)
2) 예상손해율 = 100% − 사업비율
3) 요율 변화 = (실제손해율 − 예상손해율)/예상손해율

예〉

실제손해율 = 54%

예상손해율 = 60%

(실제손해율 − 예상손해율)/예상손해율 = (54 − 60)/60

= −6/60

= −0.10, 즉 −10%

기존 요율을 10% 하향 조정한다.

다. 경험요율 방식

경험요율 방식(Judgment Method)은 보험업자(underwriter)가 자신의 풍부한 경험과 비즈니스 판단에 기초하여 요율을 결정하는 방법이다. 가장 오래된 보험료율 산정방식이라 할 수 있으며 아직도 몇몇 보험 유형(예를 들어 해상보험이나 테러보험)에 유용하게 사용되고 있다.

(5) 요율 산정 데이터 개발

보험료율 산정 데이터 개발 과정은 다음과 같다.

- 데이터 수집
- 데이터 조정
- 요율 신청 준비, 당국에 요율 신청

가. 데이터 수집

요율 산정을 위한 데이터 수집 방법에는 다음의 세 가지 방법이 있다.

- 증권년도(policy year) 기준 데이터 수집
- 역년歷年(calendar year) 기준 데이터 수집
- 사고년도(accident year) 기준 데이터 수집

증권년도(policy year) **기준** 데이터 수집 방법은 특정 보험기간 동안에 발행된 모든 보험증권의 경과보험료, 위험노출 단위, 발생손해를 분석하는 방법으로 보험기간이 1년인 보험증권을 대상으로 하는 경우 분석기간은 2년이 된다. 증권년도(policy year) 기준 방법은 피보험 리스크의 손실, 보험료, 위험노출 단위를 긴밀하게 연결시키는 가장 정확한 방법이라고 하겠다. 그 대신에 다른 보험료율 산정 방법보다 통계자료 수집에 시간이 많이 걸리고, 보험료율 산정만을 위해 데이터를 수집해야 하므로 추가비용이 발생한다.

역년歷年(calendar year) **기준** 데이터 수집 방법은 보험 비즈니스의 회계 처리 과정에서 획득한 자료를 그대로 사용할 수 있다는 장점이 있다. 특정 연도의 보유보험료 및 미경과보험료 적립금 등은 그대로 활용 가능한 반면, 요율 산정에 필요한 경과보험료, 발생손해, 위험노출 단위 등의 정보에 대해서는 추정치를 쓸 수밖에 없는 단점이 있다.

경과보험료 = 보유보험료 + (연초 미경과보험료적립금 − 연말 미경과보험료적립금)

발생손해 = 지급손해 + (연말 보험준비금 − 연초 보험준비금)

특정 연도 발생손해의 추정치는 기왕에 발생한 사고에 따른 준비금의 변화에 따라 왜곡될 수 있는데 이런 문제는 long tail 리스크를 많이 다루는 배상책임보험의 경우 매우 심각하다.

사고년도(accident year) **기준** 데이터 수집 방법은 역년歷年(calendar year) 기준 방법과 발생손해 계산에서 차이가 있고, 경과보험료 계산에 있어서는 두 방법이 동일하다. 특정 연도의 발생손해 계산에 있어 사고년도(accident year) 기준 방법은 그 해에 발생한 모든 보험사고에 따른 손실(지급완료 및 미지급분 모두)을 포함한다. 특정 해 이전에 발생한 사고에 따른 준비금의 변화에는 전혀 영향을 받지 않으므로 역년歷年(calendar year) 기준 방법에서와 같은 많은 불확실성은 줄일 수 있다.

표 5-12 **보험료율 산정 데이터 수집 방법 비교**

데이터 수집 방법	분석 데이터	장점	단점
증권년도 기준	1년 동안 발행된 모든 보험증권 (따라서 보험증권 기준 보험기간은 역년歷年 2년에 해당됨) ▪ 보유보험료는 초회 보험료, 추가 보험료, 환급보험료를 포함한다. ▪ 위험노출 단위 ▪ 손실조정비용을 포함한 발생손해	▪ 특정 피보험그룹의 손실, 보험료 및 위험노출 단위를 정확하게 매칭함	▪ 다른 보험료율 산정방법보다 통계자료 수집에 시간이 많이 걸림 ▪ 보험료율 산정에 사용되는 데이터를 별도로 수집하므로 추가비용 발생

역년歷年 기준	회계 처리 목적으로 수집된 데이터 사용 ▪ 특정 연도의 경과보험료는 보유보험료 + (연초 미경과보험료적립금 – 연말 미경과보험료적립금) ▪ 발생손해는 지급손해 + (연말 보험준비금 – 연초 보험준비금)	▪ 데이터 즉시 확보 가능 ▪ 데이터 편집에 적은 비용 발생	▪ 회계 데이터엔 위험노출 단위 데이터가 포함되지 않음 ▪ 가장 부정확한 보험료율 산정방법
사고년도 기준	▪ 특정 연도의 보유보험료 계산은 역년歷年 기준 방법과 동일 ▪ 일정 시기에 발생한 모든 손실	▪ 특정 연도의 발생손해를 감안하므로 역년歷年 기준 방법보다 더 정확 ▪ 증권년도 기준 방법보다 빠른 처리 가능	▪ 경과보험료나 발생손해가 특정 보험계약자 그룹에 직접적으로 연결되지 않음 ▪ 역년歷年 기준 방법보다 높은 비용 발생

자료 : Myhr and Markham, *Insurance Operations, Regulation, and Statutory Accounting*, 2004.

나. 데이터 조정

일단 데이터가 수집되고 난 후에는 이를 조정해야 한다. 그 이유는 수집된 보험료 및 손실 자료는 과거와 현재 상황에 기초한 것들로서 개발 대상인 요율이 적용될 미래 상황에는 적합하지 않을 수 있기 때문이다. 보험계리사는 **손실진전계수**(loss development factor)와 트렌딩(trending) 기법을 활용하여 보험료 및 손실 데이터를 조정한다.

새로운 요율 개발에 보험사는 미래에 발생할 손실을 결코 반영할 수 없기 때문에 계리사는 이제까지의 누적된 손실 경험을 바탕으로 손실발전 추이를 계산하여 미래의 손실을 나름대로 추정하고자 노력한다.

기보고손실 × 손실진전계수 = 추정 발생손해

손실발생년도	지급년도 1	2	3	4	5
2001	10000	11000	12000	11500	11000
2002	9000	10500	11000	10750	
2003	10500	12000	12000		
2004	9750	11000			
2005	10250				

	1–2	2–3	3–4	4–5
2001	1.1	1.091	0.958	0.957
2002	1.167	1.048	0.977	
2003	1.143	1		
2004	1.128			
2005	–			
손실진전계수	1.1345	1.046333	0.9675	0.957

손실발생년도	지급년도 1	2	3	4	5
2001	10000	11000	12000	11500	11000
2002	9000	10500	11000	10750	10287.75
2003	10500	12000	12000	11610	11110.77
2004	9750	11000	11509.67	11135.6	10656.77
2005	10250	11628.63	12167.42	11771.98	11265.78

표 5-13 **보험 비즈니스의 손실추정 예**

Developed Losses

Accident Year	(1) Reported Losses	(2) Loss Development Factors	(3) Developed Losses
1	$11,000,000	1.000	$11,000,000
2	10,750,000	0.957	10,287,750
3	12,000,000	0.926	11,112,000
4	11,000,000	0.969	10,659,000
5	10,250,000	1.100	11,275,000
Total	**$55,000,000**		**$54,333,750**

- Column (3) = Column (1) x Column (2)

자료 : Myhr and Markham, *Insurance Operations, Regulation, and Statutory Accounting*, 2004.

보험료율 산정에 있어 미래에 발생할 손실의 추정을 위하여 **트렌딩**(trending) 기법을 쓰기도 한다. 트렌딩의 목적은 미래에 예상되는 상황의 변화를 반영하여 분석 대상의 기발생 손실을 조정하는 데에 있다.

선형 트렌딩(linear trending)은 매년 손실의 추세가 일정액씩 증가 내지 감소할 것으로 가정하는 방법이고, 지수형 트렌딩(exponential trending)은 매년 손실의 추세가 일정 %씩 증가 내지 감소할 것으로 가정하는 방법이다. 손실액(claim severity) 조정의 경우 물가 상승을 고려하여 지수형 트렌딩을 쓰는 경우가 있다.

(6) 보험유형별 요율 산정

보험료율 산정은 보험 유형별로 크게 다를 수 있는데 이러한 차이는 리스크의 성격, 규제의 차이, 정치적인 판단 등에 기인한다.

가. 손실진전계수

손실진전계수의 필요는 보험 유형에 따라 차이가 난다. 손실진전계수의 적용은 배상책임보험의 경우 필수적인데 최종 보상 처리까지 긴 시간이 걸리는 경우가 많고 그에 따라 준비금의 필요도 커지기 때문이다. 반면 화재보험, 해상보험, 자동차보험의 자차보험과 같은 경우에는 손실진전계수가 거의 사용되지 않는다.

나. 트렌딩

트렌딩 적용도 보험의 종류에 따라 다르다. 배상책임보험의 경우 손실액과 손실빈도에 대해 트렌딩 사용이 일반적인 반면, 화재보험의 경우는 손실빈도가 상당히 안정적이므로 트렌딩은 손실액 조정에 국한되는 경우가 많다.

다. 대형손실 보상 제한

태풍 등에 따라 대형손실이 발생하여 이례적으로 요율이 크게 변동하는 경우가 생길 수 있는데 이런 사태를 방지하기 위해 배상책임보험과 같은 경우엔 손해보상액을 미리 제한하는 방법이 있다.

라. 신뢰성

데이터의 신뢰성(Credibility)은 데이터의 추정 능력을 가늠하는 척도이다. 보험료율 산정에 있어 과거 손실 데이터의 신뢰성은 미래 손실액을 추정함에 있어 지극히 중요하다. 사용하는 데이터의 신뢰성에 의문이 생긴다면 그에 따라 결정된 보험료율도 신뢰성계수(0～1.0 사이)를 반영하여 조정할 필요가 있다.

2.6 재보험

(1) 재보험의 개념 및 재보험 용어

재보험이란?

재보험(Reinsurance)이란 한 보험사가 인수한 계약의 일부나 전부를 다른 보험사에 인수시키는 것으로 보험을 위한 보험이라고 할 수 있다. 즉, 보험이 개인이나 기업이 불의의 사고로 입게 되는 경제적 손실을 보상해 주는 제도라면 재보험은 보험사의 보상책임을 분담해 주는 제도인 것이다.

보험은 이론상으로 다수의 동질적인 위험을 대상으로 보험사고의 발생을 예측하는 대수의 법칙에 기반을 두고 있다. 그러나 보험사가 통상 인수하는 보험계약은 담보위험의 성격과 규모가 다른 이질적인 리스크들을 담보하므로 실제로 보험사고가 발생할 경우 보험사의 보상책임에는 큰 차이가 있다. 보험사 입장에서는 인수가 가능한 규모가 비슷한 리스크들을 인수하는 것이 영업의 안정성 차원에서 바람직할 수 있으나 담보력 부족으로 대형 리스크의 인수를 거절한다면 지속 성장하기 위한 영업활동이 힘들어진다.

이러한 문제를 보완하기 위해 보험사는 대형 리스크도 일단은 인수하되 리스크의 종류에 따라 자기가 부담할 수 있는 책임한도를 정하고 그 한도를 초과하는 리스크는 다른 보험사에 전가할 수 있다. 이와 같이 보험계약상 책임의 일부를 재보험계약을 통하여 다른 보험사에게 인수시키는 것을 출재出再라고 하며, 반대로 다른 회사의 보상책임을 인수하는 재보험거래를 수재受再라고 한다. 이때 재보험을 출재하는 원래의 보험사를 **원수사**原受社(Primary Insurer)라 하고 재보험을 수재하는 회사를 **재보험사**(Reinsurer)라고 한다. **재보험 중개사**(Reinsurance Broker/

Intermediary)는 출재회사와 재보험자 사이에서 재보험 중개 업무를 수행하는 역할을 한다. 위험도가 특히 높거나 예상 손실 규모가 매우 커서 단독적인 재보험 처리가 곤란한 특수 리스크에 대해서는 다수의 보험사가 공동으로 재보험을 운영하는 경우가 있는데 이를 재보험 풀(Pool)이라고 한다.

이와 같이 재보험은 보험사의 인수능력을 증대시키고 보험사의 위험을 분산시켜 경영 안정성을 도모한다. 또한 만약의 경우 보험사가 지급불능 상태에 빠지더라도 보험사고 발생 시 보험계약자는 재보험을 통하여 보험금을 지급받을 수 있으므로 보험계약자를 보호하는 순기능도 있다.

재보험은 피보험이익의 손해에 대한 일종의 책임보험이며, 보험을 위한 보험, 위험분산의 국제성, 전문성의 특성을 갖고 있다. 또한 원보험계약의 조건을 그대로 준용한다는 점에서 재보험은 원보험계약과 공동운명 관계에 있지만 상법상 별도의 독립된 계약이다. 그러나 원보험사는 재보험계약 시 최대선의의 원칙을 준수하여 리스크 인수에 있어서의 중요한 사실을 재보험사에 사전에 알릴 의무가 있다.

(2) 재보험의 기능

보험사가 많은 비용과 노력을 들여 기껏 인수한 리스크를 재보험사에 넘겨준다는 것이 일견 엉뚱하게 보일 수도 있으나 지속 성장을 추구하는 보험사의 입장에선 다음과 같은 재보험의 순기능을 십분 활용할 수 있다.

- 손실 안정
- 대형 리스크 인수능력 제고
- 대형 손실로부터의 보호
- 잉여금 보전 효과
- 언더라이팅 가이드라인 제공

재보험의 가장 주된 기능은 손실 발생 시 보험 비즈니스를 안정시키는 것이다. 보험사는 보험을 유치하고 자본을 유지해야 하며 이를 바탕으로 성장동력이 되어줄 지속적인 이익의 창출이 있어야 하기 때문에 손실 발생 시 그 역효과를 안정시키는 것이 매우 중요한데 이는 재보험을 통해 상당 부분 가능하다.

재보험은 자연재해나 인재人災로 인한 대형 손실로부터 보험사를 보호해 준다. 재보험이 없다면 보험사는 심각한 금융 손해나 보험사고로 인하여 재정적인 어려움을 겪을 수 있다. 재보험은 보험사의 필요에 맞게 적절히 구비되었을 때 보험사가 받을 수 있는 치명적인 손실의 영향을 최소화하는 데 도움을 준다.

보험사가 공격적으로 영업을 하게 되면 원수原受보험료(Direct Premium Written)가 증가하고 취득비용 등 영업비용이 증가하면서 잉여금이 줄어든다. 이런 현상을 **잉여금 감소**(surplus drain)라고 한다. 자본에 해당하는 잉여금이 줄고 부채에 해당하는 보험료가 증가하면서 부채비율이 상승하게 되는 셈인데, 이것이 보험사 영업 신장의 딜레마이다. 리스크 인수를 확대하면서 공격적인 영업을 하게 될수록 '**보험료-잉여금비율**(보유보험료/계약자잉여금)'이 높아져 규제 대상이 될 수 있는데, 이는 발생 비용은 즉시 감안하고 발생 수익은 점진적으로 처리하는 보험회계의 보수성 기준에 따라 생기는 현상이다. 이와 같은 잉여금 감소(surplus drain) 문제도 재보험을 통해 완화할 수 있는데, 원수사가 재보험 처리를 하게 되면 출재보험료만큼 보유保有보험료(Net Premium Written)가 줄게 되고, 출재의 대가로 받는 출재수수료(ceding commission)만큼 잉여금이 늘어나면서 부채비율이 줄게 되므로 원수사는 그만큼 영업 확대에 나설 수 있게 되는 것이다. 이를 재보험의 **잉여금 보전**(Surplus Relief) 효과라고 한다.

또한 보험사는 재보험을 통해 리스크 인수 능력을 높일 수 있으며, 국제적인 영업망과 정보력을 자랑하는 재보험 비즈니스와의 연계를 통해 언더라이팅 가이드라인 제공 등의 서비스도 받을 수 있다.

(3) 재보험의 종류

출재사가 인수한 책임을 재보험사에 전가하는 방법은 재보험거래 유형과 책임분담 방법의 차이에 따라 차이가 있다. 재보험은 거래 유형에 따라 임의재보험과 특약재보험으로 분류되고, 출재사와 재보험사 간의 책임분담 방법에 따라 비례比例재보험과 비非비례재보험으로 분류된다.

가. 거래 유형에 따른 분류

임의재보험(Facultative Reinsurance)은 가장 오래된 재보험 형식으로 출재사가 재보험을 필요로 하는 개별 계약마다 재보험사에 청약을 하고, 재보험사는 각각의 청약에 대하여 인수 여부를 결정한다. 임의재보험은 출재사가 계약별로 자기보유 규모와 계약조건을 임의로 조정할 수 있어 보다 자유롭게 재보험사에 위험을 분산시킬 수 있다는 장점이 있으나 사무 처리에 있어 번잡하고 많은 시간이 소요되는 것이 단점이다. 또한 자동적이고 동시적인 재보험 담보가 이루어지지 않으므로 재보험 처리가 완료되기 전에는 출재사가 담보능력을 초과하는 위험까지 책임지게 되는 문제가 있다. 따라서 임의재보험은 특약재보험의 출재한도액을 초과하는 대형 리스크를 출재할 때나 특약재보험에서 제외되는 리스크 또는 신규 리스크를 출재하는 경우에 주로 이용된다.

특약재보험(Treaty Reinsurance)은 출재사와 재보험사 간에 사전에 출재 대상 계약의 범위, 책임한도액, 재보험 처리방법 등 기본적인 재보험 거래조건을 정하여 일정 기간 동안 양측의 재보험 청약과 인수가 자동적으로 이루어지는 재보험이다. 따라서 특약재보험의 경우 재보험사의 입장에서는 출재사의 재무상태, 신용도, 언더라이팅 정책이 매우 중요하며, 한 번 계약이 체결되면 일반적으로 장기간 거래가 이루어지므로 재보험사에게 적정한 이익이 실현될 수 있도록 특약이 운영되어야 한다. 특약재보험은 임의재보험에 비하여 재보험 처리에 따르는 사무비용 및 시간이 절감되고 자동적인 재보험 처리가 보장되는 장점이 있으나 양측 모두 비즈니스에 있어 재량권이 작다는 단점이 있다.

나. 책임분담 방식에 따른 분류

비례재보험(Prorata Reinsurance)에서는 보험금액에 대한 출재회사의 보유액과 재보험자의 인수비율에 따라 보험료가 배분되고 보험사고 발생 시 보험금에 대해서도 동일한 비율로 각자의 부담액이 산출된다. 비례재보험은 출재방법에 따라 비례재보험특약과 초과액재보험특약으로 구분된다.

비례재보험특약(Quota Share Treaty)은 원보험회사가 인수한 계약 중 미리 정한 조건에 부합되는 모든 계약의 일정 비율이 재보험으로 처리되는 방법이다. 대상이 되는 원보험 계약 전부에 대하여 보험금액 기준으로 일정 비율을 정하고 보험료와 손실부담을 동 비율에 따라 배분한다. 따라서 비례재보험특약은 약정된 비율에 따라 자동 출재되므로 원수사는 사무처리가 매우 간편하여 시간을 절감할 수 있는 장점이 있으며, 재보험사 입장에서도 리스크에 대한 원수사의 역선택 가능성이 적다. 원수사는 비교적 유리한 조건으로 용이하게 재보험사를 찾을 수 있으므로 신규 판매하는 보험종목이나 영업 경험이 적은 신설 보험사의 재보험 대상으로 많이 활용되고 있다. 그러나 위험도가 양호한 계약까지를 포함하여 전체 계약을 출재하여야 하기 때문에 원수사 입장에서는 보험료 수입이 감소하는 문제가 있다.

초과액재보험특약(Surplus Share Treaty)에서 원수사는 일정 금액을 보유하고 보유액을 초과하는 부분에 대해서만 재보험사에 출재한다. 따라서 원수사가 보유하는 금액 이내의 보험금액에 대해서는 출재가 이루어지지 않아 원수사가 손해액 전부를 부담하고, 보유액을 초과하여 재보험사의 담보를 받는 경우에는 보험금액의 출재비율에 따라 손해액을 회수한다. 통상적으로는 보유에 대한 출재배수와 출재한도액을 미리 정하고 출재비율에 따라 출재보험금을 회수하는데, 10배 출재특약으로 보유액이 1억이면 출재한도액이 10억원으로 원수사는 11억원까지 소화할 수 있다.

원수사가 보험가입금액 100억원을 인수하고 10억원 보유, 나머지 90억원을 재보험사에 출재한 계약에서 보험사고 50억원이 발생하였다고 가정하면, 초과액비율은 보유초과비율인 90%가 되므로 원보험금에 대하여 원수사가 재보험사로부터 회수받을 수 있는 금액은 보험사고 손실액인 원보험금 50억원에 대해 초과액비율인 90%를 곱한 45억원이 된다.

이 방법은 원수사에게 유리한 재보험의 형태로 원수사는 리스크의 종류와 성질에 따라 자신의 보유한도 범위 내에서 인수금액을 신축성 있게 조절할 수 있다. 반면에 재보험사 입장에서는 잔존 금액을 재보험사가 인수함에 따라 불량물건만을 인수하게 될 가능성이 높아 위험의 평준화를 기하기 어려운 점이 있다. 또한 사무처리 면에서 건별로 보유금액을 결정해야 하는 등 비례재보험특약보다 다소 복잡하고 전문적인 언더라이팅 기술이 필요하다.

표 5-14 비례재보험 vs 비비례재보험

	손해율 안정	안정과 성장 (잉여금 보전)	대규모 손실 방지
비례재보험		○	
비비례재보험	○		○

표 5-15 재보험의 종류와 기능

Functions of Specific Types of Treaty Reinsurance

Type of Reinsurance	Stabilize Loss Experience	Improve Large-Line Capacity	Provide Catastrophe Protection	Provide Surplus Relief	Main Purpose
Pro rata quota share	No	Yes	No	Yes	
Pro rata surplus share	No	Yes	No	Yes	To provide surplus relief
Excess of loss per risk per policy	Yes	Yes	Yes, to some extent, but not purchased for purpose	No	To provide large-line capacity while providing some surplus relief
Excess of loss per occurrence	Yes, to the extent losses fluctuate because of an accumulation of loss from a single occurrence	No	Yes	No	To protect against catastrophic losses from one event
Aggregate excess of loss	Yes	Yes, but not purchased for this purpose	Yes	No	To stabilize loss experience

자료 : Myhr and Markham, *Insurance Operations, Regulation, and Statutory Accounting*, 2004.

비非비례재보험(Excess of Loss Reinsurance)은 보험사고 발생 시 손해액을 기준으로 출재사와 재보험사의 책임을 분담하는 재보험이다. 일정 손해액을 초과하는 금액만을 재보험사가 책임지게 되고 재보험료도 초과손해액의 발생가능성과 손해액의 규모를 감안하여 별도로 정해지므로 출재사와 재보험사의 책임에 있어서 어떠한 비례성도 존재하지 않는다. 초과손해액재보험특약은 손해액을 기준으로 원수사와 재보험사 간의 책임을 분할하여 미리 일정 보상액과 재보험자의 책임한도액을 약정해 두는 방법인데 XOL Cover라고 한다.

초과손해액재보험특약에 있어 원수사는 특약에 포함된 모든 원보험계약에서 발생한 사고의 손해액이 일정 금액을 초과할 때마다 재보험금을 청구한다. 예를 들어 일정 손해액이 20억원인 경우 50억원의 손해액이 발생하면 재보험사로부터 회수 받는 금액은 30억원이 된다.

초과손해율재보험특약은 특약기간 중 발생하는 모든 손해액의 총합이 보험료의 일정 비율을 초과할 경우 재보험사가 보상한다. 이 방법은 출재사의 연간 보험 인수 영업 실적을 안정화하기 위한 재보험 담보이다.

비비례재보험은 보험 물건별로 보유액과 출재액을 계산하지 않으므로 사무처리 비용이 적게 들고, 거대 위험이나 대형 손해의 발생가능성이 있는 누적위험을 담보하는 데 적절하며 보유보험료를 증대시킬 수 있는 이점이 있다. 하지만 적정 수준의 보유 결정에는 상당히 전문적인 기술이 요구된다.

(4) 재보험 처리 과정

재보험 비즈니스는 원수사가 보험계약자와 원보험계약을 체결함에서 시작된다. 이때 원수사는 인수한 리스크를 심사해 자체 보유액을 결정하고 잔여 리스크에 대해서는 재보험사와 협의한다. 이 과정에서 원수사와 재보험사 간에 특약이 있는 경우에는 특약 자동 출재로, 그 외에 추가 담보가 필요한 경우에는 개별적인 임의보험으로 출재가 이루어진다. 리스크를 인수한 재보험사는 다시 일정 리스크를 보유하고, 잔여 리스크를 국내보험사 또는 해외보험사에 재재보험으로 다시 출재할 수 있다.

임의재보험의 처리 과정은 다음과 같다.

1. 재보험 청약서 작성

출재사는 임의재보험으로 출재하고자 하는 리스크에 대해 보험조건을 기재하여 재보험청약서를 작성하는데 청약서상의 주요 내용은 물건, 보험금액, 담보조건, 보험료율, 재보험 수수료 등이다. 출재사가 고의 또는 과실로 리스크 인수에 있어 중요한 사실을 재보험사에 알리지 않았을 경우 재보험계약이 무효가 될 수 있으므로 재보험 청약서는 신의성실의 원칙에 의해 작성되어야 한다.

2. 재보험 인수 심의

재보험사는 출재사로부터 접수한 재보험 청약서를 기반으로 인수 리스크를 심의하게 되는데 이 과정을 통해 리스크의 종류, 보험료, 손해율, 담보조건 등을 살펴본 뒤 인수 여부와 인수 지분을 결정한다.

3. 재보험료 지급

4. 보험사고 통지

보험계약자로부터 사고 통지를 받는 즉시 출재사는 사고 발생을 재보험사에 통보해야 하는데 사고원인, 사고일시, 예상 손실액 등의 주요 내용이 명기된 사고 통지서를 발송한다.

5. 재보험금 지불

특약재보험의 처리 과정은 다음과 같다.

1. 재보험 청약서 작성

출재하고자 하는 리스크의 범위, 재보험 수수료, 특약기간, 담보조건, 특약 운영 실적 및 출재사의 언더라이팅 정보 등을 기재한 특약 체결 청약서를 재보험사에 송부하는데 재보험 특약기간은 통상 1년이다.

2. 재보험 인수 심의

재보험사는 출재사로부터 접수한 특약 재보험 청약서를 기반으로 특약 구조, 인수 물건의 범위 및 정도, 수수료 수준 및 기존 특약 실적 등을 검토한 뒤 인수 여부를 결정한다. 재보험사가 특약 참여에 합의하게 되면 특약조건에 따라 부보 리스크에 대해서는 자동적으로 출재가 이루어진다.

3. 분기별로 재보험료 및 재보험금 정산

재보험료 및 재보험금 정산은 출재사와 재보험사 간에 체결된 특약에 따라 분기별로 정산하게 된다. 특약재보험의 경우 재보험금은 일반적으로 3개월마다 정산되지만, 일정 금액 이상의 대형 사고가 발생하는 경우 출재사의 자금사정 등을 고려하여 출재사의 요청에 따라 재보험사가 재보험금을 즉시 지급하는 경우도 있다.

DHC 씨네마

레인메이커(The Rainmaker)

법대를 갓 졸업한, 아직 변호사 자격증도 없는 신출내기 변호사 루디(Rudy Baylor : 맷 데이먼). 루디는 어느 날 사건을 의뢰받는다. 의뢰인은 백혈병으로 죽어가는 아들을 둔 어머니. 상대는 엄청난 파워를 가진 보험회사 그레잇 베니핏. 민사사건에 대해선 귀신같이 노련한 중견 변호사 레오 드루먼드(Leo F. Drummond : 존 보이트 분)를 내세운 그레잇 베니핏은 매번 교묘하게 법망을 피해 보험금 지급을 거부하는 파렴치한 조직이다. 승소 가능성이 1%도 되지 않는 싸움. 더구나 루디가 처음으로 사회에 나와 배우는 거라곤 앰뷸런스를 쫓아다니며 억지로 사건을 떠맡는 일이다. 루디는 파트너인 덱(Deck Shiffler : 대니 드비토 분)의 도움으로 증거를 치밀하게 준비하고, 사건 당사자들의 증언을 수집하지만, 막상 가장 중요한 증인들은 이미 행방이 묘연한 상태다.

한편 루디는 사건을 쫓아 병원을 찾았다가 남편에게 폭행을 당해 병원에 입원한 켈리(Kelly Riker : 클레어 데인즈 분)를 만나게 된다. 루디는 불행한 켈리의 처지를 위로하고 도와주면서 어느덧 그녀를 사랑하게 된다. 또 사건이 진행되는 동안 백혈병으로 죽어가는 도니(Donny Ray Black : 조니 휘트워스 분)와도 친구가 된다. 이제는 단순히 의뢰인이 아니라 친구의 목숨을 살려야 한다는 절박한 심정으로 사건을 변호하는 루디. 천신만고 끝에 해직된 직원을 찾아 증인으로 세웠으나, 그녀의 증언조차 무효화된다. 그러나 잇따른 증언들로 그레잇 베니핏의 감추어진 음모가 조금씩 드러나고 루디에겐 도청, 협박, 회유가 되따른다. 설상가상으로 도니는 최후의 증언을 비디오 테이프에 담아놓곤 숨을 거두고, 루디는 이혼소송을 준비하기 위해 켈리의 집을 찾았다가 켈리의 남편을 만나 격렬한 몸싸움 끝에 살인까지 하게 된다.

켈리는 사랑하는 루디를 위해 자신이 모든 죄를 뒤집어쓰고 경찰에 연행된다. 켈리에게 죄의식을 느끼면서도 도니를 위해 최후의 재판을 준비하는 루디. 최후 변론의 순간. 루디는 변론 대신 도니의 모습을 담은 테이프를 배심원들에게 보여준다. 마침내 재판에 승리한 루디. 그러나 루디에겐 예상할 수 없었던 엄청난 반전이 도사리고 있는데 ……

자료 : http://movie.naver.com/movie/bi/mi/basic.nhn?code=19339

보험금을 청구하였을 때 보험사가 보험금 채무 부존재 소송을 거는 경우가 있다. 보험사 소송 시 대처방법에 대해 알아보자.

1. 보험사가 소송을 제기하는 경우가 많다던데, 어느 정도나 됩니까?

2010년 금융감독원에 접수된 민원 중 소송 현황을 보면 손해보험의 경우 민원건 중 9.6%인 1,006건이 소송이 제기됐고, 생명보험은 민원건 중 76건이 소송으로 이어졌습니다. 특히 손해보험의 소송건 중 962건은 보험사가 제기한 것으로 상당히 높은 비율을 보이고 있습니다. 손해보험사가 생명보험사보다 소송이 많은 것은 정액으로 보험금을 지급하는 형태인 생보사 상품에 비해 실손으로 지급하는 손보사 상품이 다툼의 여지가 많기 때문입니다.

2. 보험사가 소송을 악용하는 경우도 많다던데요?

일부 손보사의 경우 소송이나 민사조정으로 보험계약자를 압박하여 유리한 합의나 과소 지급을 하는 데 악용하는 경우도 많습니다. 또한 금융감독원에 민원을 제기하는 경우 보험사 민원평가에 나쁜 등급을 받을 우려가 있으므로 이를 피하기 위해 소송 등을 제기하면 민원건수에서 제외되기 때문에 민원평가를 잘 받기 위해 소송을 제기하는 경우도 있습니다.

3. 사례

S화재와 C손해보험 등 여러 보험사에 보험을 가입한 김모(남 51세) 씨는 2010년 2월 5일 교통사고를 당하여 부천의 순천향대 병원에서 천공술 등 수술을 받았고 이후 부천 세종병원에서 CDR 척도 2점의 약간의 치매 진단을 받고 장해보험금을 청구하여 S화재 등 다른 보험사로부터 보험금을 지급받았으나, C손해보험사만이 보험금 대신 채무부존재소송을 제기하여 소장을 받았습니다.

S화재도 처음에 큰 대학병원의 진단을 요구하였는데, 보험계약자가 가톨릭대학 병원에 의뢰하여 기존 병원과 동일한 진단을 받자 이를 인정하여 보상해 주었다. 그러나 C손해는 자문 의뢰 결과 계약자가 주장하는 증상이 발생하지 않았다며 채무부존재소송을 제기하였습니다.

4. 보험사로부터 소송이나 민사조정을 받은 경우 어떻게 대처를 해야 할까요?

보험사의 소송 사실을 모르는 상태에서 소장을 받는 경우가 많아 많이 놀라는 경향이 있습니다. 또한 변호사비용 등 소송을 잘 모른다는 점 때문에 소송을 포기하는 경우도 있습니다만, 당황하지 마시고 소장내용을 꼼꼼히 읽어보시고 전문가의 도움을 받거나 변호사와 상담을 하시고 적극 대응하셔야 합니다.

5. 소송을 당했을 때 소비자가 유의할 점이 있다면?

소송은 일반적인 소송과 민사조정이 있습니다. 보험사들이 민사조정을 많이 악용하는데요, 민사조정은 소액재판으로 소송에 비해 기간이 짧고 비용도 저렴하다는 장점이 있습니다. 민사조정의 경우 소장을 받으면 보험사의 주장에 대해 본인이 답변이나 증거자료를 첨부하여 제출하면 되기 때문에 알고 보면 크게 어렵지는 않습니다. 가장 중요한 것은 소송의 문제가 되는 점을 정확히 이해하시고 적극적으로 침착하게 대응하는 것입니다.

자료 : http://www.kicf.org/interview/view.asp?BoardNo=298&TableName=homeBoard_interview

DHC 라이브러리

블랙 스완(The Black Swan)

이 책은 현재 전 세계 금융위기의 진원지인 월스트리트의 허상을 통렬히 파헤쳤다. 백조는 흰색이라는 일반적 논리를 깬 검은 백조 발견 이야기에서 착안되었다. 검은 백조는 매우 개연성이 희박한 사건이며, 엄청난 충격을 동반한다. 현실로 나타나면 뒤늦게 설명을 시도하여 검은 백조가 설명 가능하고 예견 가능했던 일인 것처럼 여기게 만든다.

나심 니콜라스 탈레브 지음
차익종 옮김 | 동녘사이언스 | 2008년

구글의 성공, 9.11 테러 등이 대표적인 검은 백조다. 저자는 이런 내용과 함께 종교의 발생부터 개인의 삶까지 우리 세계의 모든 영역에 검은 백조가 잠복해 있다는 것을 밝힌다. 이전에는 미미한 영향을 미쳤던 것들이 이제는 큰 충격을 몰고 온다고 주장하며, 오늘날 더욱 자주 출몰하는 검은 백조 현상을 심각하게 소개한다.

무작위성에 대해 우리 인간이 가지고 있는 맹목성을 살펴본다. 그리고 검은 백조가 출현하기 전까지 이를 감지하지 못하는 이유는 무엇인지, 느닷없이 검은 백조가 출현하는 극단의 왕국에서 우리는 어떻게 살아남을 수 있는지를 설명한다. 또한 검은 백조와 공존하면서 이익을 취할 수 있는 방법을 간결하게 제시한다.

'블랙 스완(검은 백조)'은 서구인들이 18세기에 오스트레일리아 대륙에 진출했을 때 검은색 백조를 처음 발견한 사건에서 가져온 은유다. 그 전까지는 무조건 백조는 흰색이라고 생각했다. 인류에게 발견된 백조가 모두 흰색이었기 때문이다. 하지만 검은색 고니가 발견되면서 이런 생각은 완전히 무너졌다. 이 생물사적 발견은 인류에게 새로운 교훈을 제시했다. 바로 과거의 경험에 의존한 판단이 행동의 근거가 되어서는 안 된다는 것을 알려주었다.

자료 : http://book.naver.com/bookdb/book_detail.nhn?bid=4934131

오늘날의 기업, 특히 다국적기업들은 경영환경의 급변에 따른 경영 리스크의 다변화에 대처하기 위한 새로운 개념의 리스크 관리가 필요함에도 불구하고 보험을 중심으로 하는 전통적인 리스크 관리는 이러한 기업의 니즈에 부응하지 못하고 있다.

기업의 존폐를 좌우할 수 있는 치명적인 리스크를 소위 killer risks라고 하는데 그 대표적인 예는 다음과 같다.

- 영업 라이센스 상실
- 상표가치 또는 소비자신용 상실
- 고객 기반 상실
- 사업 위기 및 지불능력 상실
- 기업 전체에 서비스를 제공하는 IT 관련 시설의 마비
- 인적자원 및 기술 기반 상실
- 산업 경쟁력 상실

상기한 killer risks 중 전통적인 리스크 관리 수단인 보험을 통해 관리할 수 있는 리스크는 거의 없음을 감안할 때 기업의 리스크 관리 니즈에 대한 보험의 한계는 분명하다고 하겠다.

Fat-tail risk란 개념도 있다. 통계학에서는 자연·사회·정치·경제 현상들을 대개 특정한 평균치를 중심으로 대칭을 이루고 평균치에서 멀어질수록 발생 확률이 낮아지는 종 모양의 정규분포(normal distribution)로 설명한다. 하지만 발생 확률이 낮은 현상이 나타나면

서 빈도가 정규분포가 예측하는 것보다 훨씬 높아져 꼬리가 굵어지면 테일 리스크가 발생한다.

최근에는 정규분포의 꼬리가 너무 두터워져 평균에 집중되는 확률이 낮아 예측력이 떨어지는 팻 테일 리스크(fat tail risk)가 대두되고 있다. 꼬리 부분이 두껍지 않아야 평균값의 의미가 강해지고 통계학적 예측력이 높아지는데 꼬리가 두꺼워지면 평균값의 의미가 떨어져 예측이 어려워진다.

보험과 리스크 관리의 실제

III

Risk Management and Insurance

part three

개인 리스크 관리

Risk Management and Insurance
ch. six

06

1 개인 리스크 관리의 실제

Risk Management and Insurance, ch. six

우리 모두는 성공을 바라는데 도대체 성공적인 삶이란 무엇일까?

우리 각자의 성공의 정의가 다른 까닭에 획일화된 성공의 정의는 있을 수 없다. 시쳇말로 잘 먹고 잘사는 게 성공일까? 명문대학에 진학하여 일류기업에 입사하고 사회적으로 잘나가는 집안의 배우자를 만나 결혼하는 게 성공의 전부일까? 오늘날의 세태가 그러하다 보니 머리 좋고 이재에 밝고 인간관계에 능한 친구들을 우리는 보통 성공하고 출세했다고들 한다. 그러나 과연 그런 것들만이 성공의 잣대일까? 동서고금의 많은 이들의 의견을 종합하여 소위 성공의 요소들을 다섯 가지로 정리해 보았다. 소위 F－H－E－I－R. 우리가 잘 아는 IQ(Intelligence Quotient)와 EQ(Emotional Quotient) 외에 이재理財에 해당하는 FQ(Financial Quotient), 영육 간의 건강을 헤아리는 HQ(Health Quotient), 또 인간관계를 나타

그림 6-1 성공적인 삶을 위한 FHEIR Quotient

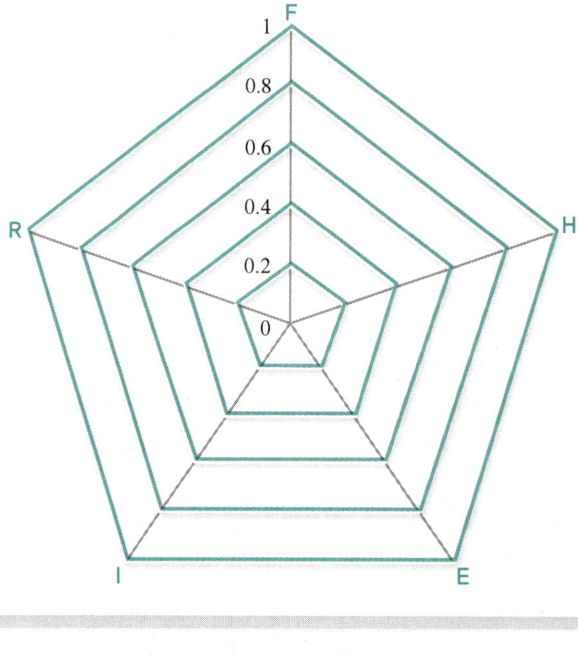

내는 RQ(Relationship Quotient)를 포함한다. 길게 보고 두루두루 좋은 사회성을 유지하는 건강하고 현명한 이들을 성공한 사람으로 보고자 하는 것이다.

그렇다면 소위 F-H-E-I-R을 위협하는 여러 리스크들이 개인 리스크에 해당될 것이며 이들을 제대로 관리하는 것이 우리가 성공하기 위한 개인 리스크 관리 전략이 될 수밖에 없다.

여기서는 여러 종류의 개인 리스크들을 크게 건강 리스크, 재산 리스크, 가정 리스크로 나누어서 검토해 보기로 한다.

1.1 건강 리스크

건강의 중요성은 아무리 강조해도 지나침이 없다. 신체가 건강해야 정신이 맑아지고 자신이 하는 일에 집중하여 성과를 낼 수 있다. 더구나 100세 시대를 맞은 우리에게 건강만큼 훌륭한 노후대책은 없지 않나 싶다. '젊어서는 돈을 벌기 위해 건강을 해치고, 늙어서는 잃은 건강을 되찾기 위해 돈을 쓴다' 는 말은 평소 바쁘게 사는 통에 건강에 신경을 쓰지 못하고 사는 많은 현대인들에게 건강 리스크 관리의 뼈아픈 교훈이다.

건강만큼 단기에 효과를 내기가 어려운 것도 없고, 건강만큼 장기적으로 효과적인 투자도 없다. 따라서 젊어서부터 평소에 건강관리에 힘쓰고, 불의의 사고로 건강을 해치는 경우에 대비하는 건강 리스크 관리가 절대적으로 필요하다.

신체적 건강 못지않게 정신적 건강 또한 매우 중요하다. 건강한 가정에서, 건강한 학교에서, 건강한 사회에서 지성, 감성, 도덕성을 갖춘 건강한 사회인이 양성된다. 각자의 핵심 역량을 발휘하여 비전을 추구하며, 역경에도 굴하지 않고 다시 일어나 더욱 지혜롭고 건강하게 살아가며, 자기 발전을 위해 애쓰는 동시에 주위의 어려운 이웃도 돌아볼 줄 아는 따뜻한 심성을 가진 건강한 사회인이 성공한 사람이다.

정신 건강의 향상을 위해서는 믿음 생활도 큰 도움이 된다.

1.2 재산 리스크

여기서 재산이라 함은 유형 재산과 무형 재산을 망라한다. 동산 및 부동산뿐만 아니라 지식이나 신뢰 등의 무형 재산이 성공적인 삶을 위한 개인에게 큰 영향을 미친다. 의식주衣食住를 위해 당장에 필요한 재산도 있고 장기적인 차원에서의 재무관리(Financial Planning)의 중요성 또한 날로 커지고 있다.

사회가 성장하면서 우리는 가진 것들이 무척 많아졌다. 집, 자동차, 가구 등을 소유하고 예금, 증권, 보험, 연금 등의 금융상품에 투자하고 있는데 사회가 복잡해지면서 우리가 소유하고 투자하고 있는 재산과 관련한 리스크도 덩달아 커지고 있다. 많은 이들이 재산을 불리는 데 치중하다 보니 제대로 된 재산관리에 소홀하다. 자신의 핵심 역량을 공고히 하고 각자의 비전을 추구하는 데에 필요한 자기계발, 커리어 관리, 은퇴설계 등의 무형 재산 관리도 더없이 중요하다. 자기가 어떤 사람인지를 파악하고 자기의 탤런트를 찾아내어 자기가 진정 즐길 수 있는 일을 열심히 오랫동안 건강하게 할 수 있다면 그 이상으로 성공적인 인생이 또 있겠는가?

1.3 가정 리스크

수신제가치국평천하修身齊家治國平天下라는 말이 있듯이 자기 스스로를 수양하지도 않고 제 집안도 제대로 다스리지 못하는 사람이 어찌 사회의 지도자라 할 수 있겠는가? 아무리 재산이 많고 신체 건강한 사람이라도 자기 가정이 시끄러우면 결코 행복할 수 없다. 그래서 우리는 부부간에 화목하고, 건강한 자녀 교육에 힘쓰며, 부모 봉양에 애쓰고, 형제간에 우애를 돈독히 해야 한다. 이는 우리 스스로를 위해서이다.

우리 사회가 핵가족화하면서 옛날과 같은 대가족의 친목이나 공제共濟의 미덕이 많이 사라졌다. 그 대신 필요 이상으로 형제간에 얽히고설키어 문제가 되레 커지는 위험 또한 많이 줄었다. 그럼에도 불구하고 오늘날 적지 않은 가정에서 부자간에, 형제간에 특히 재산 관련하여 심각한 다툼이 벌어지고 있는데, 경우에 따라서는 관계를 회복하기 어려운 지경으로 사태가 커지곤 한다. 어찌해야 하나?

가화만사성家和萬事成이다. 적어도 자기 가정은 지켜야 한다. 부부가 갈라서는 우는 범하지 말자. 자기 자녀를 팽개치는 몰상식은 범하지 말자. 자신을 낳고 길러주신 부모는 버리지 말자. 나아가 가까운 친지들의 신뢰를 잃는 우는 범하지 말자.

그림 6-2 개인 리스크와 리스크 관리

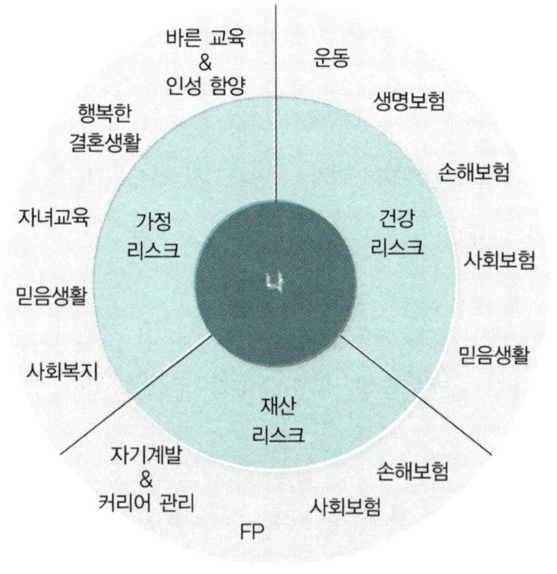

여기서 이 시대의 대표적인 젊은이로서 안동노 씨의 경우를 들어 그의 리스크 관리에 대해 검토해 본다. 지방 출신으로 서울의 K대학을 졸업한 안동노 씨는 30대 초반의 결혼 3년차 맞벌이 직장인이다. 서울 소재 대기업에서 직장생활을 하고 있는 안씨 부부는 갓 돌을 지난 아들이 있고 최근에 대출을 받아 아파트를 구입했다. 소형 자동차를 가지고 있고 양가 부모님들은 지방에서 생활하고 계신다.

그 연령대의 많은 젊은 부부들처럼 안씨 부부에게도 부푼 꿈과 더불어 현실적인 어려움이 공존한다. 100세 시대를 맞아 신체적 · 정신적 건강 관리에 신경쓰고 있고, 부부의 지속 성장을 위한 재산 관리와 행복한 가정 관리에 힘쓰고 있다.

〈CASE〉 안동노 씨 부부의 리스크 관리

1. 리스크

1) **건강 리스크** : 30대 초반의 건강관리, 병원비 문제, 양가 부모님의 건강 및 병원비 문제

2) **재산 리스크** : 주택담보 대출금 상환 문제, 주택화재 리스크, 자녀 교육자금, 퇴직 후 자금, 연금 문제

3) **가정 리스크** : 육아 문제, 맞벌이 부부의 육아와 가사 분담, 원거리 양가 부모님과의 관계

2. 현재 리스크 상황과 관리

1) **건강 리스크**

가. 건강관리 : 꾸준한 운동 및 건강검진을 통해 건강관리

나. 가족 및 양가 부모님의 병원비 문제 : 의료실비보험 및 암보험 등에 가입하여 병원비 부담에 대비

2) **재산 리스크**

가. 주택담보 대출금 상환 문제 : 원금균등상환방식을 채택하여 원금을 한꺼번에 상환해야 하는 리스크를 해소

나. 자녀 교육자금 : 적금 및 펀드를 통해 대비

다. 연금 문제 : 국민연금 및 개인연금보험 가입

3) **가정 리스크**

가. 육아 문제 : 1년간의 육아휴직을 활용하여 부인이 아이를 돌보고 있으며, 추후 직장 복귀에 대비하여 아이를 어린이집에 적응시키는 중

나. 맞벌이 부부의 가사 분담 : 육아 관련 일은 부인이, 청소 · 빨래 등의 가사는 남편이 하도록 가사 분담

다. 원거리 양가 부모님과의 관계 : 주 2회 이상의 전화 통화와 주기적인 왕래로 원거리 격차를 해소하려 노력하고 있음

3. 리스크 관리의 한계 및 문제점

1) **건강 리스크** : 젊은 나이지만 건강관리에 꾸준한 노력이 더 필요하며, 건강한 식단 관리 및 사망 위험을 대비한 보험 보장을 보완해야 할 것임

2) **재산 리스크** : 주택화재 리스크 대비가 미흡하므로 화재보험 가입이 필요할 것으로 보임. 퇴직 후 자금을 위한 대안이 마련되야 할 것임

3) **가정 리스크** : 육아휴직 기간이 지나 직장 복귀 후 맞벌이 부부의 육아 부담이 가중될 것으로 보임. 도와줄 양가 부모님이 지방에 계신 상태여서 부부의 육아 및 가사 부담이 가중될 것으로 보이며 추후 베이비시터를 구하거나 가사 도우미를 구할 때 경제적 부담이 가중될 것임

2 보험을 통한 개인 리스크 관리

Risk Management and Insurance, ch. six

2.1 민영보험(Private Insurance)[1]

(1) 자동차보험

자동차보험 종목은 크게 개인용자동차보험, 업무용자동차보험, 영업용자동차보험, 이륜자동차보험 등으로 구분된다.

- **개인용자동차보험** : 법정승차정원 10인 이하의 개인 소유 자가용 승용차
- **업무용자동차보험** : 개인용을 제외한 모든 자가용 및 관용의 자동차와 건설기계
- **영업용자동차보험** : 모든 영업용의 자동차와 건설기계 및 대여차(렌트카)
- **이륜자동차보험** : 모든 이륜자동차와 원동기장치자전거

자동차보험의 담보는 자동차손해배상보장법의 규정에 따라 자동차 보유자가 의무적으로 가입하여야 하는 의무보험(대인배상 I(책임보험) 및 대물배상)과 가입자가 가입 여부를 결정할 수 있는 임의보험으로 구분된다.

개인용자동차보험의 담보는 대인배상 I, 대인배상 II, 대물배상, 자기신체사고(또는 자동차상해), 무보험자동차에 의한 상해, 자기차량손해의 6가지 담보종목으로 구성된다.

가. 대인배상 I

- 자동차 사고로 다른 사람을 죽게 하거나 다치게 한 경우에 자동차손해배상보장법에서 정한 한도 내에서 보상한다.

1. 보험개발원(http://www.kidi.or.kr/km/insurance03_01_01.asp).

■ 피해자 1인당 보상한도는
사망 : 1억원(최저 2,000만원)
부상 : 부상급별에 따라 최고(1급) 2,000만원, 최저(14급) 80만원
후유장애 : 장해급별에 따라 최고(1급) 1억원, 최저(14급) 630만원

나. 대인배상 Ⅱ

■ 자동차 사고로 다른 사람을 죽게 하거나 다치게 한 경우, 그 손해가 대인배상 I에서 지급되는 금액을 초과하는 경우에 그 초과 손해를 보상한다.
■ 보험가입금액(피해자 1인당 기준)은 5천만원/1억원/2억원/3억원/무한으로 구분된다.

다. 대물배상

■ 자동차 사고로 다른 사람의 재물을 없애거나 훼손한 경우에 보상한다.
■ 보험가입금액(1사고당 기준)은 1천만원/2천만원/3천만원/5천만원/1억원으로 구분된다.
■ 2005. 2. 22. 대물배상 가입의무화에 따라 최저 1천만원 이상의 보험가입금액으로 가입하여야 한다.

라. 자기신체사고

■ 피보험자가 죽거나 다친 경우에 보상한다.
■ 보험가입금액(피보험자 1인당)은 1천5백만원/3천만원/5천만원/1억원(사망 기준)으로 구분된다.

마. 자동차상해

■ 피보험자가 죽거나 다친 경우에 보상한다.
■ 보험가입금액(피보험자 1인당)은 1억원/2억원(사망 기준)으로 구분된다.

- 자동차상해는 자기신체사고에 비해 지급금액, 지급기준 등 보장기능을 확대한 고보장 담보이다.

바. 무보험자동차에 의한 상해

- 무보험자동차에 의해 피보험자가 죽거나 다친 경우로 피보험자 1인당 2억원을 한도로 보상한다.

사. 자기차량손해

- 피보험자동차가 파손된 경우 보상한다.
- 자기부담금은 손해액의 20%를 부담하되 하한/상한선이 각각 5/50만원, 10/50만원, 15/50만원, 20/50만원의 4가지로 구분되고 지급보험금에서 공제된다.

자동차보험료는 순보험료와 부가보험료로 구성된다. 순보험료는 사고 발생 시 보상에 필요한 보험금으로 사용되는 재원이며, 부가보험료는 보험회사의 운영에 필요한 비용으로 사용되는 재원이다.

기본 보험료 = 순보험료 + 부가보험료

보험가입자별로 납입하는 보험료를 결정하는 요소에는 보험가입 경력, 교통법규위반 경력, 사고 경력, 가입자 연령, 운전자의 범위 등이 있다.

(2) 생명보험

생명보험이란 보험회사가 보험계약자로부터 약정한 보험료를 받고 피보험자의 생존 또는 사망에 관하여 우연한 사고가 생길 경우에 일정한 금액을 지급하기로 약정함으로써 효력이 생기는 인보험 계약을 말한다.

생명보험은 사람의 생사를 보험사고로 하고 보험사고가 발생할 경우 손해의 유무나 다소를 불문하고 일정한 금액을 지급하는 정액보험이란 점에서 손해보험 계약과는 다르다.

가. 보험사고에 따른 분류

생존보험은 피보험자가 보험기간 만료일까지 생존해 있을 때에 한하여 보험금이 지급되는 생명보험을 말한다. 보험기간 도중에 피보험자가 사망하였을 경우 보험금뿐만 아니라 그때까지 납입한 보험료도 환급받지 못한다. 그러나 현재 우리나라에서 판매하고 있는 생존보험은 보험기간 중 사망 시에도 사망급여금을 지급하기 위하여 각종 사망보장이 부가되어 판매되고 있다. 생존하고 있는 것을 조건으로 매년 연금을 받게 되는 연금보험과 자녀의 교육자금을 보장하는 교육보험이 여기에 속한다.

연금보험은 피보험자의 생존에 대하여 매년 또는 매월 일정액을 지급할 것을 약속한 생존보험을 말한다. 연금보험은 사회적 환경변화에 따라 경제적으로 생활능력이 없는 정년기 이후의 인생의 황혼기를 안락하게 보낼 수 있도록 젊었을 때 미리 노후생활자금을 준비하는 데 적합하도록 개발된 보험상품이다. 연금보험에서 지급하는 연금은 가입자의 선택에 따라 확정된 기간 동안 정해진 연금을 수령하거나, 가입자가 사망할 때까지 종신토록 수령할 수도 있다. 또한 연금보험은 납입보험료의 세제혜택 여부에 따라 소득공제혜택이 있는 연금저축보험과 소득공제혜택이 없는 일반연금보험으로 구분된다.

교육보험은 자녀 교육자금의 준비를 위한 보험으로, 보험계약에 따라 소정의 보험료를 납입하고 보험금 지급사유(예, 진학, 졸업 등)가 발생했을 때 보험금을 지급받는다. 소정의 교육을 받을 연령까지 생존하는 것을 보험금 지급사유로 하므로 일종의 생존보험이다. 또한 교육자금 외에도 질병 및 재해 등을 함께 보장하는 상품도 있으며, 부모를 종피보험자로 추가하여 부모가 사망하거나 장해 상태가 되었을 때에도 자녀가 성장할 때까지 양육비를 보상받을 수 있는 상품도 있다.

사망보험은 피보험자의 사망을 보험사고로 해서 보험금을 지급하는 보험계약을 말한다. 사망보험의 목적은 피보험자의 사망으로 말미암아 생길 수 있는 유가족의 경제적 필요를 충족시키는 데 있다. 사망보험에는 계약의 시점으로부터 일정기간 중에 사망하였을 경우에 보험금이 지급되는 정기보험과 기한을 정하지 않고 사망 시에 보험금이 지급되는 종신보험이 있다.

생사혼합보험은 사망보험과 생존보험을 혼합한 형태의 생명보험을 말한다. 피보험자가 보험기간 중에 사망하였을 때에 사망보험금을 지급하며, 보험기간 중의 미리 정해진 시기(보험기간의 만료 시를 포함)에 생존하고 있을 때에는 생존보험금을 지급하는 보험이다. 사망보험의 보장 기능과 생존보험의 저축 기능을 동시에 가지는 것으로 일명 양로보험이라고도 한다.

나. 가입목적에 따른 분류

보장성 보험은 피보험자에게 사망, 상해, 입원, 생존 등과 같이 사람의 생명과 관련하여 보험사고가 발생했을 때 약속된 급부금을 제공하는 보험상품으로, 만기 생존 시 이미 납입한 보험료의 환급 여부에 따라 순수보장형과 만기환급형으로 나뉘며, 만기환급형의 경우라도 만기 때 지급되는 급부금의 합계액은 이미 납입한 보험료를 초과하지 않아야 한다. 보장성 보험은 원초적 의미의 보험상품으로 각종 재해로 인한 사망이나 암과 같은 질병으로 인한 사망, 입원, 치료, 유족 보장을 주요 내용으로 하는 보험으로, 상해보험, 질병보험, 간병보험 등의 상품이 있다. 보장성 보험을 가입하고 납입한 보험료에 대해서는 연간 100만원을 한도로 소득공제 혜택을 주고 있다.

상해보험은 우연하고 급격한 외래의 사고로 인한 사람의 신체에 입은 상해에 대하여 치료에 소요되는 비용 및 상해의 결과에 기인한 사망, 후유장해 등의 위험을 보장하는 보험이다. 상해보험은 보험의 객체가 사람이라는 점에서 손해보험과 다르며, 사고의 발생시기는 물론 발생 자체도 불확정되어 있다는 점에서 생명보험과도 다르므로, 손해보험과 생명보험의 중간영역인 제3보험 분야에 해당되어 손해보험과 생명보험 사업자의 겸영이 허용되고 있다. 상해보험에서 지급되는 보험금에는 통상 사망보험금, 장해보험금 및 의료비보험금이 있다.

질병보험은 질병에 대한 치료비를 보장할 것을 목적하는 보험을 말하며, 입원급여금, 수술급여금 및 진단보험금이 지급된다. 질병보험은 상법상 제3보험으로 분류되며 생명보험사와 손해보험사가 모두 상품을 개발하여 판매할 수 있다. 건강보험, 암보험, 어린이보험 등이 대표적인 질병보험이다. 생명보험 상품은 질병으로 치료를 받은 경우 진단, 수술, 입원에 대하여 정액의 보험금을 지급하고, 손해

보험상품은 치료비 중 본인이 부담한 실제 치료비를 실손보상한다.

보장성 보험과 달리 납입보험료보다 만기에 환급되는 보험금이 큰 보험을 **저축성 보험**이라고 한다. 저축성 보험은 만기에 이자수익이 발생하기 때문에 납입보험료를 초과하여 환급된 금액에 대해서는 이자소득세를 과세함이 원칙이나 세법에서는 10년 이상 유지된 저축성 보험의 이자소득에 대해서는 비과세혜택을 주고 있다.

다. 부리체계에 따른 분류

금리확정형 보험은 보험회사가 보험료 산출 시 정한 확정금리를 예정이율로 적용하는 보험을 말한다. 확정금리를 적용하여 금리 하락 시에도 안정적인 수익률이 보장되지만 금리 상승 시에는 이를 반영하지 못하여 적립금의 상대적인 가치 하락이 발생한다.

보험회사의 자산운용이익률, 시장금리 등에 따라 책임준비금 적립이율이 변동되는 보험을 금리연동형 보험이라고 한다. 시중금리가 높을 경우 금리확정형 보험에 비해 더 높은 수익률을 낼 수 있으나 반대의 경우에는 수익률이 낮아질 수 있다. 일반적으로 최저보증이율을 설정하여 일정 수준 이상의 수익률을 보장한다.

자산연계형 보험은 보험회사가 최저이율을 보증함으로써 최저수익을 보장하는 동시에 주가지수 또는 채권 등의 연계자산에서 발생하는 수익을 계약자에게 추가로 지급하도록 설계되어 투자손실의 위험이 없으면서 연계자산에서 발생하는 수익을 추가로 지급하는 형태의 상품이다.

실적배당형 보험은 보험계약자가 납입한 보험료 중 일부를 일정한 투자재원으로 사용하고, 그 투자실적에 따라 계약자에게 투자이익을 나눠주는 형태의 보험을 말한다. 원금이 보장되는 일반보험과 달리 실적배당형 보험은 최악의 상황에서는 투자원금이 보장되지 않고, 예금자보호 대상도 아니다. 보험상품 중 대표적인 실적배당형 상품으로는 변액보험을 들 수 있는데, 변액보험은 투자실적에 따라 보험금 지급액이 달라진다. 예를 들면 변액종신보험은 투자실적에 따라 사망보험금이 달라지고(최저사망보험금은 보장함) 변액연금보험은 투자실적에 따라 연금 지급액이 달라진다. 실적배당형 상품은 투자실적에 따라 보험금이 좌우되고 일반상품에 비해 손해를 볼 위험도 있으므로 가입 시 주의가 요구된다.

라. 배당 유무에 따른 분류

배당보험은 위험률차익, 이자율차익, 사업비차익에 의해서 발생한 배당금을 보험계약자에게 환급해 주는 보험을 말한다.

- **위험률차익** : 실제위험률이 보험료 산출의 기초가 된 예정위험률보다 낮은 경우에 발생하는 이익을 말한다.
- **이자율차익** : 자산운용에 의한 실제수익률이 예정이율보다도 높은 경우에 생기는 이익을 이자율차익이라 하며, 반대의 경우를 이자율차손이라 한다.
- **사업비차익** : 실제의 사업비가 예정사업비보다 적은 경우에 생기는 이익이다. 반대의 경우는 손실이 발생하며, 이를 사업비차손이라 한다.

무배당보험은 보험료 산정의 기초가 되는 예정사망률, 예정이율, 예정사업비율의 안전도를 가능한 한 축소하여 보험료를 저렴하게 하는 대신 계약자배당을 하지 않는 보험을 말한다. 현재는 일부 연금저축보험을 제외하고는 거의 모든 보험상품이 무배당상품이다.

마. 생명보험 보험료 산출 원칙

- **수지상등收支相等의 원칙**

장래 수입(보험료) = 장래 지출(보험금 + 사업비)

장래 수입되어질 순보험료의 현가의 총액이 장래 지출해야 할 보험금 현가의 총액과 동일하게 되는 것이다.

- **대수大數의 법칙**

수지상등의 원칙이란 다수의 동일 연령의 피보험자가 같은 보험 종류를 동시에 계약했을 때 보험기간 만료 시에 수입과 지출이 균형이 잡히도록 순보험료를 계산하는 것을 의미하며, 피보험자가 많이 있는 것을 가정하고 있으므로 확률론에서 말하는 대수의 법칙이 성립되는 것을 의미한다.

바. 보험료 결정요소

보험료 구성체계는 다음과 같다.

- **위험보험료** : 사망보험금/입원/수술/장해 급여금 등의 지급재원이 되는 보험료
- **저축보험료** : 만기보험금/중도급부금의 지급재원이 되는 보험료
- **예정신계약비** : 신계약 체결에 필요한 제 경비(설계사 수당/진단비/인쇄비/전산비/판촉비 등)
- **예정유지비** : 회사 및 계약 유지 등에 필요한 제 경비(인건비/임차비 등)
- **예정수금비** : 보험료 수금에 필요한 제 경비(자동이체 수수료 등)

보험료 계산의 3요소는 다음과 같다.

- **예정위험률** : 과거 일정 기간 동안 일어난 보험사고 발생 통계를 기초로 해서 앞으로 일어날 사고율을 예측한 것이다. 일반적으로 예정위험률이 높으면 보험료는 올라가고, 낮으면 보험료는 내려간다.
- **예정이율** : 보험료를 납입하는 시점과 보험금 지급 사이에는 시차가 발생하므로 이 기간 동안 기대되는 수익을 미리 예상하여 일정한 비율로 보험료를 할인해 주는데, 이 할인율을 의미한다. 예정이율이 높아지면 보험료가 싸지고 예정이율이 낮아지면 보험료가 비싸진다.
- **예정사업비율** : 보험회사가 보험계약을 유지 · 관리하려면 여러 가지 비용이 소요된다. 이러한 운영경비를 미리 예상하여 보험료에 포함시키는데 이러한 경비의 구성비율을 의미한다. 생명보험회사에서는 예정사업비율을 신계약비, 유지비, 그리고 수금비의 세 가지로 세분하고 그 각각에 대해서 일정률을 설정한다. 예정사업비율이 낮으면 보험료는 싸지고 예정사업비율이 높으면 보험료는 비싸진다.

DHC 뉴스

현대차 자동 안전벨트 사고

미국 뉴욕주 브롱크스 지방법원의 배심원단이 지난 5일(현지시간) 현대 쏘나타의 자동 안전벨트를 문제삼아 현대자동차 미주법인을 상대로 소송을 제기한 교통사고 피해자 가족에게 9백 50만 달러(1백 22억 7천만원)의 배상평결을 내렸다.

현대차 측은 편파적인 증거 채택으로 재판의 공정성에 문제가 있었다며 즉각 항소할 것이라고 밝혔다. 1995년 쏘나타의 조수석에 타고 있다 다른 차량과의 충돌로 숨진 한 여성(37)의 남편은 이 소송에서 "일반 안전벨트를 착용했다면 아내가 폐동맥 파열로 죽지 않았을 것"이라며 "자동 안전벨트를 부착한 현대차에 책임이 있다"고 주장해 왔다.

현대차 측은 "쏘나타가 미 연방정부의 안전규정을 모두 통과했으며, 당시 미 교통당국은 자동 안전벨트의 장착을 권장했었다"고 말했다. 자동 안전벨트는 문을 닫으면 자동으로 착용하게 되며 허리벨트는 이와는 별도로 수동으로 매게 돼 있는데, 숨진 여자는 사고 당시 수동벨트를 착용하지 않고 있었다.

자료 : 중앙일보, 2001. 7.

2.2 사회보험[2]

(1) 사회보험의 개요

사회보험(Social Insurance)이란 사회정책을 위한 보험으로서 국가가 사회정책을 수행하기 위해서 보험의 원리와 방식을 도입하여 만든 사회경제제도이다.

사회보험제도는 국민에게 발생한 사회적 위험을 보험방식에 의하여 대처함으로써 국민의 건강과 소득을 보장하는 제도이다.

여기서 사회적 위험이란 질병, 장애, 노령, 실업, 사망 등을 의미하는데, 이러한 사회적 위험은 사회구성원 본인은 물론 부양가족의 경제생활을 불안하게 하는 요인이 된다.

따라서 사회보험제도는 사회적 위험을 예상하고 이에 대처함으로써 국민의 경제생활을 보장하려는 소득보장제도이다.

우리나라의 4대 사회보험제도는 업무상의 재해에 대한 산업재해보상보험, 질병과 부상에 대한 건강보험 또는 질병보험, 폐질 · 사망 · 노령 등에 대한 연금보험, 실업에 대한 고용보험제도이다.

2. 4대 사회보험 정보연계 센터(http://www.4insure.or.kr/in4/ptl/guid/insu/SoclInsuDefLayout.do).

그림 6-3 우리나라의 4대 사회보험

사회보험은 사회의 연대성과 강제성이 적용되며, 민간보험과는 다른 특성을 갖고 있다.

표 6-1 사회보험 vs 민간보험

구분	사회보험	민간보험
제도의 목적	최저생계 및 의료 보장	개인적 필요에 따른 보장
보험가입	강제	임의
부양성	국가 또는 사회부양성	없음
수급권	법적 수급권	계약적 수급권
독점/경쟁	정부 및 공공기관의 독점	자유경쟁
공동부담 여부	공동부담의 원칙	본인부담 위주
재원부담	능력비례부담	개인의 선택
보험료 부담방식	주로 정율제	주로 소득정율제
보험료 수준	위험률 상당 이하 요율	경험률
보험자의 위험선택	불필요	필요
급여 수준	균등급여	기여비례
인플레이션 대책	가능	취약
보험사고 대상	인보험	인, 물物보험
성격	집단보험	개별보험

자료 : 4대 사회보험 정보연계센터(http://www.4insure.or.kr/ins4/ptl/guid/insu/SoclInsuDefLayout.do).

우리나라 4대 사회보험제도의 기본 내용은 다음과 같다.

표 6-2 우리나라 4대 사회보험제도의 기본 내용

구분	국민연금	건강보험	고용보험	산재보험
시행년도	1988년	1977년 (노인장기요양보험 2008. 7. 1 실시)	1995년	1964년
기본 성격	소득보장 장기보험	의료보장 단기보험	실업고용 중기보험	산재보상 단기보험
급여방식	현금급여 소득비례	현물급여 균등급여	현금급여 소득비례	현물-균등 급여 현금-소득 비례
재정 및 관리	수정적립방식 전체 일괄처리	부과방식 이원화(직장, 지역) 관리	수정적립방식	순부과방식
관리 단위	개인별 관리	사업장 · 세대별 관리	사업	사업장
보험료 관장	보건복지부장관	보건복지부장관	고용노동부장관	고용노동부장관
자격관리방식	직장 · 지역 통합관리	직장 · 지역 통합관리	사업별 관리 가입자 관리	사업별 관리 가입자 관리
보험료 부과 단위	사업장, 지역(개인별)	사업장, 지역(세대별)	사업	사업

자료 : 4대 사회보험 정보연계센터(http://www.4insure.or.kr/ins4/ptl/guid/insu/SoclInsuDefLayout.do).

표 6-3 사회보험 가입자 내용

사업장 가입자(근로자) 적용대상 안내

구분	국민연금	건강보험	고용보험	산재보험
적용 대상	▪ 국민연금 적용 사업장에 종사하는 18세 이상 60세 미만의 근로자와 사용자	▪ 상시 1인 이상의 근로자를 사용하는 사업장에 고용된 근로자(연령제한 없음) ▪ 사용자 ▪ 공무원 ▪ 교직원 ▪ 시간제 근로자	▪ 「근로기준법」에 따른 근로자	▪ 「근로기준법」에 따른 근로자

개인(지역가입자) 적용 안내

구분	국민연금	건강보험
적용 대상	▪ 국내에 거주하는 18세 이상 60세 미만의 국민으로서 사업장 가입자가 아닌 자	▪ 국내에 거주하는 국민 ▪ 취득요건을 갖춘 외국인 국내거소신고를 필한 재외국민 중 공단에 건강보험의 적용을 신청한 자

제외 대상	▪ 타공적연금가입자 ▪ 노령연금수급권을 취득한 자 중 60세 미만의 특수직종근로자 ▪ 퇴직연금 등 수급권자 ▪ 조기노령연금 수급권을 취득하고 그 지급이 정지되지 아니한 자 ▪ 18세 이상 27세 미만인 자로서 학생이거나 군복무 등으로 소득이 없는 자(연금보험료를 납부한 사실이 있는 자는 제외) ▪ 기초수급자 ▪ 사업장가입자, 지역가입자 및 임의계속가입자, 별정우체국직원, 타 공적연금 가입자, 노령연금수급권자 및 퇴직연금 등 수급권자의 배우자로서 별도 소득이 없는 자	▪ 의료급여법에 따라 의료급여를 받는 수급자 ▪ 직장가입자 및 그 피부양자 ▪ 유공자 등 의료급여대상자(본인 의사에 따라 가입 및 탈퇴 가능)

자료 : 4대 사회보험 정보연계센터(http://www.4insure.or.kr/ins4/ptl/guid/insu/SoclInsuDefLayout.do).

(2) 국민연금 급여

국민연금 급여의 종류는 매월 일정액을 지급하는 노령연금(분할연금), 장애연금, 유족연금과 일시에 지급하는 반환일시금, 사망일시금이 있다.

표 6-4 국민연금 급여

연금급여(매월 지급)		일시금 급여	
노령연금	노후 소득보장을 위한 급여 국민연금의 기초가 되는 급여	반환 일시금	연금을 받지 못하거나 더 이상 가입할 수 없는 경우 청산적 성격으로 지급하는 급여
장애연금	장애로 인한 소득 감소에 대비한 급여	사망 일시금	유족연금 또는 반환일시금을 받지 못할 경우 장제보조적·보상적 성격으로 지급하는 급여
유족연금	가입자의 사망으로 인한 유족의 생계 보호를 위한 급여		

급여액 산정

연금액 = 기본 연금액 × 연금종별 지급률 및 제한율 + 부양가족연금액

자료 : 4대 사회보험 정보연계센터(http://www.4insure.or.kr/ins4/ptl/guid/insu/SoclInsuDefLayout.do).

(3) 건강보험 보험급여

일상생활에서 발생하는 우연한 질병이나 부상으로 인하여 일시에 고액의 진료비가 소요되어 가계가 파탄되는 것을 방지하기 위하여, 보험원리에 의거 국민들이 평소에 보험료를 낸 것을 보험자인 국민건강보험공단이 관리 · 운영하다가 국민들이 의료를 이용할 경우 보험급여를 제공함으로써 국민 상호 간에 위험을 분담하고 의료서비스를 제공한다.

표 6-5 건강보험 보험급여

보험급여의 형태

◉ 현물급여 : 요양기관(병 · 의원 등) 등으로부터 본인이 직접 제공받는 의료서비스 일체
◉ 현물급여 : 가입자 및 피부양자의 신청에 의하여 공단에서 현금으로 지급

종류	지급대상	비고
요양급여	가입자, 피부양자	법정급여
건강검진	가입자, 피부양자	법정급여
요양비 (만성신부전증 환자의 복막 관류액 구입비)	처방전에 의해 직접 구입한 가입자, 피부양자	법정급여
출산비	가입자, 피부양자	법정급여
장애인보장구급여비	장애 등록된 가입자, 피부양자	법정급여
장제비	가입자, 피부양자	임의급여
본인부담액보상금	가입자, 피부양자	임의급여

자료 : 4대 사회보험 정보연계센터(http://www.4insure.or.kr/ins4/ptl/guid/insu/SoclInsuDefLayout.do).

(4) 고용보험 보험급여

고용보험법은 고용안정 및 직업능력개발사업을 통해 1차적으로는 취업 중인 근로자의 고용안정을 촉진하고, 부득이 실업이 되더라도 2차적으로 실업급여를 지급하고 재취업을 촉진함으로써 근로자의 실업으로 인한 사회 · 경제적인 어려움을 해소하는 것을 주된 내용으로 하고 있다. 또한 여성근로자들의 고용 기회 확보를 위해 직장과 가정생활의 양립을 지원하는 육아휴직급여 및 산전 · 후 휴가급여를 지급한다.

표 6-6 고용보험 보험급여

사업 구분 및 종류		지원 대상 및 요건
재직근로자 훈련 지원	근로자 수강지원금 지원	고용보험 피보험자인 재직근로자가 자발적으로 직업능력개발 훈련을 수강하는 경우 수강비용 지원
	근로자 학자금 및 훈련비 대부	고용보험 피보험자인 재직근로자가 능력개발을 위해 전문대학 이상의 학교에 입학 또는 재학하거나 훈련을 수강하는 경우 학자금을 장기·저리로 대부
실업자 훈련 지원	실업자 재취업 훈련 지원	고용보험 사업장에서 실직한 근로자가 재취업을 위해 훈련을 받는 경우 훈련비(전액 국비 지원이나 일부 훈련의 정부지원훈련비 초과분은 훈련생 부담)와 훈련수당을 지원
실업급여	구직급여	근로자가 실직하여 재취업 활동을 하는 기간에 소정의 급여를 지급함으로써 실업으로 인한 생계불안을 극복하고 생활의 안정을 도와주며 재취업의 기회를 지원
	취업 촉진 수당	
	연장급여	
	상병급여	
육아휴직급여		근로자가 만 6세 이하(2007. 12. 31. 이전 출생자는 생후 1년 미만)의 초등학교 취학 전 자녀(입양한 자녀를 포함)를 양육하기 위하여 남녀고용평등과 일·가정 양립 지원에 관한 법률 제19조에 의한 육아휴직을 30일 이상 부여받은 경우 지급되는 급여
산전·후 휴가급여		임신 중인 여성에 대하여는 산전·후를 통하여 계속해서 90일의 보호휴가를 주되, 반드시 산후에 45일 이상이 확보되도록 부여하여 출산한 여성근로자의 근로의무를 면제하고 임금상실 없이 휴식을 보장
구직 등록		워크넷(WORK-NET)에 구직신청을 하면 고용센터의 전문상담원과의 상담을 통해 원하는 일자리 추천

자료 : 4대 사회보험 정보연계센터(http://www.4insure.or.kr/ins4/ptl/guid/insu/SoclInsuDefLayout.do).

(5) 산재보험 보험급여

산재보험은 산업화의 진전과 더불어 발생하는 산업재해 근로자를 보호하기 위하여 1964년에 도입된 우리나라 최초의 사회보험제도이다. 산업재해로부터 근로자를 보호하기 위해서는 산업재해 자체를 예방하는 것이 가장 바람직하겠으나 이미 발생한 산업재해로 부상을 당하거나 사망한 경우는 피해근로자나 가족을 보호 내지 보상해 주는 시스템 또한 중요하다. 산재보험은 산재근로자와 그 가족의 생활을 보장하기 위하여 국가가 책임지는 의무보험으로 원래 사용자의 근로기준법상 재해보상책임을 보장하기 위하여 국가가 사업주에게서 소정의 보험료를 징수하여 그 기금으로 사업주를 대신하여 산재근로자에게 보상을 해주는 제도이다.

근로자의 업무상 재해는 사용자의 고의·과실 유무를 불문하고 **무無과실 책**

임주의(No Fault liability)에 따라 보상하며 보험사업에 소요되는 재원인 보험료는 원칙적으로 사업주가 전액 부담한다. 산재보험급여는 재해 발생에 따른 손해 전체를 보상하는 방식이 아니라 평균임금을 기초로 정률보상방식으로 지급된다.

표 6-7 산재보험 보험급여

구분		주요 내용
미취업기간 급여	휴업급여	업무상 사유에 의한 부상 또는 질병으로 취업하지 못한 기간(입원/통원)에 대하여 1일당 평균임금의 100분의 70에 해당하는 금액을 지급하는 제도 [휴업급여액 = 평균임금 × 0.7 × 요양 중 미취업한 기간 일수]
	상병보상연급	요양급여를 받는 근로자가 요양 개시 후 2년이 경과되어도 치유가 되지 아니하고 폐질등급(1～3급)에 해당되는 경우와 장해보상연금을 받고 있던 근로자가 부상 또는 질병이 악화되어 재요양하고 있는 경우에 지급하는 제도 [평균임금(최저임금액의 100/70) × 폐질등급일수/365를 1일당 상병보상연금으로 지급]
장해 및 간병급여	장해급여	근로자가 업무상의 사유로 부상을 당하거나 질병에 걸려 치유되었으나 신체에 정신적 또는 육체적 장해가 남아 장해급여 지급대상에 해당될 경우 장해등급에 해당되는 지급일수에 평균임금을 곱하여 지급
	간병급여(치유)	치료가 끝난 후에도 간병인이 필요하여 간병이 실제 행하여지면 그 장해 정도에 따라 간병비용을 지급하는 제도
유족급여 및 장의비	유족급여	근로자가 업무상 사유로 사망한 경우 그 당시 부양하고 있던 유족에게 급여를 지급하는 제도
	장의비	근로자가 업무상 사유로 사망한 경우 장제 실행자에게 그 장제에 소요되는 비용을 지급하는 제도

자료 : 4대 사회보험 정보연계센터(http://www.4insure.or.kr/ins4/ptl/guid/insu/SoclInsuDefLayout.do).

3 지속 가능한 사회복지와 개인 리스크 관리

Risk Management and Insurance, ch. six

"불안하거든요. 그러니까 돈을 움켜쥐고 투자를 안 하는 겁니다." "우리만 열심히 하면 뭐합니까. 느닷없이 미국 부동산 사태로 뒤통수 맞는데." "가진 것은 많아지고 겉으로는 좋아진 것 같은데 …… 왜 우리 사회는 날이 갈수록 불확실성이 커지고 우리는 점점 더 불안해 지는 걸까" 여러분은 혹 이런 의문을 가져 본 적이 없나요? 그런데 이런 의문은 동서를 막론하는 것 같다. "돈은 많은데 왜 부유하다고 느끼지 못하고 …… 미래에 대해 오히려 더 불안해 하는가?" (천즈우, 『자본의 전략』) "현대 사회는 근본적으로 리스크 사회이다. 우리가 직면하는 많은 리스크들은 현대화의 부작용으로 야기된 것들이며 …… 글로벌 차원으로 확장한다." (울리히 벡, 『글로벌 위험사회』) "기술 진보가 경제 성과를 전반적으로 개선시킨다고 하더라도 경제 불안정과 소득 불균형의 악화는 계속 진행될 수 있다." (로버트 쉴러, 『새로운 금융질서』)

우리 사회는 계속 성장하고 있다. 그런데 사회가 성장할수록 사회적 불확실성 또한 점점 많아지고 점점 커진다. 천재지변, 테러와 전쟁, 양극화 심화, 가정 파괴, 대학 진학 과열 경쟁, 취업난, 먹거리 불안, 신종 바이러스 출현 등. 가진 건 많아지고 먹는 건 풍성해졌는데 사회적 불안은 날로 커지고 있다. 왜일까? 여러 답들이 있겠지만 굳이 정리해서 얘기하자면 우리 사회의 리스크 관리 인프라가 절대적으로 부족한 탓이 아닐까 싶다.

위험요소를 구체적으로 파악하고 손실 발생 가능성과 예상 손실을 면밀히 분석하여 그 상황에 최적인 사전 예방 및 사후 관리 수단을 모색하여 실행하고 점검하고 개선하는 일련의 의사결정 과정을 리스크 관리라고 한다. 우리 사회의 성장에 불가피하게 수반되는 여러 리스크들을 사전 · 사후에 체계적으로 관리하고 발생 손실을 최소화함으로써 안정 속의 성장을 도모하는 시스템이다.

우리는 성장해야 한다. 개인도 가정도 성장해야 하고 우리가 속해 있는 조직도 성장해야 한다. 우리 조국 대한민국도 성장해야 하는데 그것도 지속적으로 성장해야 한다. 경제적 성과를 기반으로 환경도 보전하며 장기적으로 다 같이 잘 먹고 잘살아야 한다. 이런 지속 가능 성장이 우리 사회의 비전이라고 할 수 있는데 비전을 구현하기 위해서는 구체적이고 현실적인 전략이 필요하다. 지속 성장 비전을 위한 핵심 전략의 하나가 바로 리스크 관리인데 안정적인 성장을 위해서는 필수 전략이다.

급속한 고령화와 노후 불안, 신종 전염병, 환경 파괴와 자연재해, 테러리즘, 글로벌 금융위기, 북핵 위협 등 인적 리스크, 재산 리스크, 배상책임 리스크, 재무 리스크, 신용 리스크, 정치적 리스크가 우리 사회가 직면하고 있는 리스크들의 대표적인 유형인데 이들은 또 이래저래 서로 얽혀 있다. 이런 상황에서 각 리스크를 개별적으로 관리하는 기존의 리스크 관리 시스템은 한계가 있을 수밖에 없고 효율적이지 못하다. 그래서 오늘날의 리스크 관리는 통합적이고도 체계적인 리스크 관리가 되어야 마땅한데 우리는 이의 중요성을 잘 이해하여야 하고 리스크 관리 인프라 투자에 힘써야 한다. 우선, 적극적인 홍보를 통하여 리스크 관리의 중요성에 대한 우리 사회 전반의 인식을 높여야 하겠다. 리스크 관리 전문인력 양성을 위한 교육 투자 또한 절실하고, 통합 리스크 관리 서비스를 제공해 줄 수 있는 관련 비즈니스 발전에도 적극 힘써야 하겠다.

여기서는 보다 안정된 사회를 만들기 위한 주요 리스크 관리 인프라로서 사회복지에 초점을 맞추어 새로운 패러다임의 지속 가능한 사회복지에 대해 논의해 본다.

3.1 경제위기 속의 사회복지

2008년 미국에서 시작된 금융위기는 빠른 속도로 전 세계에 전파되어 글로벌 경제위기로 확산되었다. 글로벌 경제위기의 악몽은 대한민국도 예외가 아니었다. 은행과 기업들의 외화 유동성 부족으로 환율이 급등하는 등 외환위기와 금융위기가 동시에 진행되었고 이런 금융위기는 실물경제에까지 영향을 주었다. 무역 규모가 크게 축소되었고 많은 기업들이 도산했으며 소비도 급감했다. 이런 상황에서 대한민국 정부는 비교적 대처를 잘한 것으로 평가되고 있다. 한 · 미 통화스왑 등을 체결하여 환율을 안정시키고 한국은행은 은행에 유동성을 신속하고 충분하게 공급하였으며, 침체된 경기를 살리기 위해 과감하고 신속한 재정집행을 하였다. 2010년 현재 우리나라 경제는 위기 상황에서 우려했던 바와는 달리 기대 이상으로 선전하고 있는 것으로 평가되지만 경기 회복의 온기가 전체 사회에 확산되기에는 아직 시간이 필요할 듯하다.

경제위기 상황에서는 모든 경제주체들이 어려움을 겪게 되지만 특히 없는 사람들과 사회적 약자들의 어려움은 상상을 초월한다. 이와 같은 경제적 어려움에 체계적으로 대처하고 사회의 안정을 유지하기 위해서는 사회복지가 지극히 중요하다. 그러나 대한민국 사회복지의 현실은 여전히 어둡다. 외형적인 성장이나 지표상으로 볼 때 우리나라의 사회복지가 부실하다고 할 수는 없겠지만 정부 주도의 대한민국 사회복지는 내실 면에서나 행정적인 비효율성 차원에서 여전히 후진적이다. 이런 상황에서 민간복지의 활성화가 중요하다고 하겠는데 민간복지의 발전은 장기적이고 사회 포괄적인 성격을 갖는 지속 가능한 사회복지의 차원에서 도모되어야 할 것이다.

1997년 외환위기 이후 우리나라의 소득 불균형 문제는 악화일로를 걷고 있다. 게다가 사회보험과 공적부조를 포함한 사회복지 시스템의 미비는 많은 저소득층의 경제적 어려움을 가중시켰고 경기침체는 한계선 상의 중산층 붕괴 현상을 초래했다. 우리나라의 양극화는 중산층의 축소가 대부분 하위소득 계층의 증가로 이어진다는 점에서 다른 나라보다 더욱 심각하다.

이렇게 사회복지의 기능과 중요성은 위기 상황에서 더욱 부각되는데 대한민국의 사회복지 현실은 여전히 어둡다. 2001～2005년간 우리나라의 공공사회복지 지출은 [그림 6-4]에서 보는 바와 같이 매년 증가 추세를 보이고 있다. 공공사회복지 지출은 2001년 48조 수준에서 매년 증가하여 2005년에는 73조 수준을 기록하고 있다. GDP에서 차지하는 공공사회복지 지출의 비중 또한 꾸준한 증가 추세를 보이고 있는데 2005년 GDP 대비 공공사회복지지출 비중은 6.87%로 2001년 대비 1.37%p 증가하였다.

그림 6-4 대한민국의 사회복지 지출 규모

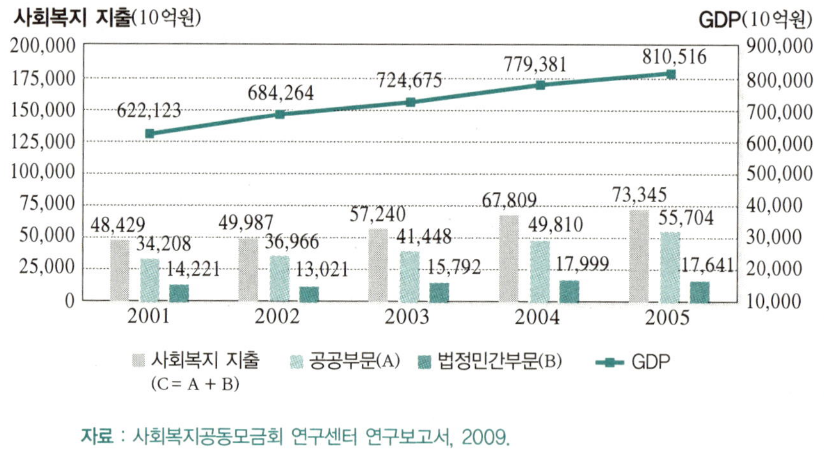

자료 : 사회복지공동모금회 연구센터 연구보고서, 2009.

대한민국의 공공사회복지 지출 비중은 규모나 GDP 대비 비중에 있어 꾸준히 증가하고 있으나 국제적인 기준에서 볼 때에는 매우 미흡한 실정이다. 2007년 기준 우리나라의 공공사회복지 지출 비중은 GDP 대비 7.84%로 OECD 회원국 평균인 20.5%에 비해 현저하게 낮은 수준이다. 특히 근로무능력자 복지, 노령 복지, 가족분야 복지, 보건 복지 분야에서 더욱 취약한 것으로 분석되고 있다.

그림 6-5 대한민국의 GDP 대비 사회복지 지출 비중

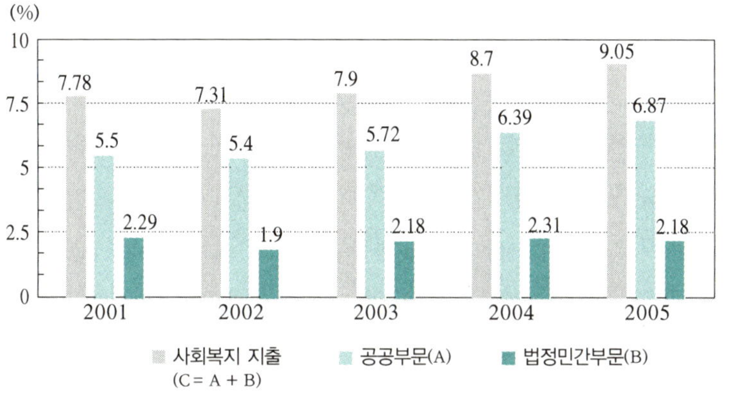

자료 : 사회복지공동모금회 연구센터 연구보고서, 2009.

그림 6-6 국가별 1인당 GDP 수준과 GDP 대비 공공사회복지 지출 비중

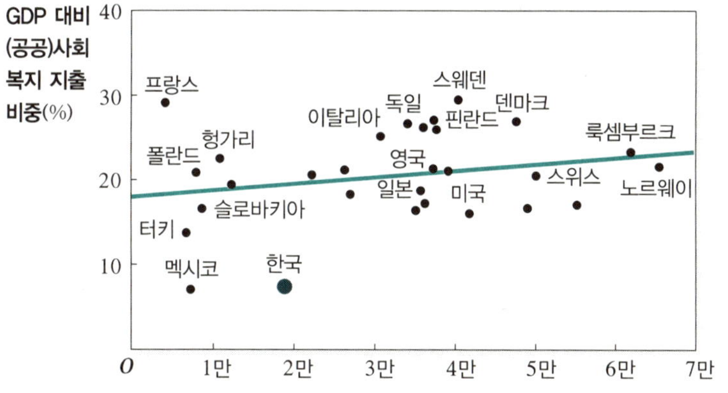

주 : 한국은 2007년, OECD 국가는 2005년 자료임.
출처 : 최성은(2009).

자료 : 사회복지공동모금회 연구센터 연구보고서, 2009.

3.2 지속 가능한 사회복지의 발전 방향

(1) 지속 가능 경영

지속가능성이란 어떤 하나의 절차나 상태가 영원히 유지될 수 있는 전반적인 가능성을 뜻한다. 세계환경개발위원회(WCED)는 1987년 'Our Common Future' 라는 보고서에서 지속 가능한 성장(sustainable development)을 미래 세대의 필요를 충족시킬 수 있는 능력을 저해하지 않으면서 현 세대의 요구를 충족시키는 발전으로 정의하였다.

지속 가능 성장은 개념적으로 경제, 환경, 사회정치 세 분야의 성장을 아우르는데 Dow Jones의 지속 가능 경영 평가는 바로 이들 세 분야의 비즈니스 성과를 기초로 지속가능경영지수(DJSI)를 산출하여 발표하고 있다. 왜 비즈니스가 지속 가능 경영에 적극 힘써야 하는지는 너무나도 분명하다. 여하한 비즈니스도 그들이 속한 지역사회에 공헌하지 않거나, 고객의 니즈에 귀 기울이지 않을 때, 기업지배구조 개선이나 윤리경영에 힘쓰지 않을 때, 또 환경 보전에 노력하지 않는다면 더 이상 성공할 수 없기 때문이다.

지속 가능 성장의 개념이 발전하여 조직의 경제적 · 사회적 · 환경적 책임을 바탕으로 기업의 지속 가능한 발전을 추구하는 새로운 경영 패러다임인 **지속 가능 경영**이 등장하였다. 가격경쟁력에 승부를 걸었던 1970～1980년대와 제품 및 서비스의 품질 향상에 많은 투자가 이루어졌던 1990년대를 거쳐, 이제는 기업과 브랜드의 이미지 개선이 치열한 글로벌 시장에서 생존하기 위해 필수적인 시대로 접어들었다. 즉, 기업의 가치를 측정하는 데 있어 과거에는 기업이 보유한 유형자산이 절대적인 기준이 되었으나, 지금은 경제적 성과가 우수한 것은 물론이고 사회 및 환경적 가치 역시 균형 있게 창출해내는 지속 가능 경영 실천 기업만이 장기적으로 생존할 수 있다는 의미이다.

소위 이해관계자(stakeholders)는 조직의 활동, 제품 또는 서비스로부터 중대한 영향을 받을 것으로 예상되거나 조직이 성공적으로 전략을 이행하고 목표를 달성하는 데 영향을 줄 것으로 예상되는 단체나 개인으로 정의될 수 있다. 글로벌화의 가속화는 이러한 이해관계자들이 더욱 다양해지고 복잡해지는 계기가 되었다. 따라서 글로벌 경쟁체제에서 성공하는 지속 가능한 기업이 되기 위해서는 고객,

협력업체, 지역사회 등 다양한 이해관계자들이 가지고 있는 경제적 · 사회적 · 환경적 측면의 관심 사안들을 경영활동에 반영하고 이들과의 신뢰관계를 강화해 나아가는 것이 더욱 중요해졌다.

지속 가능 경영 보고는 지속 가능한 발전을 위한 기업의 성과를 측정 및 공개하고 이해관계자들에게 그에 걸맞는 책임을 약속하는 활동을 의미한다. 이해관계자들이 기업의 가치를 평가하는 데 있어 재무적 관점과 비재무적 기준을 종합적으로 고려하는 경향이 증가함에 따라 경제적 · 사회적 · 환경적 성과를 담고 있는 지속 가능 경영 보고서의 발행 역시 지속적으로 증가하고 있다.

(2) 지속 가능한 사회복지

사회복지에도 지속 가능 경영의 개념 적용이 바람직할 것으로 판단된다. 사회적 형평성(equity) 제고와 더불어 시스템의 비효율성(inefficiency) 타파를 목표로 하는 사회복지 시스템은 그 자체로 지속가능성(sustainability)을 지향하여야 한다. 시간을 넘어서고 공간을 초월하는 장기적이고 포괄적인 전략이 절대적으로 필요한 것이다.

한 나라의 사회복지가 성공적으로 가동되기 위해서는 정부의 주도적인 역할이 더없이 중요하다. 막대한 재정 관리와 제도의 효과적인 운영을 고려해 볼 때 국가복지의 절대적 중요성은 부언할 필요가 없다. 그러나 우리 사회가 날이 갈수록 복잡다단해지고 계층 간의 이해상충이 커짐에 따라 획일적인 국가 주도 사회복지 시스템의 효과성은 떨어질 수밖에 없다. 또한 국가복지의 재정이 커짐에 따라 제도 운영의 비효율성도 적지 않다. 이런 상황에서 민간복지의 효과성에 대한 논의가 많아지고 민간복지의 활성화에 대한 사회의 호응이 날로 커지고 있다. 공영복지 시스템과 비교할 때 민영복지 시스템은 형평성 면에서의 불리를 효율성 면에서의 우위로 커버할 수 있을 것이다. 나아가 공영시스템과 민영시스템의 조화로운 연계를 통하여 기준 이상의 형평성을 유지하면서 효율성을 크게 제고할 수 있는 혼합복지 시스템의 개발도 가능할 것으로 분석된다. 결론적으로, 우리나라의 지속 가능한 사회복지를 위해서는 공영시스템과 민영시스템의 조화가 바람직한 것이다.

그림 6-7 지속 가능한 사회복지 모델

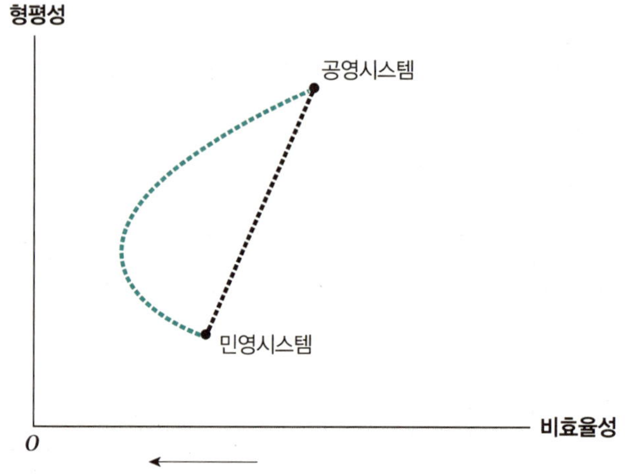

(3) 민간복지의 장점과 활성화 방안[3]

우리나라의 사회보장제도는 외형적으로는 선진국의 수준에 이르렀으나 보호의 사각지대의 존재, 보호의 수준, 보호방법의 적합성 등에서 볼 때 국가 보호정책의 효율성에 한계가 있음을 보여주고 있다. 부족한 예산에도 불구하고 사회보장예산은 사회보험 등 보편적 복지에 치중하여 빈곤층 및 저소득 취약계층의 보호 효과는 오히려 매우 미흡한 것으로 추정된다. 경제적 자금 수요가 여전히 높고 복지예산의 효율성이 불충분한 상태에서 국가복지제도에만 의존하여서는 사회적 보호를 필요로 하는 사람들을 적절히 보장하기 어려울 것이다. 따라서 우리나라에서도 민간복지 활동을 더욱 장려하여야 한다. 지금까지 사회복지는 국가에 의해서만 잘 할 수 있고 그것이 복지선진국인 것으로 잘못 인식되어 왔다. 그러나 민간복지가 국가복지에 비해 장점을 가지고 있는 면이 분명히 있고, 적어도 이러한 장점을 살리는 범위 내에서 우리의 민간복지는 활성화되어야 할 것이다.

민간복지를 활성화해야 하는 이유로는 다음과 같은 것들이 있다.

---

3. 박순일, 『민간복지 활동의 활성화』(2009) 참조.

첫째, 복지수급자의 대다수는 국가복지보다 가족의 보호에서 더 큰 만족을 얻을 것으로 생각된다. 특히 한국 등 가부장적 전통이 강한 국가에서는 가족에 의한 부양은 피부양자에게 경제적으로는 물론 심리적 안정을 증대시켜 복지를 증대시킨다. 이에 반해 국가에 의한 보호는 가족 등에 의한 보호를 대체하는 효과가 크다. 생활보호사업의 경우 정부의 생계급여는 민간의 이전급여를 거의 100% 가까이 대체하고 있는 것으로 보인다.

둘째, 민간의 자발적 복지활동은 받는 사람의 복지뿐 아니라 기부자 및 활동가의 복지도 증대시켜 전체 사회복지를 증대시킨다. 국가복지는 재원의 강제적 동원으로 인해 납세자의 복지를 감소시키는데 비록 수급자의 복지가 증대된다 해도 납세자의 복지 감소는 사회복지효과를 떨어뜨린다. 그리고 민간의 자발적 행위는 바로 자유의 본성에 따른 것이어서 상생발전의 원리에 부합한다. 이상적인 복지사회는 가족과 이웃이 공동으로 어려운 사람을 보살필 때 이루어질 수 있다.

셋째, 국가복지 서비스는 수급자의 이웃에 있는 사람들을 통한 복지서비스로서 수급자의 욕구에 적합하게 대응하는 데에 한계가 있다. 국가복지의 상당 부분은 이웃들이 복지활동을 할 수 있는 기회를 대체하는 효과가 있을 뿐 아니라 수급자들과의 근접성 면에서 볼 때 서비스의 질이나 적합성에서 민간복지보다 못 할 수 있다.

넷째, 일정 단계의 복지 수준이 넘으면 국가복지는 서비스 공급자의 관료화, 경직화, 애정결핍 등에 따른 비효율성이 커지는 것으로 분석된다. 부적합 수급자의 존재, 적합대상의 급여 제외, 급여내용의 부적절 등의 모든 문제는 공급자의 복지의식의 희박함과 관료화에 기인한 것으로 보인다.

이상과 같은 이유에서 민간복지의 장점을 살려야 할 것인데 민간복지의 활성화를 위해서는 다음과 같은 노력이 필요하다.

첫째, 가족의 노부모, 장애인 및 아동의 지원에 대해 상당한 조세 및 보조금을 통한 지원이 강화되어야 한다. 부양능력이 있는 자의 부양 기피는 법망에 의해 통제하기에는 너무나 많은 행정비용이 든다. 오히려 이러한 부양을 장려하는 인센티브을 통해 건전한 가족문화의 유지와 가족복지를 증대시킬 수 있다. 부양가족에 대한 조세 감면은 피부양자의 취약성에 따라 차별화하고 감면수준도 충분하여야 한다. 그리고 부양능력이 부족한 가정에는 보조금을 지급함으로써 피부양자를 정부와 공동으로 부양하여야 한다. 가족의 부양이 인연이 없는 사람들에 의한 형식적인 부양보다 효과적이라면 그 만큼 정부의 지원이 따라야 할 것이다.

둘째, 부양능력이 부족한 가정에는 정부 및 이웃이 공동으로 서비스를 제공해야 한다. 지방자치단체와 복지관뿐 아니라 이웃의 직접적인 재원조달과 이들에 대한 정부의 지원으로 복지서비스를 제공하면 보다 적절한 서비스를 제공할 수 있을 것이다. 많은 이웃들은 돕고 싶어도 도울 수 있는 능력이 결핍되어 실천하지 못한다. 이런 사람들에게 재정적 및 전문적 서비스를 제공하여 이웃복지사업에 참여하게 하면 효과도 클 것이다. 그리고 이웃의 재원 및 서비스 기여분에 대해서는 세제상의 혜택은 물론 이들 스스로가 도움을 필요로 할 때 상응한 도움을 얻을 수 있는 복지서비스 저축제도를 도입하여 미래의 위험에 대비할 수 있는 인센티브를 줄 수 있을 것이다. 그리고 복지 credit을 관리할 복지은행이 공적 기구로 설립될 필요가 있다.

셋째, 민간복지재단의 설립 및 활동을 지원하고 강화해야 한다. 민간의 개별적 복지활동 및 민간복지재단의 활동은 정부가 하고 있는 공공의 역할을 대신하고 있으므로 과세 대상에서 제외되어야 한다. 복지재단이 정부의 지원 자금을 남 · 오용하고 탈세의 수단으로 악용할 것을 우려하여 복지법인의 설립이나 개인의 복지활동에 대해 조세감면을 주저할 필요는 없다고 판단된다. 민간복지 활성화의 편익은 예상되는 공공자금 남 · 오용의 비용을 충분히 상쇄하고도 남음이 있을 것이다.

넷째, 재력가들의 복지활동에 대해 사회적 평판을 얻을 수 있는 명예(honor) 제도가 도입되어야 한다. 소수 대기업 소속의 복지재단의 활동을 국민들에게 알리는 투명화 과정이 필요하다. 현재와 같이 의료시설, 학교, 장학재단 등에 주로 투입되고 있는 대기업들의 복지사업을 다양화하고 엄격히 평가하여 이들의 복지사회의 기여가 칭송될 수 있어야 한다. 세제상의 혜택뿐 아니라 사회공로를 인정하여 후대에까지 명예가 될 수 있는 명예제도의 도입이 필요하다.

다섯째, 민간복지는 그 스스로 한계를 갖는 것이 사실이다. 민간들의 이기적 본성과 복지 혜택을 공짜로 얻으려는 도덕적 해이의 무임승차 등으로 인해 민간복지 서비스의 공급이 불충분함은 이미 널리 이해되고 있고 이것이 국가복지 주도의 중요한 근거가 되고 있다. 따라서 국가복지 및 민간복지의 장점을 최대화하고 단점을 최소화하는 최적 복지방안을 찾아야 한다. 민간복지의 장점을 최대화할 수 있게끔 각종 제도를 보완하고 기대되는 복지내용과 복지수준을 추정해 그 이상의 복지는 국가에 의해 추진되도록 하여야 할 것이다.

앞서 논의한 바와 같이 우리 사회의 지속 가능한 사회복지를 위해서는 공영시스템과 민영시스템의 조화가 필요하다. 민간복지에 대한 보다 많은 관심과 시스템 발전을 위한 노력이 절대적인 것이다.

DHC 씨네마 시빌 액션(A Civil Action)

불구가 된 원고가 죽은 원고보다 더 잘 팔리고, 오랜 고통 끝의 죽음이 익사나 차사고처럼 순간적인 죽음보다 더 잘 팔리며, 20대 성인이 중년보다 더 잘 팔리고, 여자보단 남자가, 미혼보단 기혼이, 흑인보단 백인이, 걸인보단 부자가 더 잘 팔린다. 즉, 가장 잘 팔리는 조건은 40대 전문직 백인 남자로 수입도 상당하고, 힘 꽤나 쓰는 사람이다. 그렇다면 가장 최악은? 교도소를 밥먹듯 드나든 전과자와 사망한 아이다.

1979년 미국 매사추세츠 주에 위치한 작은 마을 이스트 워번에서 산업폐기물에 의한 생수오염이 발견된다. 그리고 그 마을의 백혈병 사망률이 갑자기 증가하게 된다. 그 백혈병 희생자 중 어린 아들을 잃은 앤 앤더슨(캐슬린 퀸란)은 이 환경오염으로 인한 비극에 대한 공식적인 책임소재를 묻기 시작한다. 그리고 그 마을에 위치한 대기업 베아스트리스 푸즈(Beastrice Foods)와 W.R. 그레이스(W.R Grace & Co.) 사의 공장의 폐기물이 그 원인임을 의심하게 된다. 개인상해소송 전담 변호사였던 잰 슐리츠먼(존 트라볼타 분)과 그의 소규모 법률사무소는 이 대기업을 상대로 소송하는 케이스를 우연히 맡게 되었고, 잰 슐리츠먼의 법률사무소와는 비교도 안 되는 보스톤의 대규모 법률사무소의 노련한 검사 제롬 패처(로버트 듀발 분)와 윌리엄 치즈먼(브루스 노리스 분)이 Beastrice Foods와 W.R Grace & Co.사의 변호를 맡게 된다.

소송은 쉽게 말해서 전쟁이다. 전쟁 시작 시 선전포

고를 하는 것처럼 소송은 '고소'로 시작된다. 작은 회사일수록 부와 역사가 있는 것처럼 허세를 부려야 한다. 최고급 카펫을 깔고 벽엔 하버드 졸업장을 걸어야 의뢰인을 압도한다. 압도당하지 말라. 순전히 허세니까. 깡패처럼 기선을 제압하는 데 불과하다. 우리도 별다르지 않다.

패처는 막대한 배상금 문제가 걸린 케이스를 진행시키기보다는 합의금으로 케이스를 종료시키려 한다. 그러나 앤 앤더슨은 돈보다도 제대로 된 책임규명을 원한다고 해서 '쉽게 가려고 하는' 잰과 그의 동료 변호사를 곤란하게 한다. 한편, 잰의 법률사무소는 마을주민 대부분이 Beastrice Foods사의 직원이었던 까닭에 증인을 내세우는 데 불리했고 과학적인 증거자료 수집 때문에 이미 파산 직전에 가 있던 상태였다. 승산이 안 보이는 케이스에 지친 잰의 동료들은 더 이상은 못하겠다며 잰의 곁을 떠난다. 그리고 패처는 잰에게 계속 케이스를 포기하도록 설득한다. 선택의 기로에 선 잰. 워번의 오염된 시냇가의 물을 바라보던 그는 이 케이스의 숨겨진 사실을 알게 되고 이제는 그가 가지고 있던 모든 것을 버리고 이 한 케이스에 인생을 거는데. 이 영화는 진실을 규명하기 위해 자신의 모든 것을 희생한 한 변호사의 실제 이야기이다.

스키너 판사는 존 라일리(John Riley)가 의도적으로 재판 증거들을 소각했다는 사실을 발견하고 1990년에 공장을 폐쇄했다. W. R. 그레이스(W.R. Grace)사는 TCE와 아세톤(acetone), 톨루엔(toluene)같은 화학약품을 사용하지 않았다고 거짓 증언한 죄로 기소됐다. 결국 아세톤 불법 사용으로 1990년에 공장을 폐쇄했다. 두 회사는 정화비용으로 6,940만 달러를 지불할 것에 합의했는데, 이는 뉴잉글랜드 역사상 가장 값비싸고 거대한 환경 정화 프로젝트가 됐다.

자료 : http://movie.naver.com/movie/bi/mi/basic.nhn?code=24053

선진국 미국의 사법제도는 때로 어이없기까지 하다. 배심원제도를 포함하여 우리 제도와 많이 다르고 복잡할 뿐만 아니라, 유전무죄·무전유죄의 결과가 비일비재하다. 정의는 간 데 없고 돈을 쫓는 악덕 변호사들의 이전투구, 돈과 시간에 쫓기어 많은 경우 싸움을 포기하고 마는 힘없고 가난한 피해자들, 돈과 힘을 가진 자들이 이길 수밖에 없는 뻔한 싸움이 많다.

소위 위법違法행위는 형사刑事와 민사民事로 나뉘는데 Civil Action은 바로 민사사건을 의미한다. 영화에서와 같은 대기업의 오염물질 무단 방류는 지역사회에 대한 범죄행위로 형사사건이 되지만, 난치병을 앓는 개인적인 피해자들에 대한 배상책임과 관련해서는 민사이기도 하다.

우리 사회에서 법적 의무와 권리가 점점 중요해지고 있는 상황에서 비록 다른 나라의 케이스이긴 하지만 본 영화와 논픽션 원작 소설(A Civil Action)은 우리에게도 많은 시사점을 준다.

DHC 라이브러리

리스크(Against the Gods)

피터 번스타인 지음
안진환 · 김성우 옮김
한국경제신문사 | 1997년

전 세계가 금융위기로 아우성이다. 각국에서는 유동성을 증가시키고, 은행 구조를 개선하고, 감세 혜택을 주고 있지만 이 위기가 언제 끝날지 제대로 예측할 수 있는 사람은 아무도 없다.

IMF라는 큰 위기를 한 차례 넘긴 한국도 처음 겪는 일처럼 모두 잔뜩 긴장하며 움추려 있다. 이런 상황에서 우리는 어떻게 살아야 하는가? 아무것도 하지 않아도 우리의 자산 가치는 '후두둑' 떨어지고 있다. 가만히 앉아만 있어도 손해인 시절이다. 주식만 봐도 연초 대비 45% 이상 떨어졌다. 이제부터는 잃지 않으려는 방법을 아는 것이 중요하다. 금이 간 항아리에 물을 붓고 있다면 이 시점에서 중요한 것은 물을 많이 붓는 것이 아니라 항아리의 균열을 정확히 인식하는 것이다.

고대부터 지금까지 우리는 불확실성의 시대를 살고 있다. 그러나 인류는 그 불확실성을 또 하나의 기회로 삼아 경제를 비롯해 삶 전반에 걸쳐 발전에 발전을 거듭했다. 그동안 우리가 살아왔던 대로 다시 '리스크'하게 살아간다면 지금의 불황도 문제없이 이겨낼 것이다. 리스크라는 단어는 '뱃심 좋게 도전하다'라는 의미의 초기 이탈리어에서 유래되었다. 이런 의미에서 본다면 리스크는 운명이 아니라 선택인 셈이다. 선택은 도전하는 인생관을 가진 자들만이 고민하는 영역이다. 개인의 자유의지에 따라 얼마든지 바뀔 수 있다. 피하고 숨는 것이 아니라 기회를 포착하고 도전하는 것이 바로 리스크이다.

자료 : http://book.naver.com/bookdb/book_detail.nhn?bid=5231797

20세기에 접어들면서 리스크를 관리하고자 하는 노력이 본격화되었는데 Peter Bernstein은 *Against the Gods*(『리스크』)에서 인류가 불확실성이라는 신의 영역에 감히 도전하게 되었다고 역설한 바 있다. 보험, FRM, CRM 등의 리스크 관리학의 진화는 가히 눈부시다. 그러나 불확실성, 즉 리스크는 여전하다. 아니 더욱더 많아지고 더욱더 위세가 커지는 것 같다. 불확실성은 역시 우리 인간이 범접할 수 없는 신의 영역인가?

이제 리스크 관리는 우리 모두에게 필수가 되었다. 우리는 리스크를 제대로 관리해야 한다. 개인, 기업, 국가 등 지속 성장을 추구하는 각 사회 주체의 입장에서 그들이 당면하고 있는 여러 리스크들을 검토하고 바람직한 리스크 관리 방안들을 강구해야 한다. 리스크 관리는 특정 전문인이나 특정 금융기관의 기능일 뿐이라는 편견을 깨고 왜 리스크 관리가 우리 모두에게 필요한지, 어떻게 리스크를 제대로 관리할 수 있는지를 같이 고민해야 하겠다. 궁극적으로 우리 사회의 리스크 관리에 대한 인식을 제고하고 리스크 관리 관련 비즈니스의 발전을 적극 지원해야 한다.

비즈니스 리스크 관리

Risk Management and Insurance

ch. seven

07

1. 비즈니스 리스크 관리의 실제

2. 보험을 통한 비즈니스 리스크 관리

3. 전사적 리스크 관리(ERM)와 비즈니스 리스크 관리

1 비즈니스 리스크 관리의 실제

Risk Management and Insurance, ch. seven

요사이 '지속 가능 성장'이 우리 사회의 화두인데 지속 가능 성장이란 무엇인가?

계속기업(going concern)으로서의 비즈니스는 지속 가능 성장을 추구한다. 지속 가능 성장에 대해서는 여러 정의가 있겠지만 쉽게 얘기해서 '안정 속의 성장'을 의미한다고 보면 되겠다. 그동안 고속성장을 추구해 온 대한민국 경제를 예로 든다면 양적인 경제성장의 득得이 있었다면 질적인 면에서의 실失도 있었다고 보는데, 사회복지를 포함한 사회안정 장치의 부족이 대표적인 문제라고 하겠다. 즉, 외형적으로는 성장했지만 불안정한 성장을 하는 통에 사회불안 요소 또한 증폭된 것이다. 그 결과로 빈부 격차 확대, 대기업과 중소기업 간의 경쟁력 차이 심화, 대외의존도 심각 등의 문제를 초래하였고, 이를 극복하기 위한 사회적 손실이 적지 않은 것으로 분석되고 있으며 향후 더 커질 것으로 예상된다.

안정 속의 성장을 지속 가능 성장으로 정의하고 우리 사회의 발전 비전으로서 지속 가능 성장을 지향한다면 이를 구현하는 구체적인 방법이 지속 가능 경영이 될 것이다. 경제적인 이익 창출을 기본으로 하고 그와 더불어 환경 보전, 사회적 책임을 반영하는 윤리경영 등이 지속 가능 경영의 구체적인 전략이 될 것인데, 이 과정에서 안정적인 성장을 추구한다는 점에서 리스크 관리는 지속 가능 성장을 지향하는 우리 사회 모든 비즈니스의 핵심 전략이 될 수밖에 없다.

그렇다면 장기적인 차원에서 기업가치를 높이고 영리를 추구하는 비즈니스의 관점에서 지속 가능 성장을 위협하는 리스크들은 무엇들인가? 비즈니스 리스크에는 인적 리스크, 재산 리스크, 배상책임 리스크, 법/제도 리스크, 시장/재무 리스크, 비상 리스크 등이 포함되는데 여기서는 크게 영업 리스크, 법적 책임 리스크, 재무 리스크, 비상 리스크로 대별하여 검토해 본다.

그림 7-1 비즈니스 리스크

(1) 영업 리스크

영업 리스크(Operational Risk)라 하면 여러 개념으로 논의될 수 있는데 여기서는 영리를 추구하는 비즈니스가 사업을 운영하는 과정에서 당면하는 인적 손실, 재산 손실, 순익 손실을 유발하는 리스크의 의미로서 제1장에서 설명한 순수 리스크의 개념으로 이해할 수 있다.

비즈니스의 영업 리스크는 대부분 보험을 통하여 관리되는 것이 일반적이다.

(2) 법적 책임 리스크(Legal Risk)

사업을 운영하는 과정에서 비즈니스는 간혹 계약이나 실정법을 위반하는 경우가 있는데 이런 경우 민사상 혹은 형사상으로 법적 책임을 지게 된다.

민사책임 손실의 경우 각종 배상책임보험을 통하여 일부나마 보상이 가능하다.

(3) 재무 리스크

통상 재무 리스크(Financial Risk)란 비즈니스의 재무활동(투자 및 자본조달)에 따른 현금흐름의 유입이나 유출을 유발하는 제반 리스크를 말한다. 넓은 의미의 재무 리스크엔 상품 가격, 환율, 이자율 등 시장가격의 변동을 의미하는 시장 리스크와 신용 리스크가 포함된다.

투기적 리스크에 해당하는 재무 리스크의 경우, Forward, Futures, Option, Swap 등 금융파생상품을 활용한 재무 리스크 관리(FRM) 기법이 많이 쓰이고 있다.

(4) 비상 리스크

비즈니스 활동 중엔 미처 예기치 못했던 돌발 상황이 발생하여 비즈니스에 적지 않은 타격을 주는 경우가 있는데 전쟁, 내란, 테러, 자산 몰수 등의 비상 상황이나 비즈니스에 영향을 주는 법이나 제도의 급작스런 변경도 여기에 포함된다.

비상 리스크(Socio-Political Risk)의 경우, 정형화된 리스크 관리 수단을 찾기 어렵다.

그림 7-2 비즈니스 리스크와 리스크 관리

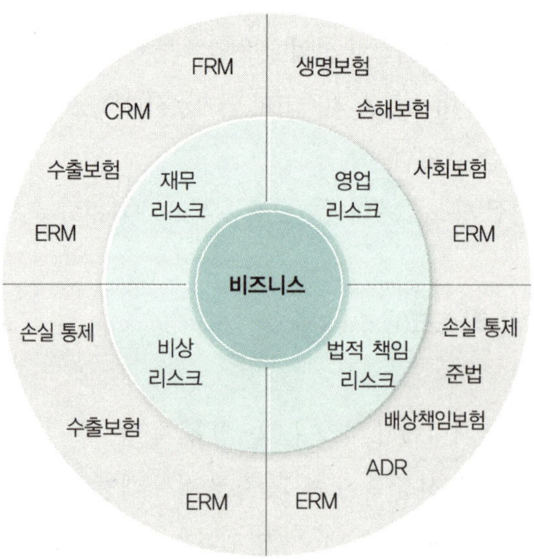

여기서는 수출을 주로 하는 중소 제조업체인 한바람(주)의 경우를 들어 비즈니스 리스크 관리에 대해 검토해 본다.

한바람(주)는 산업용 자재의 수출을 주목적으로 하여 1973년에 설립되었으며, 1992년 12월 코스닥시장에 상장되었다. 한바람은 중소기업기본법 제2조 및 중소기업기본법 시행령 제3조에 의거할 때 중소기업에 해당된다. 한바람은 산업용 타포린 및 광고용 플렉스 원단을 생산해 국내 및 해외 60여 국에 공급하고 있고, 열가소성 폴리올레핀시트 지붕방수재를 국내 최초로 개발해 생산하고 있으며, 환경문제에 대응할 수 있는 환경친화성 제품인 TPO 및 100% 재활용이 가능한 Inno Green을 생산하고 있다. 한바람(주)의 본사는 대한민국 서울에 소재하고 있으며 계열회사로는 HBR Co. Malaysia(섬유 외 생산, 1996년 설립), HBR Co. China(합성피혁 외 생산, 2013년 현재 설립 준비 중), (주)한지붕(지붕방수재 판매, 서울 소재)이 있다.

〈CASE〉 한바람(주) 사업 현황

1. 업계의 현황

1) 산업의 특성

산업용 자재 부문에 관한 수요 증대와 고부가가치를 창출할 수 있는 광고용 원단의 신소재 SIGN FLEX의 개발은 날로 특화된 산업화에서 다양한 수익창출을 위한 첨단기술력으로 인정되고 있다. 서로 경쟁력 있는 Tarpaulin 제품을 생산하기 위해 점차 설비투자의 증대 및 기술력 발전에 이바지하고 있고, 동종 업계 내에서도 우위 선점을 위한 치열한 경쟁을 통해 그 영역의 확대와 기술의 개발이 점차 확대되어 가고 있다. 국내시장보다 해외시장에서 품질과 기술력의 우수성을 인정받아 기존의 아크릴판을 대체한 광고용 자재와 콘테이너백, 레저용 보트 및 해상오염 방지 Fence 제품 등 다양한 부문의 소재를 통해 세계적인 다국적 기업에 대한 경쟁력을 확보하고 있다.

2) 산업의 성장성

산업용 자재는 1980년대 초부터 1990년대 초까지 수출 및 내수 부문에서 상당한 성장을 하여 왔으나, 1990년대 말 이후 중국, 대만, 홍콩 및 동남아시아 지역의 후발 국가들과의 가격 경쟁에서 뒤쳐져 그 성장이 주춤한 상황이다. 그러나 광고용 자재인 Sign Flex, Banner, T/P 현수막, 직물 등 고부가가치 산업으로 영역을 확대하여 신소재 부문에 관한 제품 개발에 먼저 진입하여 그 성과를 세계적으로 인정받았고, 꾸준한 성장을 통하여 미래지

향적 산업으로서 그 전망이 매우 밝다고 볼 수 있다.

3) 경기변동의 특성

현재 국내 제조업체들은 불확실한 경제상황, 환율요인 및 내수부진에 따른 경쟁심화로 경기회복의 기대심리가 많이 위축되어 어려움이 예상된다. 그러나 광고용 자재로 이어지는 산업 성장은 전 세계 시장에 수출이 활발히 이루어지고 있고, 특히 우수한 장비 및 첨단 기술로 세계 시장에서 인정받고 있기 때문에 경기변동에 크게 좌우되지 않는다.

4) 경쟁요소

완전경쟁 하에서 동 업계는 일반적으로 주문생산 체제에 의해 생산이 이루어지고 있으므로 조건에 맞는 품질과 가격경쟁력을 최우선 과제로 삼아야 한다. 최근 주로 중국 및 대만산과 경쟁하고 있는데 다수 한국 업체들이 중국 현지 공장을 이용해 제품을 생산하고 있어 한국 내 생산이 지속적으로 줄고 있는 반면, 중국산의 품질이 크게 향상되어 한국산과의 경쟁이 심화되고 있다. 그러나 중국산은 품질의 불안정성, 납기 미준수, 샘플과 실제 선적 내용물과의 차이 등으로 신용 면에서 문제가 있어 해외 바이어들은 한국산 제품을 선호하고 있다.

5) 자원조달 특성

제품의 특성상 원자재 부문이 크기 때문에 원재료는 주로 국내에서 Local L/C에 의하여 수출용 원자재를 구매하고, 은행에서 무역금융을 일으켜 결제하는 방식으로 이루어진다. 국내에서 조달하지 못하는 원자재에 한하여 국외에서 수입하고 있는 상황인데 비중은 국내 구매가 90%, 국외 10%이며, 화학산업 분야 중견기업에 의한 원자재 공급이 주를 이루고 있고 수급 상황은 양호한 편이다.

2. 회사의 현황

1) 영업 개황

1973년도 회사 설립 당시 합성피혁인 건식PU를 개발하여 가방 및 신발용 제품을 생산하였으며, 1983년부터는 국내 최초로 Hot Melt Coating 방식의 산업자재(타포린)를 생산하고 있다. 이후 기존의 아크릴판을 대체할 수 있는 신소재 SIGNFLEX 제품을 자체 개발에 성공하여 Backlit, Frontlit 등 광고용 원단을 생산하고 있으며, 세계 최대 폭인 5,500mm 생산설비를 갖추고 다양한 광고 및 산업용 자재를 국내 및 해외 60여 개국에 공급하고 있다. 그 동안 축적된 기술력 및 새로운 생산설비로 지붕재 시장에서 가장 널리 사용되고 있는 열가소성 폴리올레핀(Thermoplastic Polyolefin-TPO)시트 지붕방수재 SuperGuard™를 국내 최초로 개발하여 생산하고 있다. 또한 세계적인 이슈로 등장한 환경문제에 대응할 수 있는 환경친화성 제품으로 TPO, TPU 소재를 이용한 EFM(Environment Friendly Material) 및 100% 재활용이 가능한 INNOGREEN을 개발 · 생산하고 있다. 제품을 국제 규격에 맞추기 위해 ISO9001(품질), ISO14001(환경) 인증을 획득하였고, 기술혁신형(INNOBIZ) 기업으로 선정되었으며, 세계적인 산업자재 생산 메이커로 인정을 받고 있다.

2) 시장점유율

당사의 시장점유율은 20~25% 정도로 추정되고 있다.

수출실적

(U$ FOB 기준) (단위 : 천 달러)

연도	Local 수출	Direct 수출	합계
2009년	14,986	39,577	54,563
2010년	16,634	47,528	64,162
2011년	20,690	44,429	65,119
2012년	21,616	36,289	57,905

3) 신규 사업과 전망

한바람은 39년 동안 축적해 온 풍부한 노하우와 다국적기업들과의 기술제휴로 환경문제에 대응한 해외의 상업용 지붕, 방수 시장에서 가장 널리 사용되고 있는 열가소성 폴리올레핀(Thermoplastic Polyolefin–TPO) 지붕방수재인 SuperGuard™를 아시아 최초로 개발했다. 이미 해외에서 성공적으로 입증된 TPO 지붕방수재는 유지 · 보수가 어려워 하자 발생률이 높은 강판 및 도막방수와 저급의 시트자재로 시공되고 있는 국내 지붕 및 방수 시장과는 다른 차별화된 품질을 제공할 것이다. 또한 기존 사업과의 차별성으로 건설시장에 적합한 전문 건축 · 토목 기술 인원으로 구성된 건축자재사업팀을 별도로 운용, 단순히 제품만을 공급하는 것이 아니라 이에 따른 부속자재를 통합하고 체계화된 교육프로그램을 운용함으로써 건축주, 설계사무소, 건설사, 지붕방수업체 모두 만족할 수 있는 종합적인 제품과 서비스를 제공하고 있다.

4) 계열회사의 내용

HBR Malaysia의 주요 생산품은 POLYRESTER 원단 감량공정을 거쳐 생산된 교복원단, FASHION 원단, 관공서 UNIFORM 등이다. 현재는 수요 대비 공급의 부족과 수입품의 가격경쟁력 저하로 수요가 크게 증가하고 있다. 따라서 2013년에는 기계시설 증가를 통해 보다 많은 판매를 달성할 계획이며, 또한 말레이시아 정부에서 품질을 공인 인증하는 품질인증서(ISO)도 추진해 한바람의 가치를 한층 더 높일 계획이다.

5) 시장위험과 위험관리

한바람은 외화표시 자산 및 부채의 환율변동에 의한 리스크를 최소화하여 재무구조의 건전성 및 예측 가능 경영을 통한 경영의 안정성 실현을 목표로 환 리스크 관리에 만전을 기하고 있다. 특히 해외 프로젝트 수주에 의한 외화 수금이 외자재 수입 및 외화 차입금 상환에 의한 외화 지출보다 많은 현금흐름을 가지고 있으므로 환율 하락에 따른 환차손이 환 리스크 관리의 주 대상이다.

2 보험을 통한 비즈니스 리스크 관리

Risk Management and Insurance, ch. seven

2.1 재산보험(Property Insurance)[1]

(1) 화재보험

화재보험은 주택, 가재, 상점, 공장, 창고 등을 보험의 목적으로 하며, 건물과 동산으로 구분해서 인수하는데, 화재보험의 종류는 주택화재보험, 일반물건화재보험, 공장물건화재보험 등이 있다.

화재보험은 기본적으로 화재(낙뢰)로 인한 손해, 소방손해, 피난손해를 담보하며, 잔존물 제거비용을 손해액의 10%를 한도로 담보하는 보험인데, 기타 구내 폭발손해, 풍수재 등은 특약으로 담보할 수 있다.

주택물건과 일반물건의 건물에 대한 지급보험금은 80% Coinsurance 기준으로 보상하는데 그 내용은 다음과 같다.

- 보험가입금액이 보험가액의 80% 해당액과 같거나 그 이상일 때
  지급보험금은 보험가입금액을 한도로 손해액 전부
  (다만, 보험가입금액이 보험가액보다 많을 때에는 보험가액을 한도로 함)
- 보험가입금액이 보험가액의 80% 해당액보다 적을 때

$$\text{지급보험금} = \text{손해액} \times \frac{\text{보험가입금액}}{\text{보험가액} \times 80\%}$$

- 일반물건의 동산과 공장물건에 대한 지급보험금 : 비례 보상

$$\text{지급보험금} = \text{손해액} \times \frac{\text{보험가입금액}}{\text{보험가액}}$$

화재보험 보험료는 건물의 구조(Construction), 건물의 용도(Occupancy), 방

1. 보험개발원(http://www.kidi.or.kr/km/insurance03_01_01.asp).

화시설(Protection), 위험(Exposure), 유지관리(Maintenance) 등을 고려하여 보험료율을 산정한다. 주택, 일반물건, 공장물건으로 구분하고 일반물건과 공장물건은 다시 직업종별과 공장종별에 따라 위험을 세분화하여 보험료율을 적용하고 있다. 다만, 보험가입금액이 1,500억원 이상인 물건에 대해서는 재보험자 협의요율을 사용할 수 있다.

(2) 해상보험

모든 적법한 해상사업은 해상보험계약의 목적이 될 수 있는데, 적법한 해상사업이 존재하는 경우는 다음과 같다.

- 일체의 선박, 화물 또는 동산 등의 피보험재산이 해상위험에 노출되는 경우
- 일체의 화물운임(freight), 여객운임(passage money), 수수료(commission), 이윤(profit) 또는 일체의 전도금(advances), 대금(loan), 선비(disbursements)를 위한 담보(security)인 피보험재산이 해상위험에 노출됨으로써 위험에 직면한 경우
- 피보험재산의 소유자 또는 피보험재산에 기타 이해관계가 있거나 책임이 있는 자가 해상위험으로 인하여 제3자에 대하여 배상책임을 부담하는 경우
- 해상보험의 대표적인 피보험이익은 선박의 소유권, 화물의 소유권, 운임의 소유권(통상운임, 용선료, 선주교역운임 등으로 선불운임은 화주에게, 후불운임은 선주에게 피보험이익이 있다) 등
- 소멸이익과 불확정이익, 일부 이익, 보험의 비용도 피보험이익이 될 수 있음

영국 MIA(The Marine Insurance Act, 1906) 제1조에서 "해상보험계약은 보험자가 그 계약에 의하여 합의한 방법과 범위 내에서 해상손해, 즉 해상사업에 수반되는 손해에 대하여 피보험자에게 손해 보상을 약속하는 계약이다" 라고 규정하고 있다.

우리나라 상법 제693조에서도 "해상보험계약의 보험자는 해상사업에 관한 사고로 인하여 생길 손해를 보상할 책임이 있다" 라고 규정하고 있다.

또한 해상보험의 범위는 해상사업에만 국한하는 것은 아니며, 해상항해에 수

반되는 내수 또는 육상위험의 손해까지도 확장 부담할 수 있고, 건조 중의 선박 또는 선박의 진수進水 또는 해상사업과 유사한 일체의 사업도 해상보험의 담보위험에 포함할 수 있다.(MIA 제2조)

적하보험은 해상운송에 부수해서 발생하는 침몰, 충돌, 선박화재 등 각종의 위험에 의해 운송화물 등의 재산이 손해를 입은 경우에 보험을 인수한 보험자가 그 손해를 보상할 것을 약속하고 보험계약자가 그 대가로서 보험료를 지불하는 의무를 부담하는 보험이다.

선박보험은 해상운송사업자가 선박의 해상운송과 관련하여 발생하는 선박의 물적 손해, 비용손해, 손해배상책임손해, 수익상실손해 등의 위험으로부터 경제적인 부담을 덜고자 이용하는 보험을 말한다.

운송보험은 화물의 육상운송(호수와 하천운송 포함)에 따르는 제반 위험을 담보하는 보험으로 보험의 목적은 운송화물 자체이다.

2.2 배상책임보험[2]

배상책임보험(Liability Insurance)은 타인에게 인명 또는 재산상의 피해를 입힘으로써 부담하는 법률상 배상책임을 담보한다.

배상책임보험은 사적 경제주체가 당사자로 되어 체결하는 보험계약이므로 그 효과는 당사자의 의사내용에 따라 결정된다고 볼 수 있다.

배상책임보험제도의 법률관계에 있어서는 계약의 당사자가 아니면서 책임보험 계약관계에 커다란 이해관계를 가지는 피해자가 제3자로서 존재함을 전제로 하므로 논리상으로는 보험자(보험회사 및 공제조합), 피보험자, 피해자 간에 기본적으로 각각의 법률관계를 형성하고 있다.

배상책임보험의 종류는 일반배상책임보험(General Liability Ins.), 근로자재해보장책임보험(Workers' Compensation & Employers' Liability Ins.), 원자력손해배상책임보험(Nuclear Liability Ins.), 체육시설/가스사고/유도선사업자 등의 의무배상책임보험이 있다.

일반배상책임보험은 본래 피보험자가 소유(ownership), 사용(use), 임차

2. 보험개발원(http://www.kidi.or.kr/km/insurance03_01_01.asp).

(lease)하거나 보호, 관리 또는 통제(care, control and/or custody)하는 재물 이외에 타인의 재물에 입힌 손해와 타인의 신체에 장해를 입힘으로써 법률상 배상책임이 있는 손해를 담보한다. 보관자배상책임보험은 재물손해 중에서 피보험자가 보호, 관리 및 통제하는 재물손해만을 예외적으로 담보하는 경우를 말한다.

전문직배상책임보험(Professional Liability Insurance)은 피보험자가 수행하는 전문직업에 따르는 사고(occurrence)나 업무상의 부주의(negligence), 태만 또는 실수(errors/omissions)로 타인에게 신체장해(Bodily Injury)나 유형 또는 무형의 재산손해(Property Damage)를 입힘으로써 법률상 배상하여야 할 손해를 보상하는 보험이며 일반배상책임보험(General Liability Insurance)에 대응하는 개념이다.

배상책임보험은 다른 손해보험과 마찬가지로 원칙적으로 보험기간 중에 발생한 손해사고를 기준으로 담보하는 손해사고기준증권(occurrence basis policy)을 사용한다. 그러나 특별한 경우에 있어 피해자가 피보험자에게 손해배상청구를 처음으로 제기한 날짜를 기준으로 하여 담보하는 배상청구기준증권(claims-made basis policy)을 쓰기도 한다.

Tips 손해사고 기준 배상책임보험은 많은 문제점과 논란을 일으켰는데, 특히 long-tail 리스크의 경우(예, 의료과실사고, 결함제품사고, 만성慢性 질병 등) 보험료 납입에 의해 보험계약이 발효된 시점으로부터 손해사고 통지 · 보상 시점까지 오랜 시간이 경과함으로써 보험자의 입장에서는 미래에 발생할 손해의 정도를 예측하기가 지극히 어렵고 그에 따라 적정한 수준의 보험료 책정과 준비금 적립이 매우 어렵다는 것이다.

Long-tail 리스크의 증가, 배상판결액의 급증, 만성 질병의 증가에 따라 손해사고 기준(occurrence basis)에 많은 문제점이 노정됨으로써 새로운 보상기준으로서 배상청구 기준(claims-made basis)이 도입되었고 이후 이 두 가지 유형의 CGL(Commercial General Liability)이 함께 사용되고 있다.

책임보험으로 담보하는 채권의 발생원인은 계약책임과 불법행위책임의 두가지 형태가 있다.

가. 계약책임(Liability based on contract)

- 보험사고의 발생
- 계약목적물에 직접적인 손해가 발생

- 보험사고와 재물손해 사이에 인과관계
- 가해자인 피보험자에게 위법성이 존재

나. 불법행위책임(Tort liability)

- 보험사고의 발생
- 타인의 신체장해, 생명침해, 재물손해 발생
- 보험사고와 타인의 신체장해, 생명침해, 재물손해 사이에 인과관계
- 가해자인 피보험자에게 위법성이 존재(정당방위, 긴급피난, 피해자의 승낙 등은 제외)

양자 모두 과실 책임을 원칙으로 하지만 불법행위책임의 경우 피해자가 가해자에게 고의나 과실을 입증하여야 하며, 계약책임에서는 채무자가 본인에게 과실이 없음을 입증하여야 한다.

배상책임보험에서 보상하는 손해는 피보험자가 피해자에게 지급한 법률상 손해배상금과 피보험자가 지출한 비용(손해방지비용, 대위권보전비용, 사고처리를 위한 피보험자의 협력비용)을 포함한다.

배상책임보험 증권에 기재된 보상한도(Limit of Liability)를 기준으로 보험금을 지급한다. 1회의 사고에 대하여 손해배상금이 보험증권에 기재된 자기부담금을 초과하는 경우에 한하여 그 초과분을 보상하나 보험기간 중 발생하는 사고에 대한 회사의 보상총액은 보험증권에 기재된 총 보상한도액을 한도로 한다.

- 손해배상금과 각종 비용은 보상한도액 내에서 전액 보상이 원칙
- 손해배상청구금액이 증권상의 보상한도액을 초과하는 경우에는 대위권보전비용, 소송비용의 인지대 및 변호사 비용, 공탁보증 보험료는 증권상의 보상한도액에 해당하는 금액에 대한 비용만 보상
  - Combined Single limit
  - Annual Aggregate

배상책임보험의 종류는 다음과 같다.

- 영업배상책임보험
- 생산물배상책임보험
- 가스사고배상책임보험
- 도로운송업자배상책임보험
- 선주배상책임보험
- 유도선사업자배상책임보험
- 체육시설업자배상책임보험
- 지방자치단체 배상책임보험
- 수련시설배상책임보험
- 적재물배상책임보험
- 어린이놀이시설배상책임보험
- 소화물일관수송업자배상책임보험
- 수상레저보험
- 임원배상책임보험
- 의사배상책임보험
- 학원배상책임보험

DHC 뉴스

다우코닝, 실리콘 사고 배상으로 파산 신청

미국 다우코닝사가 9일 실리콘 유방확대수술 후유증을 겪고 있는 여성 피해자들에 대해 손해배상금 32억 달러를 지급하기로 합의하고 법원에 파산을 신청했다.

여성 유방확대수술 재료인 실리콘 겔의 세계 최대 메이커인 다우코닝은 그동안 수술 부작용에 시달리던 17만 6천 명이 손해배상소송을 제기한 후 소송자 대표들과 오랫동안 협상을 벌여왔다. 다우코닝은 피해 여성들의 소송이 확산되자 지난 1995년 채권자들의 채권 회수 소동을 막기 위해 법원에 보호신청을 제기하기도 했으나 결국 손해배상금 지급에 합의하고 파산하기로 했다. 다우코닝은 이번 합의에 따라 소송자들에게 피해 정도에 따라 2천 달러에서 최고 30만 달러의 배상금을 지급할 예정이다. 그러나 이번 소송에 참여하지 않은 피해 여성들도 별도의 소송을 제기할 수 있어 피해배상금은 더욱 늘어날 것으로 보인다. 한편 이번 합의는 법원과 채권자들의 동의를 얻어야 하기 때문에 최종 확정 때까지는 시간이 걸릴 전망이다.

자료 : 한국경제신문, 1998. 11. 11.

2.3 사회보험(Social Insurance)[3]

(1) 적용 사업장

표 7-1 **4대 사회보험 내용**

사업장 적용 대상 안내

구분	국민연금	건강보험	고용보험	산재보험
당연적용 (의무가입) 대상	▪ 1인 이상의 근로자를 사용하는 모든 사업장 ▪ 대사관 등 주한외국기관으로서 1인 이상의 대한민국 국민인 근로자를 사용하는 사업장	▪ 상시 1인 이상의 근로자를 사용하는 모든 사업장 ▪ 공무원 및 교직원을 임용 또는 채용한 사업장	▪ 일반사업장 : 상시 근로 1인 이상의 근로자를 고용하는 모든 사업 및 사업장 ※ 다만, 농업, 임업, 어업, 수렵업 중 법인이 아닌 경우 5인 이상 ▪ 건설공사, 주택건설사업자, 건설업자, 전기공사업자, 정보통신공사업자, 소방시설업자, 문화재수리업자가 아닌 자가 시공하는 총 공사금액 2천만원 미만 건설공사 또는 연면적이 100제곱미터 이하인 건축물의 건축 또는 연면적이 200제곱미터 이하인 건축물의 대수선에 관한 공사를 제외한 모든 공사	▪ 일반사업장 : 상시근로자 1인 이상의 사업 또는 사업장 ※ 다만, 농업, 임업(벌목업 제외), 어업, 수렵업 중 법인이 아닌 경우 5인 이상 ▪ 건설공사 : 고용보험과 동일
임의적용 가입대상	임의적용 가입대상 없음	임의적용 가입대상 없음	▪ 고용보험법의 당연적용 대상 사업이 아닌 사업으로 가입 여부가 사업주의 의사에 일임되어 있는 사업(근로복지공단의 승인 필요)	▪ 산업재해보상보험법의 당연적용 대상 사업이 아닌 사업으로 가입 여부가 사업주의 의사에 일임되어 있는 사업(근로복지공단의 승인 필요)
적용제외 대상			▪ 사업의 규모 및 산업별 특성을 고려 대통령령으로 정하는 사업 - 농업 · 임업 · 어업 또는 수렵업 중 법인이 아닌 자가 상시 4명 이하의 글로자를 사용하는 사업 - 가사서비스업 - 주택건설사업자, 건설업자, 전기공사업자, 정보통신공사업자, 소방시설업자 또는 문화재수리업자가 아닌 자가 시공하는 공사로서 다음 각 항목의 어느 하나에 해당하는 공사	▪ 사업의 위험률 · 규모 및 장소 등을 고려 대통령령으로 정하는 사업 - 농업 · 임업(벌목업은 1인 기준) · 어업 · 수렵업 중 법인이 아닌 자의 사업으로서 상시근로자 수가 5명 미만인 사업 - 가구 내 고용활동 - 다른 법령에 의하여 재해보상이 행하여지는 사업('공무원연금법', '군인연금법', '선원법', '어선원

3. 4대 사회보험 정보연계센터(http://www.4insure.or.kr/ins4/ptl/guid/insu/SoclInsuDefLayout.do).

			① '보험료징수법' 시행령 제2조 제1항 제2호의 규정에 의한 총 공사금액이 2천만원 미만인 공사 ② 연면적이 100제곱미터 이하인 건축물의 건축 또는 연면적이 200제곱미터 이하인 건축물의 대수선에 관한 공사	및 어선재해보상보험법' 또는 '사립학교교직원연금법' 에 의하여 재해 보상이 행하여지는 사업) - 건설공사는 고용보험과 동일

자료 : 4대 사회보험 정보연계센터(http://www.4insure.or.kr/ins4/ptl/guid/insu/SoclInsuDefLayout.do).

(2) 국민연금 보험료

국민연금 보험료는 가입자 자격취득 시의 신고 또는 정기 결정에 의하여 결정되는 기준소득월액에 보험료율을 곱하여 산정한다.

연금보험료 = 가입자의 기준소득월액 × 연금보험료율

보험료율은 근로소득(기준소득월액)의 9%에 해당하는 금액을 본인과 사업장의 사용자가 각각 4.5%씩 부담한다. 가입자가 개별적으로 납부할 수 없고, 사용자에 의하여 일괄적으로 매월 납부된다.

지역가입자 · 임의 · 임의계속가입자는 보험료를 본인이 9% 전액 부담한다.

(3) 건강보험 보험료

모든 근로자의 소득 능력에 따라 보험료를 부과하는 것이며, 전년도 신고한 보수월액에 보험료를 부과한 후 당해연도 보수총액을 신고받아 정산한다.

건강보험 보험료 산정(2013. 1월 기준)

건강보험료 = 보수월액 × 보험료율(5.89% = 근로자 2.945% + 사용자 2.945%)

장기요양보험료 = 건강보험료 × 장기요양보험료율(6.55%)

건강보험료율 : 5.89%

장기요양보험료율 : 6.55%(근로자, 사용자 모두 6.55%)

지역가입자의 보험료는 가입자의 소득, 재산(전월세, 자동차 포함), 생활수준 및 경제활동 참가율을 참작하여 정한 부과요소별 점수를 합산한 보험료부과 점수에 점수당 금액을 곱하여 보험료 산정 후 경감률 등을 적용하여 세대 단위로 부과한다.

(4) 고용보험 보험료

고용보험 보험료율은 보험수지의 추이와 경제상황 등을 고려하여 1,000분의 30 범위 내에서 고용안정, 직업능력개발사업의 보험료율 및 실업급여의 보험료율로 구분하여 결정한다.

고용안정, 직업능력개발사업의 보험료율은 사업 단위로 결정되는 것이므로 당해 사업주가 행하는 모든 사업의 규모(법인, 단체, 기업 등)로 결정한다. 따라서 기업 규모 판단을 위해 상시근로자 수는 각 사업장의 근로자 수를 모두 합한 수를 기준으로 한다.

2013. 7. 1. 현재 실업급여의 고용보험료율은 근로자, 사업주 각각 0.65%이다. 고용안정사업 및 직업능력개발사업의 보험료율은 기업 규모(근로자 수 기준)에 따라 0.25 ~ 0.85%이다.

(5) 산재보험 보험료

산재보험료는 보험가입자인 사업주가 전액 납부한다. 보험료는 사업장별로 그 사업장의 임금총액에 해당 보험료율을 곱하여 산정하는데, 보험료율은 재해율이 유사한 사업의 종류별로 과거 3년 동안의 재해율과 보험급여에 필요한 금액을 기초로 하여 노동부장관이 결정 · 고시하고 있다.

매 보험연도마다 1년간 모든 근로자에게 지급할 임금총액의 추정액에 보험료율을 곱해 개산보험료를 산정하여 보험연도 초일부터 90일 이내에 신고하고, 확정보험료는 매 보험연도의 초일부터 연도 말일 또는 보험관계가 소멸한 날의 전날까지 실제로 지급한 임금총액에 보험료율을 곱하여 산정한다.

표 7-2 산재보험 보험료 산정

<table>
<tr><td rowspan="2">부과고지 사업장</td><td colspan="2">월별 보험료</td><td>근로자 전체의 개인별 월평균 보수의 전체 합계액 × 보험료율</td></tr>
<tr><td colspan="2">정산보험료</td><td>근로자별 연간 보수총액의 합계액 × 보험료율</td></tr>
<tr><td rowspan="4">자진신고 사업장</td><td rowspan="2">개산 보험료</td><td>일반적 산정원칙</td><td>당해연도 추정 보수총액 × 보험료율</td></tr>
<tr><td>노무비율에 의한 산정</td><td>총공사금액 × 노무비율 × 보험료율
벌목재적량 × 노무비율 × 보험료율</td></tr>
<tr><td rowspan="2">확정 보험료</td><td>일반적 산정원칙</td><td>실지급된 보수총액 × 보험료율
※ 지급하기로 결정되었으나 미지급된 보수 포함</td></tr>
<tr><td>노무비율에 의한 산정</td><td>[직영 보수총액 + (외주비 × 하도급노무비율)] × 보험료율
※ 외주비 중 하수급인 보험료 납부인수 승인된 공사금액은 제외</td></tr>
</table>

자료 : 4대 사회보험 정보연계센터(http://www.4insure.or.kr/ins4/ptl/guid/insu/SoclInsuDefLayout.do).

2.4 수출보험[4]

수출보험제도는 수출거래에 수반되는 여러 가지 위험에 대비하는 보험제도로 수출자, 생산자 또는 수출자금을 대출해 준 금융기관이 입게 되는 불의의 손실을 보상함으로써 수출 진행을 도모하기 위한 비영리 정책보험이다.

구체적으로 수출보험은 수입자의 계약 파기, 파산, 대금지급 지연 또는 거절 등의 신용위험과 수입국에서의 전쟁, 내란 또는 환거래 제한 등의 비상위험 등으로 수출자 또는 수출금융을 제공한 금융기관이 입게 되는 손실을 보상하여, 궁극적으로 우리나라의 수출을 촉진하고 진흥하기 위한 수출지원제도이다.

수출자는 수출대금을 받지 못하여 발생한 손실을 보상받을 수 있기 때문에 위험성이 있는 외상거래나 신규 수입자의 적극적인 발굴을 통한 신시장 개척 및 시장 다변화를 도모할 수 있다.

금융기관은 담보능력이 부족한 수출업체에 대해서도 수출보험증권이나 수출신용보증서를 담보로 활용하여 무역금융 지원 확대 및 위험도가 높은 수출거래에 대한 지원이 가능하다.

K-sure는 각종 대외거래와 관련하여 13개의 보험제도, 2개의 보증제도 및 기타 서비스를 제공하고 있다.

4. K sure https://www.ksure.or.kr/trade/insur_sch/my_insur_sch01.jsp

가. 단기성 종목

- 결제기간 2년 이내의 수출거래 대상
- 단기수출보험, 수출신용보증(선적 전, 선적 후 Nego), 중소기업 Plus+보험 등

나. 중장기성 종목

- 결제기간 2년 초과 수출거래 대상
- 중장기수출보험(선적 전, 공급자신용, 구매자신용), 해외사업금융보험, 해외투자보험(주식, 대출금, 보증채무, 부동산에 대한 권리), 해외자원개발펀드보험, 해외공사보험, 수출보증보험, 이자율변동보험, 서비스종합보험(기성고 · 연불방식)
- 해외투자(주식, 대출금, 보증채무, 투자금융, 부동산에 대한 권리), 해외자원개발펀드보험, 해외공사보험, 수출보증보험은 결제기간에 대한 제한이 없으나 통상 중장기거래와 관련하여 이용되는 경우가 많다.

다. 기타 보험종목 및 서비스

환변동보험, 신뢰성 보험, 수입자 신용조사 서비스, 해외채권 추심대행 서비스

Tips 수출보험은 WTO 체제 하에서 용인되는 유일한 간접 수출지원 제도로서 정부의 수출진흥정책 및 산업지원정책 수단으로 활용되고 있는데 주된 부보 리스크는 다음과 같다.

- **신용 리스크**(Credit Risk) : 수입자에 관련된 위험으로 수입자 또는 L/C 개설 은행의 파산, 지급불능, 지급거절, 지급지체 등으로 인한 수출대금 미회수위험
- **비상 리스크**(Socio-Political Risk) : 수입국에 관련된 위험으로 전쟁, 내란, 혁명, 환거래 제한 또는 모라토리움 선언 등으로 수출불능 또는 수출대금 회수불능 위험

DHC 뉴스 EXXON 발데즈호 원유유출 사고

미국 알래스카 주 앵커리지 연방법원은 1989년 알래스카 연안에 원유를 유출한 엑슨모빌사가 45억 달러(5조 4천억원)의 천문학적인 '징벌적 배상금'을 피해 주민들에게 지급해야 한다고 28일 판결했다. 이 법원의 러셀 홀랜드 판사는 그동안의 이자 22억 5천만 달러도 함께 지급하라고 판결, 세계 최대 석유화학 회사인 엑슨모빌은 모두 67억 5천만 달러(약 8조 1천억원)을 모두 물게 됐다. 이 회사는 1991년 형사재판에서 1억 2천 5백만 달러의 벌금을 물었으며 이번 재판은 징벌적 배상(동일 범죄의 재발을 막을 수 있도록 가해자에게 물리는 징벌 성격의 배상금)건만 다뤘다.

이번 판결은 알래스카 연안의 어부·에스키모인 집단 소송으로 시작, 엑슨에 각각 50억 달러와 40억 달러의 배상을 판결했던 두 번의 재판과 항소에 이은 세 번째 판결이다. 엑슨은 판결에 불복, 즉각 항소하기로 했다. 주민의 소송을 대리하고 있는 데이비드 외스팅 변호사는 "세 번째 재판에서도 배상액이 40억 달러대를 유지함으로써, 이번 결정으로 기나긴 재판이 마무리될 것"이라고 말했다.

이번 재판의 쟁점은 실제 손해액과 징벌로서 물리는 금액의 비율이었다. 홀랜드 판사는 "큰 죄에 대해 실제 피해액의 10배 미만을 배상하는 것은 '죄에 대한 징벌과 예방'이란 헌법의 정신에 어긋나지 않는 것"이라고 판결했다. 그러나 그는 "50억 달러 지급 명령은 너무 가혹하다"는 제9순회 항소법원의 판결을 참작해 배상액을 45억 달러로 조정했다.

엑슨 측은 "사고 이후 유출 지역을 청소하는 데 이미 20억 달러를 들였다"며 "이 정도면 죄의 대가를 치르고 유사범죄 예방에 충분할 정도의 값을 치른 것"이라고 주장했으며 항소법원도 이를 인정했다.

하지만 홀랜드 판사는 "중요한 것은 엑슨사가 얼마나 잘못했느냐는 것"이라며 "엑슨사는 발데즈호의 선장이 알코올 중독 상태에서 이 지역 주민들이 생계를 의존하고 있던 프린스 윌리엄 해협을 원유를 가득 싣고 항해하는 것을 방치했다"는 사실을 강조했다.

엑슨사 원유 누출 배상 재판 일지

1989년 3월	엑슨 발데즈호 알래스카 연안에서 좌초해 원유 누출
1994년 9월	알래스카 연방법원, 엑슨사에 징벌적 배상금 50억 달러 지급 결정—어부·에스키모인 등 피해자 3만 2천 명에게 분할토록 명령(당시 엑스사의 1년치 이익)
1997년 6월	엑슨사 항소
2000년 10월	미 연방대법원, 엑슨사의 상고 기각
2001년 11월	미 순방항소법원, "50억 달러는 과하다" 판결
2002년 12월	알래스카 연방법원, 50억 달러를 40억 달러로 삭감 → 원고·피고 모두 항소
2003년 8월	미 연방항소법원, 사건을 알래스카 법원으로 되돌려 보냄
2004년 1월	알래스카 연방법원, 엑슨사에 45억 달러 지급 명령 / 엑슨사, 항소의사 밝혀

발데즈호 사건 : 1989년 엑슨사의 유조선 발데즈호가 알래스카의 프린스 윌리엄 해협에 좌초, 1천 1백만 갤런의 원유를 유출한 사건이다. 사고 당시 발데즈호의 선장 조셉 하젤우드는 술에 취한 상태였으며, 그는 다음해 형사재판에서 유죄판결을 받았다. 사고로 2천 80km에 이르는 연안이 오염돼 바다새 25만 마리, 수달 2천 8백 마리, 물개 3백 마리, 대머리 독수리 2백 50마리, 고래 22마리 등이 죽었다.

또 해안오염으로 생계 기반을 잃은 이 지역 어부·에스키모인·지주 등 3만 2천 명은 집단 소송을 냈다. 사고 10년 만인 1999년 엑슨사는 알래스카의 해안이 정상으로 돌아왔다고 주장했지만 환경전문가들과 어부들은 이를 받아들이지 않고 있다.

자료 : 중앙일보, 2004. 1. 30.

3 전사적 리스크 관리(ERM)와 비즈니스 리스크 관리

Risk Management and Insurance, ch. seven

사업 환경이 상이한 수많은 비즈니스를 대상으로 일일이 그들의 리스크 관리를 논하기는 어렵다. 여기서는 국제무역 비즈니스를 하고 있는 대한민국의 중소기업들을 대상으로 수출보험을 중심으로 한 무역 리스크 관리의 현황과 ERM을 중심으로 한 비즈니스 리스크 관리의 발전 방향을 검토해 보고자 한다.[5]

3.1 무역 리스크와 수출보험의 현황

(1) 무역거래상의 리스크와 리스크 관리

무역은 서로 다른 나라에 거주하는 상인(무역업자) 간에 행해지는 물품의 매매로서 매도인은 특정 물품을 외국에 있는 매수인에게 인도하고, 매수인은 이에 대하여 대금을 지급할 것을 내용으로 하는 것이다. 그러므로 국내 상거래에 비하여 상품의 이동거리가 멀고 또 매매당사자는 언어, 관습, 법률, 화폐제도 등을 달리하고 있으므로 무역거래에 따른 리스크는 국내 상거래에 비하여 훨씬 크고 복잡다양하다. 무역거래상의 제반 리스크와 대표적인 관리방안들을 정리하면 다음과 같다.

운송 리스크(transportation risk)는 거래상품이 수출자를 떠나 수입업자에게 인도될 때까지의 수송 도중에 해난이나 기타 사고와 관련된 리스크로서 민간보험에서 취급하는 적하보험을 통해서 부보할 수 있다.

신용 리스크(credit risk)는 수입업자의 파산이나 일방적인 계약파기 등으로 인한 수출불능 및 대금회수 불능, 수입업자의 재정상태 악화로 인한 대금지급 지연 등 수입업자가 당연히 이행하여야 할 채무를 이행하지 않거나 태만히 할 수 있는 리스크이다. 신용 리스크를 관리하기 위한 방법에는 신용조회, 신용장, 수출보험을 이용하는 것이다. 계약 이전에 철저한 신용조사와 대금결제방법으로서 신용장 활용을 통해서 기업 자체적으로 관리할 수 있다. 또한 신용 리스크는 민영보험에

5. 장동한 · 유광현,「중소수출기업의 전사적 리스크 관리를 위한 수출보험의 역할에 관한 연구」, 2011. 2.

서 대처하기 어려운 특성을 가지고 있기 때문에 각국에서는 수출촉진의 목적으로 신용 리스크를 수출보험을 통해 리스크를 부보하고 있다.

비상 리스크(socio-political risk)란 전쟁, 내란, 천재지변, 수입국에서의 수입금지 또는 수입제한, 환거래의 제한 또는 금지조치 등과 같이 계약당사자에게 책임지울 수 없는 불가항력적인 사유로 인하여 계약이행이 불가능하게 되거나 또는 대금을 회수할 수 없게 되는 리스크를 말한다. 비상 리스크는 일정 국가 또는 일정 지역의 거래 전체에 손해가 발생하므로 대규모의 재해가 되기 쉽고 통계적으로 파악하기가 곤란하기 때문에 이러한 종류의 위험은 민영보험에서 부보하지 않는다. 이에 원활한 무역, 특히 수출촉진을 위해 각국에서는 정부 주도 하에 수출보험제도가 실시되고 있다.

환 리스크(foreign exchange risk)란 환율변동에 따른 리스크를 말한다. 이러한 환 리스크의 관리는 수출기업들이 원화 강세에 따른 수익성 악화에 대비하여 원가 절감과 비가격 경쟁력 확보를 통해 지속적으로 손익분기점 환율을 낮추고 일시적으로 약세가 불가피한 통화의 결제 비중을 축소시키는 것이다. 그 밖의 방법으로는 기업 단독으로 리스크를 감소할 수 있는 방법(내부적 관리방법)과 기업 외부의 금융시장을 이용하는 방법(외부적 관리방법)이 있다. 내부적 관리방법에는 매칭(matching), 리딩(leading)과 래깅(lagging), 상계(netting), 자산 및 부채 관리방법(asset liability management) 등이 있으며, 외부적 관리방법으로는 은행과 선물환계약을 체결하거나 선물거래소의 통화선물 또는 통화옵션, 통화스왑 등을 이용하는 것이 있다. 또한 수출기업은 수출보험의 환변동보험 가입으로 리스크를 관리할 수 있다.

배상책임 리스크(liability risk)는 기업 활동 과정에서 타인에게 입힌 손해에 대한 배상책임에 따른 리스크를 말한다. 소비자 권리의식의 향상과 함께 생산물 제조업자뿐만 아니라 공급자에게도 손해배상책임을 지우는 것이 세계적인 추세가 되고 있다. 무역업자는 상품의 수출 시 생산물 배상책임에 대한 이해와 대책이 없으면 손해배상 청구로 큰 손실을 입는 경우가 생길 수 있다. 이러한 위험을 관리하기 위해서 제조물책임보험 등을 활용하여야 한다.

경영 리스크(management risk)란 기업 활동 과정에서 발생하는 리스크로서 판매 예측이 맞지 않거나 또는 경영상의 예측이 어긋남으로써 발생하는 리스크로 기업 스스로의 리스크 관리가 필요하다.

(2) 무역보험의 정의 및 활용[6]

수출보험제도란 수출거래에 수반되는 여러 가지 위험 가운데에서 민영보험회사가 부보하는 해상보험과 같은 통상의 보험으로는 구제하기 곤란한 위험, 즉 수입자의 계약파기, 파산, 대금지급 지연 또는 거절 등의 신용위험과 수입국에서의 전쟁, 내란, 또는 환거래 제한 등의 비상위험으로 인하여 수출자, 생산자 또는 수출자금을 대출해 준 금융기관이 입게 되는 손실을 보상함으로써 궁극적으로 수출 활성화를 도모하기 귀한 비영리 정책보험이다.

이러한 수출보험의 기능은 다음과 같다.

첫째, 수입국에서 발생하는 비상위험 또는 신용위험 등으로 인하여 수출불능이 되거나 수출상품의 대금회수가 어렵게 되어 수출자나 생산자 등이 입게 되는 손실을 보상함으로써 수출거래의 불안정성을 제거할 수 있다.

둘째, 수출대금 미회수위험을 담보하기 때문에 금융기관으로 하여금 수출금융을 공여하게 하는 금융보완적 기능을 갖는다. 즉, 수출금융에서는 수출대금의 회수가능성 여부를 수출보험이 책임을 지므로 금융기관은 담보요건 등에서 보다 유리한 조건으로 수출자금을 공급할 수 있게 된다.

셋째, 수출진흥 정책수단으로서의 활용도가 높다. 특히 보조금과 같은 직접적 수출지원 수단이 불가능한 WTO 체제에서 간접적 수출지원 수단으로 인정받고 있는 수출보험은 수출진흥 정책수단으로서 그 활용도가 높다.

넷째, 수출보험은 효율적인 인수 및 관리를 기하고 보험사고를 미연에 방지하기 위해 다각적으로 해외수입자의 신용상태와 수입국의 정치 · 경제 사정에 관한 조사활동을 하고 있다.

6. 한국무역보험공사 홈페이지(www.ksure.or.kr) 재구성.

그림 7-3 수출보험의 주된 역할

자료 : 김희국, 「금융위기 하에서 리스크와 수출보험의 역할」, 2009. 12.

수출거래 및 기타 대외거래에서 필연적으로 수반되는 제 위험 중 해상보험 및 기타 통상의 보험으로는 구제하기 곤란한 수출불능, 수출대금 회수 불능 등의 위험으로부터 수출자를 보호하고, 이들 수출자에게 수출금융을 지원한 금융기관이 입는 손실을 보상하기 위한 제도적 장치로서 수출보험의 필요성이 제기되었다.

이에 1969년 수출보험업무가 개시되었으며 1992년 수출보험사업의 독립전담기관으로서 한국수출보험공사가 설립되었다. 2010년, 수출보험뿐만 아니라 수입보험제도까지 도입하여 회사 명칭을 'K-sure(한국무역보험공사)' 로 변경하여, 경제성장과 수출에 꼭 필요한 주요 해외자원 · 에너지 및 원자재 등 필수 시설재의 장기적이고 안정적 확보를 지원하고 있다.

K-sure가 현재 운용하고 있는 수출보험의 종목은 5개 분야 19개 종목으로 분류할 수 있다. 2010년 무역보험 지원 규모 185조원은 경제위기 이전인 2007년 지원 규모 92조원의 2배가 넘는 수준으로 지난해 우리나라 수출총액의 35%에 해당한다.[7] 한편 수출보험 인수실적을 보면 1992년 1.8조에서 2009년 170조로 약 94배 증가하였으며, 중소기업 지원실적은 1992년 0.6조에서 2009년 10월 현재 64.2조로 약 107배 증가하였다.

K-sure는 2011년에도 우리나라가 무역 1조 달러를 달성하고 선진경제로 진

7. 무역보험 지원실적 : (2007년) 92조원 → (2010년) 185조원 → (2011년 계획) 190조원

입할 수 있도록 신흥시장에 대한 무역투자 지원 확대, 중소 · 중견기업의 글로벌기업화 지원 강화, 차세대 수출동력산업 육성 등 수출의 성장기반을 확충하는 데 집중 지원하겠다고 밝혔다. 특히 중소기업의 경우 신흥시장 진출 시 겪는 가장 큰 애로사항이 해외시장에 대한 정보 부족, 수입자의 신용위험과 수입국의 비상위험으로 나타나고 있는 점을 반영하여, 해외 시장에 대한 정보 제공과 리스크 분석 기능도 강화해 나가겠다고 밝혔다. 또한 중소 · 중견기업의 해외시장 진출을 돕기 위해 '중소기업 전용 포괄보험제도'와 '중견기업 단체보험'을 도입할 예정이다.[8]

무역보험이 국가경제에 미치는 영향은 무역활동을 하는 기업에 대한 무역보험의 지원을 통해 기업의 수출이 증가하며, 이는 국내 생산 증가에 영향을 주며, 생산 증가는 고용 유발 및 부가가치 유발의 효과를 일으켜 국가경제의 선순환을 유도할 수 있다.

그림 7-4 수출보험 지원실적 현황

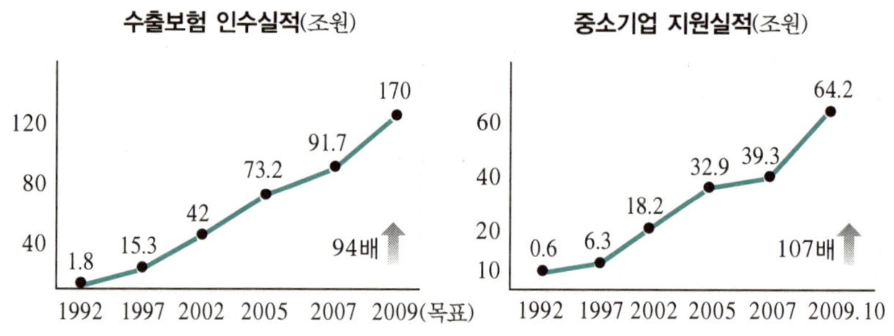

자료 : 김희국, 「금융위기 하에서 리스크와 수출보험의 역할」, 2009. 12.

3.2 ERM을 활용한 무역 리스크 관리의 필요성

(1) ERM

전사적 리스크 관리(Enterprise Risk Management ; ERM)란 기업의 가치를 최대화하기 위해 전사적인 시각에서 여러 가지 위험들을 인식하고, 일정한 허용 한

8. 한국무역보험공사 보도자료, 2011. 1. 25.

계 내에서 적절하게 관리하며, 기업의 궁극적인 목표 달성을 위해 효과적인 대응 방안을 수립, 실행하는 지속적인 프로세스라고 정의할 수 있다.[9]

그림 7-5 개별 위험관리와 전사적 위험관리의 차이

자료 : 김종호, 「전사적 위험관리 : 개념과 사례」, 2004.

ERM을 통해 얻을 수 있는 기대효과로는 기존에 인식하지 못하고 있던 리스크를 새롭게 인식하는 효과를 들 수 있다. 또한 기존에 알고 있던 리스크를 개별적으로 대응하는 차원을 넘어 전사 관점에서 공유하고 통합함에 따라 개별 위험 간의 상쇄로 전체 위험의 수준이 감소하는 포트폴리오 효과 및 자연적인 헤지(hedge) 효과를 기대할 수 있다. 또한 구성원 및 조직 전체의 위험관리 의식을 제고하여 사업성과의 향상, 내부통제 및 기업지배구조의 강화, 대외적 위험관리 커뮤니케이션을 통한 이해관계자들의 신뢰 확보 등을 통해 전사적인 측면에서 리스크에 대한 체계적인 인식과 대응 전략을 수립할 수 있어 리스크 관리의 효율성이 제고된다.

ERM의 구성요소에 대해서는 학자들 간에 다소 견해가 상이하며, 또한 모든 기업에 획일적으로 적용할 수 있는 표준화된 프레임이 존재하지 않는다. 일반적으로 많이 인용되고 있는 구성요소에 관한 이론으로서 ERM에 대한 이해를 촉진하고 국제적인 실행기준을 만들기 위해 발표한 COSO[10](Committee of Sponsoring

9. 김종호, 「전사적 위험관리 : 개념과 사례」, LG경제연구원, 2014.

10. 경영윤리, 내부통제, 기업지배구조 등의 이슈를 연구하는 미국의 비정부기구이며, 경영자 및 이사회, 회계전문가, 규제기관 등을 대상으로 기업 내부감사 및 내부통제에 대한 권고 및 조언을 제공하고 있다.

Organizations of the Treadway Commission) 보고서의 ERM 구성요소를 소개하면 다음과 같다.

이 보고서에서는 ERM의 구성요소를 내부환경(Internal Environment), 목표설정(Objective Setting), 위험요인 인식(Event Identification), 리스크 평가(Risk Assessment), 리스크 대응(Risk Response), 통제 활동(Control Activity), 정보와 의사소통 (Information & Communication), 모니터링(Monitoring) 등 8개로 분류하고 있다.

ERM의 프로세스는 다음 4단계로 구분하여 진행한다.

첫째, 리스크 인식 단계이다. 리스크의 인식을 통해 기업이 미래에 처할 수 있는 모든 리스크를 한눈에 파악할 수 있다. 먼저 리스크의 인식 단위를 분해하고 범주를 정하여 전사 목표의 달성을 저해할 수 있는 잠재적으로 발생 가능한 모든 리스크를 파악한다. 특히 발생 가능한 리스크를 나열하는 데 그치지 않고 각 리스크 간의 인과관계까지 파악하여야 한다. 이를 통해 개별 리스크가 어떤 위치를 차지하고 있는지, 각 리스크의 유기적 관계를 입체적으로 파악함으로써, 어떤 리스크 요인이 전사 목표 달성에 가장 애로 요인으로 작용할 수 있는지를 직관적으로 이해할 수 있다.

둘째, 리스크 평가 단계이다. 리스크 인식 단계에서 잠재적으로 발생 가능한 리스크를 모두 찾아낸 후에는 그 중에서 전사 차원에서 우선적으로 관리해야 할 리스크를 선정해야 한다. 우선 경쟁 우위를 확보하기 위한 KFS(Key Factor for Success)를 확인한 후에는 이의 달성을 저해할 가능성이 있는 잠재적인 리스크 등의 의견을 수집한다. 또한 해당 리스크가 조직의 목표 달성에 얼마나 큰 영향을 미치는지의 영향도와 해당 리스크의 발생 빈도를 고려하여 중점 관리 대상 리스크를 선정한다.

셋째, KRI(Key Risk Indicator)[11]의 도출이다. 리스크 평가를 거쳐 중점 관리 대상 리스크를 확정한 후에는 이 리스크를 제대로 측정할 수 있는 KRI를 도출하는 작업과 KRI가 높은 리스크에 대해 적절한 조치를 취하는 단계가 남아 있다. KRI 도출을 위해서는 중점 관리 대상 리스크가 발생

11. 기업이 리스크에 얼마나 노출되어 있는지를 사전에 측정하고 관리하기 위한 지표로서 기업 목표 달성을 위한 네비게이터 역할을 한다.

하는 구체적인 원인의 파악이 필요하기 때문에 이를 위해 세부적인 인과관계를 찾아내야 한다. KRI를 선정하는 원칙은 관리 중요성, 조기 경보 가능성, 측정 가능성 등의 3가지로 요약할 수 있다.

넷째, 대응방안 수립 단계이다. 위기 발생 가능성을 높이고 전략 목표 달성에 걸림돌이 될 수 있는 리스크를 줄이기 위한 행동을 시작해야 할 때이다. 각각의 평가에 따른 대응방안을 수립하는 방식으로는 리스크 대응은 위험의 영향을 그대로 수용(위험 감수), 위험에 노출된 사업영역에서 철수하거나 위험 자산을 처분하는 등 전략적인 의사결정(위험 회피), 경영 및 관리 방식을 개선하여 위험관리 역량을 강화(위험 감소), 파생금융상품 및 보험상품 등을 이용하여 위험을 재무적으로 헤지 또는 이전(위험 전가) 등 네 가지가 있다.

대응방안 수립은 리스크 평가 결과를 기초로 하여 발생가능성과 영향도 측면에서, 그리고 전략 목표 달성을 저해할 가능성을 고려하여 각각의 대응방안을 수립하여 조취를 취해야 하며, 모니터링을 통한 지속적인 평가도 함께 수행되어야 한다.

(2) 무역 리스크 통합 관리의 필요성

무역활동은 국경을 통과하는 원거리 · 장시간의 운송, 문화 · 제도의 차이, 결제통화의 차이, 계약과 인도 시점의 시간적 차이 존재, 대금회수의 어려움 등으로 인해 국내거래에 비해 리스크가 상당히 크다. 이러한 높은 리스크로 인해 대기업 무역업체를 중심으로 ERM이 도입되고 있으나, 중소 무역업체의 경우에는 규모 및 전문인력의 부족으로 인해 무역 리스크에 대한 인식과 관리능력에 있어 낮은 수준에 머물고 있는 실정이다.

우리나라 중소기업의 총 수출비중은 전반적으로 감소하는 추세를 보이고 있는데, 중소기업의 직접 수출액과 대기업 납품을 통한 간접 수출액을 합한 중소기업의 총 수출비중 추정치는 2003년 53.1%에서 2008년에 38.8%로 하락했는데 직수출이 더 크게 하락[12]하였다.

12. 중소기업의 수출(직수출) 비중 : 42.2%(2003년) ⇒ 30.9%(2008년)
중소기업 간접 수출 비중(추정) : 10.9%(2003년) ⇒ 7.9%(2008년)

이에 대한 원인은 다양하겠지만 중소 규모 수출업체들이 제대로 성장하지 못하고 수출업계에서 상당수가 퇴출되는 것도 주된 이유 중 하나이다. 2000년에 연간 수출실적이 100만 달러 미만이었던 24,000여 개 기업들에 대해 수출실적을 추적한 결과 이들 중 2009년에 수출실적을 유지한 기업은 7,411개로 생존율이 30%로 낮은 수준이었으며, 이들 기업 중 2009년에 100만 달러 이상 수출을 기록하여 2000년에 비해 수출실적이 늘어난 기업은 1,900여 개로 그 비중이 7.8%에 불과하였다.[13]

따라서 지속적인 무역확대를 위해서라도 중소기업의 적극적 지원을 통해 중소기업의 수출 비중을 제고시킬 필요가 있다. 중소기업을 위한 다양한 지원방법 중에서 여기에서는 무역절차 전반에 걸친 전사적이고 통합적인 무역 리스크 관리를 제안한다.

우선 중소기업의 무역 리스크 관리 현황을 살펴보자. 먼저 중소기업의 무역 리스크 인식 정도를 파악할 수 있는 선행연구가 없기 때문에 여기서는 중소기업을 대상으로 수출애로사항을 조사한 최근의 연구를 중심으로 하여 무역 리스크 인식 정도와 대응을 살펴본다. 이는 중소무역기업들이 그들의 애로사항을 스스로 관리할 수 없다는 점 자체가 다른 의미로 볼 때 무역 리스크라 할 수 있기 때문이다.

대한상공회의소의 「환율 하락에 따른 수출기업 애로와 대응방안 조사」에 따르면, 수출기업 애로 해소를 위해 정부가 가장 중점적으로 추진해야 할 과제(복수응답)로 '원자재 가격 안정'(62.5%)이 꼽혔고, 이어서 '안정적 환율 운용'(56.9%), '통관 · 수출 관련 행정 절차 간소화'(30.2%), '수출금융 지원 강화'(28.2%), '해외 전시회 및 마케팅 지원'(18.8%), '기업 환위험 관리 지원'(16.9%) 순이었다.[14]

국제무역연구원의 「중소기업의 수출 비중 하락과 대응전략 조사」에서는 조사대상 중소기업 중 2007～2009년 수출을 중단한 기업의 경우 수출 중단 사유로 가장 큰 원인은 마케팅 능력 부족(57.5%)이었으며, 그 다음으로 자금 부족(10%)과 원자재 가격 급등(7.5%)으로 나타났다.[15]

국제무역연구원의 「무역업계가 바라 본 2011년 수출전망 및 과제 조사」에선 중소기업들의 신흥시장 진출 시 애로사항은 해외 신규 시장 정보 부족(42.6%), 신

---

13. 국제무역연구원, 「중소기업의 수출 비중 하락과 대응전략」, Trade Focus 9-61, 2010. 12.
14. 대한상공회의소, 「최근 환율 하락에 따른 수출기업 애로와 대응방안 조사」, 보도자료, 2010. 5.
15. 국제무역연구원, 「중소기업의 수출 비중 하락과 대응전략」, Trade Focus 9-61, 2010. 12.

규 수입자 신용위험(33.8%), 수출금융 조달(14.6%), 수입국 정치적 위험(5.5%)으로 조사되었으며, 우리 수출의 위협 요인으로는 원자재 가격 상승(41.3%), 원/달러 환율 하락 및 변동성 확대(30.8%), 수출대상국의 수입수요 증가율 둔화(22.7%) 등의 순으로 나타났다.[16]

이상의 조사를 분석해 보면, 기존의 전통적인 무역 리스크인 대금회수와 운송 리스크는 어느 정도 보험 등을 통해 관리가 되고 있으나, 무역절차상의 다른 부문들 특히 해외시장 진출을 위한 해외마케팅, 해외 원자재 조달, 수출물품 확보를 위한 수출금융, 환율변동에 대한 리스크들의 관리에 있어 어려움이 있음을 보이고 있다.

한편 한국무역보험공사가 2010년에 조사한 환위험 관리실태 조사[17]를 보면 낙후된 중소기업의 무역 리스크 관리 현황을 구체적으로 확인할 수 있다. 응답기업의 51.3%인 245개사가 환위험 관리를 하지 않고 있으며, 이 중 32개사는 환위험 관리 계획이 전무한 것으로 나타났는데, 환위험 관리를 못 하고 있는 이유(중복응답)로는 전문인력 부족(46.9%), KIKO 사태에 따른 파생상품 이용 두려움(33.3%), 환헤지 기법을 몰라서(26.8%), 비용부담(17.8%) 순으로 나타났다. 또한 환위험 관리 수단으로는 환변동보험과 금융기관 선물환 이용이 높게 나타났으며, 수출 규모가 클수록 환위험 관리 및 선물환 이용 응답이 높게 나타났다는 점에서 상대적으로 중소기업의 환 리스크 관리의 허술함을 알 수 있다.[18]

표 7-3 **수출 규모에 따른 선물환 이용 응답** (단위 : 개사)

수출 규모	회사 수	환위험 관리	선물환 이용
U$10백만 이상	125	90(72.0%)*	53(58.9%)**
U$10백만 미만	353	143(40.5%)	45(31.5%)

*는 회사 수 대비, **는 환위험 관리 업체 수 대비

상술한 여러 리스크들은 거의 대부분 현재 수출보험의 부보 대상으로 들어가

16. 국제무역연구원, 「무역업계가 바라본 2011년 수출전망 및 과제」, Trade Focus 10-1, 2011. 1.
17. 한국무역보험공사 보도자료, 2010. 11. 17.
18. 대한상공회의소의 「환율 하락에 따른 수출기업 애로와 대응방안 조사」(2010)에서 환율 하락에 대한 대처 방안이 있는지를 묻는 질문에 수출기업 75.4%가 '없다' 고 답했으며, 특히 중소기업의 경우 이 같은 응답을 한 기업이 무려 81.7%에 달해 중소기업이 환 리스크 관리에 취약한 것으로 나타났다.

있기 때문에 중소기업이 리스크 인식 노력과 리스크 관리 의지만 있다면 상당 부분 관리가 가능한 실정이다. 특히 최근 수년간 K-sure는 단순 수출 대금 미회수 위험뿐만 아니라 수출품을 만들기 위해 필요한 원자재 구매, 제조부터 수출 후 판매대금을 회수할 때까지 수출 과정에 필요한 다양한 금융을 제공하고 있으며, 수입지원 등 무역 관련 종합금융 지원에 힘쓰고 있음을 이해할 필요가 있다.

표 7-4 지원제도별 수출보험 종목

지원제도	수출보험 종목
대금 미회수 위험 담보 제도	단기수출보험(일반), 농수산물수출보험, 중장기수출보험(선적 전), 중장기수출보험(공급자 신용), 해외투자보험(주식, 대출금, 보증, 부동산), 해외자원개발펀드보험, 해외공사보험
수출금융지원제도	수출신용보증(선적 전, 선적 후 Nego), 중장기수출(구매자 신용), 해외사업금융보험, 수출보증보험, 이자율변동보험
환 리스크 관리	환변동보험(선물환방식, 입찰방식)
기타	신뢰성 보험, 지식서비스수출보험, 수입자 신용조사 서비스, 해외채권추심대행서비스

자료 : www.ksure.or.kr

그림 7-6 수출단계별 수출보험

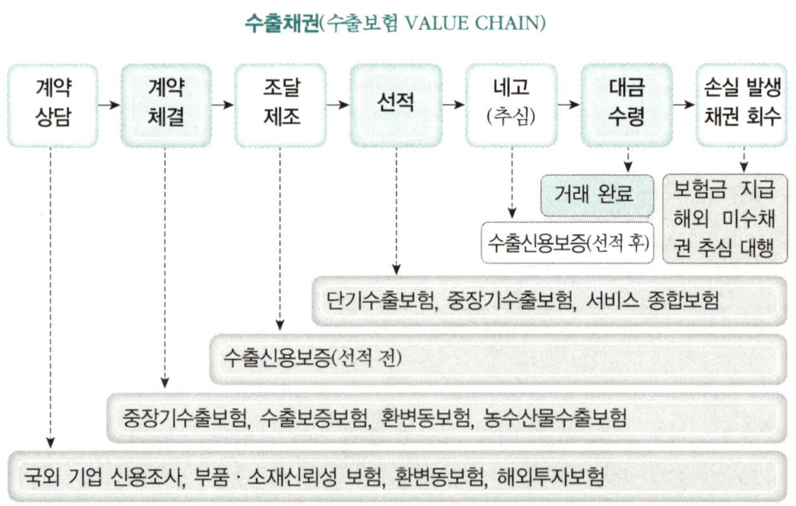

자료 : www.ksure.or.kr

중소기업의 수출보험실적(이용률)은 지속적으로 증가하고 있는 추세이나, 수출신용보증(선적 전)에 편중되는 경향이 강하며 주력상품인 단기수출보험의 이용률은 정체 수준이다. 중소기업의 수출보험 이용 기피의 주된 이유는 복잡한 수출보험 가입절차, 수출보험 가입 후 복잡한 수출통지 절차, 높은 보험료로 조사되고 있다.

표 7-5 **수출보험 이용 중소기업 현황**

구분	2003	2004	2005	2006
전체 중소수출업체	31,524	30,645	28,542	26,268
수출보험 이용업체	4,353	4,799	5,142	5,622
단기수출보험 이용업체	2,099	2,034	1,778	1,682
신용보증(선적 전) 이용업체	2,520	2,914	3,254	3,692
중소기업 수출보험 이용률	13.8%	15.7%	18.0%	21.4%
단기수출보험 이용률	6.7%	6.6%	6.2%	6.4%

자료 : 한국수출보험공사, 「수출보험 비상경영계획」, 2009.

한편 2000년 이후 지속적인 신상품 출시로 인해 수출업체 이용 보험종목이 다변화됨에 따라 수출업체는 다양한 리스크 관리를 위해 이용종목을 수출신용보증(선적 전)에서 다종목, 복수종목 활용으로 변화되는 추세이다.

수출신용보증(선적 전) 이용업체를 분석한 결과, 2005년 타 종목 활용도는 전체 업체 기준 9%였으나, 2007년에는 12.9%로 증가하였다. 유효계약액 기준으로 보면, 업체 수 비중에 비해 보다 높게 나타나고 있는데 2005년 17.1%에서 2007년 19.4%로 증가하였다.

표 7-6 **수출신용보증(선적 전) 이용업체의 타 종목 활용도 추이** (단위 : 개, 억원)

구분	2005		2006		2007	
	업체 수	유효 계약액	업체 수	유효 계약액	업체 수	유효 계약액
선적 전만 이용(A)	3,525	7,893	4,053	8,431	3,817	7,775
선적 전 + 1개 종목(B)	322	1,385	377	1,428	518	1,683
선적 전 + 2개 종목(B)	27	246	38	238	45	184
계(D)	3,874	9,524	4,468	10,097	4,380	9,642
타 종목 활용도 (B + C)/(D)	9.0%	17.1%	9.3%	16.5%	12.9%	19.4%

자료 : 한국수출보험공사, 「수출보험 비상경영계획」, 2009.

이와 같이 수출보험을 활용하는 기업들은 기존에는 보통 하나의 보험종목만 활용하였으나 무역 리스크의 다양화로 인해 다수의 보험종목에 가입이 증가하고 있다. 그러나 규모가 영세한 중소기업의 경우 무역 리스크 관리능력이 부족하기 때문에 자체적으로 보험종목과 자신의 무역 리스크를 매치시키는 것이 쉽지 않다. 개별 무역 리스크를 따로따로 관리하는 현재의 수출보험제도는 특히 중소기업에 있어 효과성의 한계가 있음을 알 수 있는바 중소기업을 위해서라도 무역 리스크 전체를 통합 관리하는 시스템이 필요하다.

3.3 K-sure를 통한 중소수출기업의 무역 리스크 관리 방안

(1) 무역 리스크의 ERM 적용

최근 환율, 금리 등 금융시장의 급격한 리스크의 증가, 글로벌 경영환경의 불확실성의 증가, 전통적인 리스크 관리 방식의 한계 인식, 내부통제 및 위험관리에 대한 규제 강화 등으로 인하여 전사적이고 통합적인 관점에서 리스크를 보다 체계적으로 관리해야 할 필요성이 고조되고 있다.

수출기업의 경우 직면하는 리스크의 특징은 종류가 많고 다양하기 때문에 그만큼 수출기업이 관리해야 할 리스크의 범위와 양도 많아진다. 대부분의 무역 리스크들은 수출기업에 치명적인 위험을 수반하여 기업의 경영활동에 중대한 손실을 입힐 수 있다. 하지만 수출 시 발생하는 리스크들은 언제 어디에서 일어날지 예측할 수 없고 기업 자체적으로 이러한 리스크들을 모두 관리하기란 사실상 불가능하다.

따라서 우리나라의 수출기업들은 전사적 리스크 관리의 의미와 필요성을 충분히 이해하고, 각 수출기업의 상황에 적합한 최적의 리스크 관리 시스템을 구축해야 할 필요성이 있다. 현재 많은 기업들이 K-sure에서 제공하는 보험을 통해 리스크를 관리하고 있지만 보험상품들이 산재해 있고 현실적으로 수출기업들이 모든 보험에 가입할 수 없는바 개별적인 리스크 관리가 이루어지고 있다. 기업의 입장에서 리스크를 개별적이고 부분적으로 관리하는 전통적인 방식으로는 리스크에 대한 효과적인 대응에 한계가 있다.

무역 리스크의 전사적이고 통합적인 관점에서의 관리를 통해 수출기업들은 사후 대응은 물론 사전 예방의 효과를 기대할 수 있다. 전사적 리스크 관리의 도입으로 전략과 리스크의 연계성 강화, 사고와 손실의 최소화 등을 통해 수출기업의 가치제고가 가능하다. 또한 중복되는 리스크들을 통합적으로 관리함으로써 자본의 효율성을 증대시키고 수출기업의 리스크 통제 기능을 개선할 수 있다.

무역 리스크의 전사적인 통합 관리는 수출위험의 인식, 수출위험의 평가, 수출위험 관리수단의 선택, 계획 실행의 프로세스를 거쳐 수행된다. 수출위험의 인식은 수출 과정에서 발생할 수 있는 수출기업의 생존에 관련된 모든 잠재적 수출위험의 근원을 정확히 규명하고 수출위험의 발생 결과를 측정하여 관리위험을 선정하는 단계이다.

수출위험의 평가는 상품, 국가 등의 리스크 인식을 통해 KFS(Key Factor for Success)를 도출하고 그에 따른 KRI(Key Risk Indicator)를 선정하여 리스크별 관리 방안을 수립한다.

수출위험 관리수단의 선택 과정에서는 도출된 리스크들에 대한 관리정책의 수립과 리스크를 전략적으로 관리, 제어, 이전할 수 있는 수단을 선택한다. 수출위험을 체계적으로 관리하는 수출기업(대기업)은 수출거래에서 발생할 수 있는 수출위험을 사전에 발견하여 적절한 관리방법을 선택할 수 있다. 하지만 대부분의 수출기업은 수출위험을 체계적이고 합리적으로 관리할 수 있는 조직이 미흡할 뿐만 아니라 수출위험에 대한 지식과 수출위험을 사전에 파악할 수 있는 체계가 확립되어 있지 않다. 이러한 체계의 확립은 개별 기업의 입장에서 관리하기보다는 K-sure의 포괄적인 맞춤형 리스크 관리 제도를 통해 이루어지는 것이 바람직하다.

(2) K-sure를 활용한 무역 리스크의 ERM 구축

오늘날 국제무역 비즈니스는 구매자 파워가 강한 Buyer's market으로 이루어지기 때문에 수출자의 위험은 그만큼 커지며, 상호의존적인 리스크의 속성 때문에 개별적인 무역 리스크 관리체계보다는 무역절차 전체의 리스크를 통합하여 관리하는 방안이 필요하다. 또한 리스크 관리 주체에 있어서는 개별 기업이 자체적으로 수행하는 것이 좋겠지만, 중소기업의 입장에서는 현실성이 없기 때문에 중소기업에 한해서라도 K-sure가 중심이 되어 리스크를 통합 관리할 수 있는 무역 리스크 ERM 체계 구축을 제안하고자 한다.

ERM은 기존에 알고 있던 리스크에 대해 개별적으로 대응하는 리스크 관리 방법(Silo 방식)의 비효율성을 개선하기 위해 전사적인 시각에서 여러 가지 리스크를 공유하고 통합하여 개별 위험 간의 상쇄로 전체 위험의 수준을 감소시키는 리스크 관리 방법이다.

ERM은 리스크의 개별적 관리가 아닌 전사 수준에서 모든 리스크를 통합하여 관리하는 방법이기 때문에 개별 기업의 리스크 관리 수단으로서 그 효율성을 인정받고 있으나, K-sure를 통한 다수 중소기업의 무역 리스크의 통합 관리라는 목적에 적용하기에는 무리가 있다.

이는 다수의 중소기업이 목표로 하는 경영전략, 재무구조, 수출제품별 · 국가별 상이한 리스크 등을 K-sure가 모두 고려하기에는 한계가 있기 때문이다. 따라서 여기서 제안하는 시스템은 개별 기업의 ERM보다는 무역절차별 리스크의 통합 관리에 초점을 맞추고 있다.

시스템의 프로세스는 개별 중소수출기업의 무역절차별 리스크를 K-sure의 가칭 TTRMS(Total Trade Risk Management Service)를 통해 접수하고, 매뉴얼화되어 있는 Risk Check List를 통해 KRI를 분석하며, 이에 따른 대응방안을 수립하여 리스크 관리 차원에서 K-sure의 수출보험 부보 또는 무역 유관 공공기관 및 민간부문 consulting group으로 연결하여 서비스를 제공한다. 중소수출기업의 입장에서는 TTRMS 가입만으로 맞춤형 서비스를 제공받을 수 있기 때문에 수출과 관련된 모든 리스크를 관리할 수 있는 시스템이라 할 수 있다. 이 시스템은 기존의 한국수출보험공사가 운영하였던 TTS 시스템[19]을 외연적으로 보다 확대하고 무역 리스크의 통합 관리 측면을 보강한 시스템으로서 ERM의 보편화와 전자무역 기반 확충에 따라 시스템 구축의 성공가능성이 크다.

시스템 구성원의 각각의 역할을 살펴보면, 우선 K-sure의 경우 무역 리스크의 코디네이터 역할을 하여야 한다. 즉, 전반적인 시스템의 구축과 리스크 평가 및

19. 실제로 K-sure는 지난 2004년부터 기존의 수출종합지원시스템인 TTS(Total Trade Service)를 개편, 기존 수출보험 서비스 이외에 수출물류 비용 할인 등 다양한 서비스를 제공하였으며, 개편된 TTS는 수출보험 이외에 금융, 물류, 세무, 회계 등 다양한 서비스를 제공해 회원 기업들이 각종 수출지원 서비스를 원스톱으로 이용할 수 있게 하였다. 특히 무료 회원가입과 회원 업체의 수출 물류 비용 15% 할인, 환전수수료 50% 할인, 선적서류 작성 시 발생하는 은행 수수료 20% 할인 등의 다양한 혜택을 제공했다. 또한 관세법인, 법무법인, 경영컨설팅사 등과의 제휴 관계를 통해 세무 상담 및 무역 관련 서비스를 무상으로 제공하였으며, 수출 관련 각종 상담과 교육 서비스도 지원하였다. 그러나 홍보 부족과 원활한 시스템의 부재 등으로 인해 지속적인 유지가 되지 못했다.

대응방안 제시를 통해 무역 리스크를 인수하는데, 기업의 능력에 따라 개별 수출보험 부보, 또는 무역절차 전체의 리스크를 통합하여 하나의 수출보험으로 부보한다. 기업 재무 · 회계, 해외마케팅 관련 지원, 또는 수출금융 지원 등의 업무를 시스템에 연계된 무역 유관 공공기업 및 민간부문으로 연결하여 해당 업무의 추진 또는 컨설팅 서비스의 제공을 개별 기업이 받을 수 있도록 한다.

중소기업청(중소기업의 해외마케팅 관련 지원), KITA(해외마케팅 관련 지원 및 바이어 소개, 기타 무역 관련 지원), KOTRA(해외마케팅 관련 지원 및 해외시장 정보 제공), 수출입은행(수출금융 지원) 등 무역 유관 공공기관들의 경우 K-sure의 요청에 의해 TTRMS 회원에게 각 기관이 담당하는 무역지원제도를 제공하고 컨설팅 서비스를 지원한다.

민간부문의 경우 무역과 연관된 민간은행(수출금융 및 대금결제), 보험회사(적하보험), 회계 및 통관 전문가 등으로 구성되며, 수출보험이 담당하지 않는 무역 리

그림 7-7 K-sure를 활용한 중소수출기업의 ERM 체계도

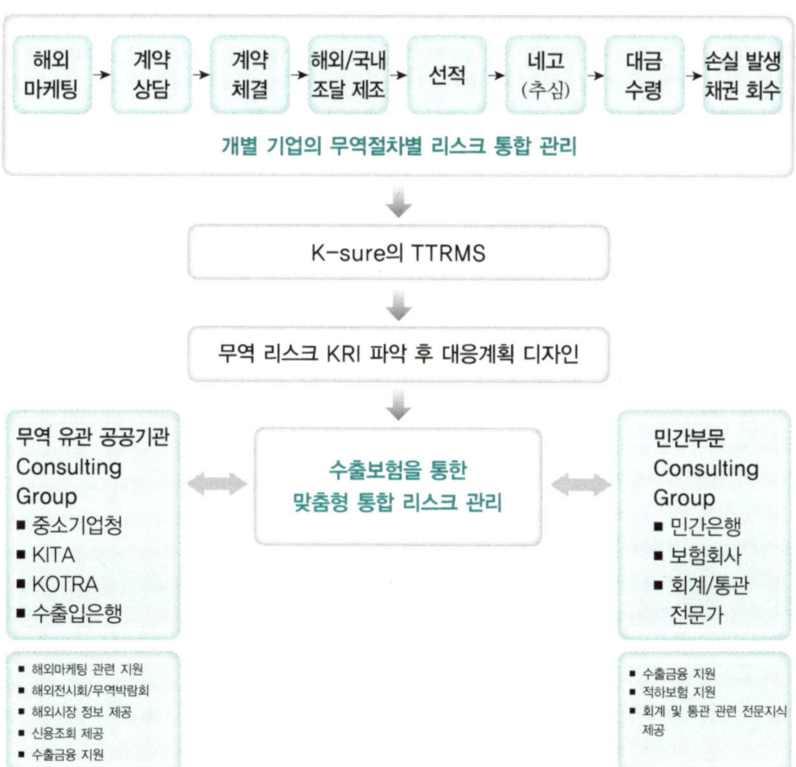

스크에 대한 서비스를 지원한다.

K-sure의 운영기금은 국회의 의결을 통해 결정되기 때문에 다양한 보험을 개발하고 제공하는 데 한계가 있다. 따라서 은행과 보험사와의 협약을 통해 수출기업들에게 서비스를 제공한다면 K-sure는 비용 측면에서 부담을 덜 수 있고, 수출기업은 K-sure를 통해 자신에게 알맞는 서비스를 제공받을 수 있다. 은행과 보험사 역시 K-sure와의 비즈니스 연계를 통해 새로운 수익 창출이 가능할 것이다.

수출기업들은 전사적 리스크 관리를 통해 리스크에 대한 개념을 확실히 갖게 되고 기업이 당면한 위험들을 인식함으로써 회사의 상황을 보다 잘 파악할 수 있게 된다. 이때 각각의 리스크를 개별로 관리하게 되면 중복 발상에 따라 불필요한 비용이 발생하게 되고 리스크 관리의 효율성이 떨어진다. K-sure가 제공하는 맞춤형 리스크 관리 서비스를 이용하게 되면 불필요한 시간적 · 금전적 비용을 줄일 수 있고 ERM의 목적에 따라 위험에 대한 사전 예측과 사후 관리를 통해 기업의 안정성이 향상되고 지속 경영이 가능할 것이다.

또한 현재 수출업무를 하고 있는 기업들 외에도 수출을 희망하지만 인적자원과 정보 부족으로 수출을 할 수 없던 내수기업들도 비교적 안전하고 손쉽게 수출을 할 수 있을 것이다. 수출 불안요인이 줄어들고 수출사업 운영이 상당 부분 예측 가능해지므로 기업들은 보다 다양한 해외시장에 진출할 수 있고, 수출을 통해 국민경제 발전에 기여하게 된다.

K-sure는 전사적 리스크 관리 서비스를 제공하면서 수출기업들과 보다 긴밀한 관계를 유지할 수 있고 기업들과의 소통을 통해 수출현장에서의 기업 상황과 문제점을 보다 잘 이해할 수 있게 되어 수출기업들에게 시의적절한 양질의 서비스를 제공할 수 있을 것이다.

또한 중장기적으로 축적된 데이터와 경험 및 학습을 통해 조직의 리스크 관리 능력을 제고할 수 있다.

DHC 씨네마

식코(Sicko)

의료보험에 얽힌 당신이 알아야 할 충격적 진실!

가장 잘산다는 나라의 돈 뜯고 또 돈 먹기! 돈 없으면 죽어야 하는 세상을 고발한다! 영화 제작자이자 감독인 마이클 무어가 미국 민간의료보험 조직인 건강관리기구(HMO)의 부조리적 폐해의 충격적인 이면을 폭로하며, 열악하고도 무책임한 제도에의 신랄한 비판을 서슴지 않는다. 수익논리에 사로잡혀 이윤을 극대화하기 위해 필요한 헬스 케어 서비스도 생략하는 미국의 의료보험제도의 진실은 돈 없고 병력이 있는 환자를 의료제도의 사각지대에 방치하여 결국 죽음으로 내모는 것. 지상 최대 낙원이라 선전되는 미국 사회의 의료시스템을 캐나다, 프랑스, 영국, 쿠바 등의 의료보장제도와 비교하며, 완벽하게 포장된 미국 사회의 허와 실을 마이클 무어 감독 특유의 도발적 직설화법으로 벗겨낸다.

자료 : http://movie.naver.com/movie/bi/mi/basic.nhn?code=66801

97년 만에 … 美 건강보험 개혁법안 상원 통과

버락 오바마 미국 대통령이 사활을 걸고 추진해 온 건강보험 개혁법안이 24일 오전 7시(현지 시간) 최대 관문인 상원에서 찬성 60표, 반대 39표로 과반수(51표)를 확보해 통과됐다. 이날 표결에서는 21일 토론 종료를 결정한 표결 때와 마찬가지로 민주당 의원 전원(58명)과 민주당 성향의 무소속 의원 2명 등 60명이 법안에 찬성했다. 공화당은 모두 반대표를 던졌다. 상원 통과로 오바마 대통령이 첫 개혁과제로 꼽았던 건보 개혁은 막바지인 9부 능선을 넘어섰다.

지난해 대선 때 건강보험 개혁을 완수하겠다고 선언한 오바마 대통령은 취임 후에도 혼신의 힘을 다 쏟았다. 개혁을 저지하려는 보험회사들의 집요한 의회 로비를 정면으로 비판하고 공화당의 거친 공세도 막아냈다.

오바마 대통령의 건보 개혁 성공은 1912년 시어도어 루스벨트 전 대통령이 국민건강보험 도입을 대선 공약으로 내건 후 한 세기 만의 결실이다. 빌 클린턴 정부에서도 힐러리 클린턴 여사가 건보 개혁을 추진했지만 뜻을 이루지 못했다. 미국에서 건강보험은 역대 정권에서 그 누구도 풀지 못했던 숙제였다. 한국과는 달리 정부가 관장하는 보험이 미국에는 없다. 민간 보험사들은 '기존에 있던 질병' 등 여러 가지 이유를 들며 보험 혜택을 줄이면서 막대한 이윤을 챙겼다. 가족 중에 누군가 큰 수술을 받게 되면 보험료를 감당할 수 없어 파산하는 경우가 비일비재하다. 미 국민 1인당 연간 의료비는 약 1,000만원에 이른다.

직장을 잃으면 하루아침에 무보험자로 전락하고 종업원들에 대한 건강보험 부담은 미국 기업들의 경쟁력을 저하시키는 큰 원인이었다. 역대 정권에서 건보 개혁 작업이 실패로 돌아간 것은 보험사의 집요한 로비와 의료계의 집단 이기주의와 공화당의 반대 때문이었다.

미국에서 건강보험에 가입하지 않은 사람은 5,400만 명이 넘는다. 상원의 건보 개혁법안이 시행되면 앞으로 10년 동안 3,100만 명이 보험 혜택을 받는다. 혜택을 받지 못하는 2,300만 명은 불법 이민자로 추정된다. 무엇보다 보험사들은 가입자의 건강상태를 기준으로 높은 보험료를 받거나 보험 거절을 할 수 없게 된다. 상원 법안에서는 하원과 달리 정부가 운영하는 퍼블릭옵션(공공보험)은 포함되지 않았다. 대신 노인 건강보험(메디케어) 적용 범위를 65세 이상에서 55세 이상으로 넓혔다. 4인 가족 기준으로 연 수입이 8만 8,200달러를 넘지 않으면 국가가 보조금을 지원한다. 보험에 들지 않은 사람은 750달러나 수입의 2% 가운데 큰 금액을 벌금으로 물어야 한다.

문제는 재원이다. 상원 법안대로 하려면 앞으로 10년 동안 8,710억 달러가 필요하다. 공공보험을 도입한 하원 법안을 추진하려면 1조 520억 달러의 예산이 든다. 상원과 하원은 이제 단일 법안을 만들어 전체회의에서 통과시켜야 오바마 대통령 책상으로 최종 법안이 넘어간다. 백악관과 민주당은 오바마 대통령이 상하원 합동연설을 하는 1월 말 신년연설 전에 법안에 서명하기를 바라고 있다.

건강보험 개혁은 대통령 취임 후 처음으로 맛보는 정책적 성공이다. 변화와 개혁을 기치로 내걸고 집권에 성공한 오바마 대통령은 집권 2년차를 맞아 확고한 입지를 확보하게 됐다. 그의 개혁적 이미지와 강력한 추진력은 다른 개혁 작업에도 탄력을 더할 것으로 보인다. 일자리 사정이 나아지면 그는 내년 11월 중간선거에서 유리한 고지를 점하고 3년 후 재선 도전에도 탄탄한 발판을 마련할 수 있게 된다.

자료 : 동아일보, 2009. 12. 25.

우리나라에서도 건강보험을 포함한 사회보험제도와 사회복지 개혁에 대한 논란이 뜨겁다. 보편적 복지가 우선인가 선별적 복지가 바람직한가, 사회보험 사각지대의 해소가 우선인가 사회보험의 장기 재정안정이 더 중요한가.

국가 재정, 사회복지 향상 등 우리 사회의 다방면에 미치는 사회보험제도의 영향을 고려할 때 사회보험제도에 대한 올바른 평가는 다각적인 기준에서 이루어져야 할 것인데 크게는 형평성 기준과 효율성 기준으로 나뉠 수 있겠다.

사회보험제도의 형평성은 사회연대성, 수평적 형평성, 수직적 형평성, 세대 간 형평성 등 여러 기준으로 분석이 가능하다. 소득재분배 차원에서의 사회연대성(social adequacy)은 사회보험의 근간이 되는데 기본적으로는 기초 생활에 필요한 최저 수준의 급여를 제공하는 데에 그 목적이 있다. '같은 처지에 있는 사람들을 동등하게 대우'한다는 수평적 형평성(horizontal equity)과 '다른 처지에 있는 사람들은 다르게, 즉 더 어려운 처지에 있는 사람들을 배려'하는 수직적 형평성(vertical equity)도 중요한 기준이 된다. 한편, 우리 사회의 고령화 추세에 따라 사회보험제도 운영에 있어 젊은 세대의 재정 부담이 증가되는 상황에서 세대 간 형평성(intergenerational equity)도 중요한 기준이 되겠다. 사회보험 재정이 날로 악화되는 상황에서, 특히 부과방식(pay as you go) 재정 운용시스템 하에서 노령세대는 경제활동세대에 크게 의존할 수밖에 없는 것이다.

사회보험제도의 효율성은 경제적 효율성, 제도운영상의 효율성, 제도목적 달성의 효율성 등 여러 기준으로 분석이 가능하다. 우선, 경제적 효율성이란 파레토 효율성(Pareto efficiency)을 의미하는 것으로 사회보험제도에 의한 비용-편익 차원에서 한계비용과 한계편익을 일치시키는 수준의 제도 운영을 의미한다. 효율성 증진의 가능성도 분석할 수 있는데 사회보험제도의 개선을 통하여 현 세대를 포함한 특정 세대의 희생 없이 미래세대의 후생(welfare)이 증대될 수 있다면 이는 파레토 개선(Pareto improving)적인 차원에서 사회보험제도의 효율성이 증진되는 것이다. 제도운영상의 효율성(administrative efficiency)이란 관리비용 절감, 권위적인 제도 운영 지양, 정치적 위험 감소 등을 의미한다. 사회보험연금제도는 국민들의 노후생활 안정, 소득재분배 등의 목표를 지향하는데 이러한 제도목적 달성 차원에서 그 효율성(target efficiency)을 평가할 수도 있다.

DHC 라이브러리 지속 가능 경영을 위한 경영 리스크 관리(Enterprise Risk Management)

리스크를 방치하거나 뒤늦게 사태 수습에만 골몰하는 기업은 혹독한 대가를 치르게 된다. 빠른 정보 확산, 날로 엄격해지는 법률, 높아진 소비자의 기대, 갈수록 치열해지는 경쟁 등 급변하는 비즈니스 환경은 적극적이고 통합적인 '전사적 경영 리스크 관리(Enterprise Risk Management)'를 요구한다.

제임스 램 지음
권영상 · 이기원 · 이오성 옮김
세종서적 | 2006년

금융회사의 CRO(최고 리스크 관리자) 출신인 저자는 리스크 관리의 배경, 전사적 리스크 관리의 프레임워크, 리스크 관리의 활용 등을 차례대로 설명한다. 단순한 금융권의 리스크 관리뿐만 아닌 전 산업에 걸쳐서 하나의 기업이 자신이 속해 있는 산업 내에서 생존하기 위해서는 어떠한 관점에서 리스크를 관리할 것인지에 대해서도 이야기한다.

그리고 새롭게 떠오르고 있는 주제인 '사람과 기술을 존중하는 리스크 관리'에 대해 깊게 생각해 보며 마무리한다. 모든 산업에 걸친 한국의 기업들에게 리스크 관리에 대한 해법을 제시하고 지속 가능한 기업으로 나아갈 방향에 대한 아이디어를 제시한 이 책을 통해 다양한 리스크를 효율적으로 관리할 수 있을 것이다.

자료 : http://book.naver.com/bookdb/book_detail.nhn?bid=2522667

기업을 둘러싼 경영환경의 변화는 비즈니스 리스크 관리에 있어 새로운 접근을 요구하게 되었는데 이러한 접근은 보험과 재무의 전문적인 노하우를 필요로 하며 관리 대상 리스크는 부보리스크, 재무리스크, 운영리스크 등 기업경영의 전반적인 리스크들을 아우르게 되는 바 그 내용상 포괄적인 리스크 관리가 된다. 통합 리스크 관리의 차원에서 볼 때 특정 리스크의 원천은 특별히 중요한 바가 아니며, 여하한 리스크가 되었건 궁극적인 손실은 기업 매출에 지장을 초래하며 심지어 기업의 파산까지를 불러올 수 있다.

사실, 주어진 손실에 대해 리스크별로 손인 분석을 한다는 것 자체가 쉬운 일은 아닐 것이며 리스크들은 단순히 "가중 된다"(add up)고 할 수 없는바 이는 기업이 특정 리스크를 관리함에 있어 여타 리스크에의 영향을 직·간접적으로 받기 때문이다. 바로 이러한 차원에서 포괄적이고 통합적인 리스크 관리 전략이 필요한 것인데, 통합 리스크 관리의 성격은 다음의 다섯 가지로 요약할 수 있다.

첫째, 세부 분석적인 성격의 리스크 관리이다. 기업 리스크 관리의 초석은 현존 리스크에 대한 면밀한 분석에 있다. 손실 발생 빈도와 손실 규모에 대한 분석에 기초하여 리스크 통제나 리스크 전가 등의 리스크 관리 기법을 강구하게 된다. 가장 대표적인 리스크 관리 수단으로서 보험은 때로 비효율적일 수 있고 적지 않은 경우 보험 가입 자체가 불가한 경우도 있는데 이런 경우에 대비하여 보다 다양한 리스크 관리 기법의 확보와 운용이 요구된다.

둘째, 기업의 최적 투자 실행 차원에서의 리스크 관리이다. 손실에 따른 유동성 부족 사태나 신규 투자 및 재투자 불가 상황을 고려해 볼 때 기업 리스크 관리는 기업의 최적 투자 시나리오 차원에서 수행되어야 한다. 리스크 관리 전략은 손실 발생 전후의 최적 투자 의사결정을 포함하여야 할 것인바 구체적인 수단으로는 비상시 자동대출 등을 포함한다.

셋째, 거래비용 최소화에 부합하는 리스크 관리이다. 리스크 관리가 적절하게 이루어지지 않는 경우 세금 부담 증가, 주주-채권자 간의 갈등, 파산비용 증가 등의 거래비용이 발생한다. 이에 따라 거래비용 최소화 차원에서의 리스크 관리는 전통적인 리스크 관리뿐 아니라 세금 관리, 자본구조 조정 등을 포함한다.

넷째, 포괄적인 성격의 리스크 관리이다. 경영 성과에 영향을 미치는 리스크의 다양성을 고려해 볼 때, 또 리스크의 원천 파악보다는 결과적인 손실의 파괴력을 고려할 때 새로운 차원의 리스크 관리는 부보리스크, 재무리스크, 운영리스크 등을 포괄적으로 커버하는 성격이 되어야 할 것이다.

다섯째, 통합 리스크 관리는 경제적이다. 기업 경영에 따른 많은 현금흐름은 리스크를 내포하고 있는데 전체 현금흐름의 리스크는 각 리스크의 단순 합과 상이하다. 리스크들은 단순히 가중된다고 할 수 없는바 이는 기업이 특정 리스크를 관리함에 있어 여타 리스크에의 영향을 직·간접적으로 받기 때문이다. 분산효과에 의거하여 전체 리스크는 개별 리스크의 합보다 작다. 반면에, 기업이 당면한 리스크들을 전체적으로 관리하지 않고 개별적으로 접근하는 경우 도리어 리스크를 증가시키는 비효율적인 의사결정을 할 수 있다.

지속 가능 성장을 위한 보험과 리스크 관리

IV

Risk Management and Insurance

part four

지속 가능 성장과 리스크 관리

Risk Management and Insurance
ch. eight

08

1. 글로벌 금융위기 속의 보험 비즈니스

2. 보험 비즈니스의 지속 가능 경영

3. 보험 비즈니스의 발전 방향—통합 리스크 관리

보험시장의 국내외 환경이 급변하고 있다. 글로벌 금융위기 과정에서 AIG 사태로 비롯된 보험 비즈니스에 대한 사회의 부정적인 인식은 불식하기가 쉽지 않을 전망이다. 자본시장통합법 시행 등 보험 비즈니스를 둘러싼 국내 환경 또한 크게 변하고 있다.

글로벌 금융위기의 영향으로 금융시장의 혼란이 지속되고 있는 가운데 리스크 관리의 중요성이 더욱 증대되고 있다. 전사적 리스크 관리(ERM), 리스크 중심의 금융감독(Risk Based Financial Supervision) 강화 등 리스크 관리에 대한 사회의 관심 증가는 리스크 관리를 업業으로 하는 보험 비즈니스의 입장에선 스스로의 생존전략이자 미래 시장의 성장동력이 될 수 있다.

정체와 도약의 기로에 서 있는 한국 보험업계는 사회적 책임과 윤리경영을 강조하는 지속 가능 경영에 힘써야 할 것이다. 지속 가능 성장이라고 하는 큰 vision을 구현하기 위하여 보험 비즈니스는 경제적 수익성, 환경친화성, 사회적 책임성을 균형있게 조화하여 장기적인 성장을 추구하여야 할 것인데, 여기서 지속 가능 경영의 세부 전략 중 하나인 리스크 관리의 중요성이 매우 크다.

오늘날 리스크 관리는 그 중요성이 날로 더해 가고 있다. 정보통신 혁명 등 과학기술의 발달, 금융시장의 변화, 재해사고의 빈발, 경영활동의 세계화 등 기업을 둘러싼 리스크가 날이 갈수록 복잡 다양화되어 가고 있다. 급변하는 경영 리스크 환경에 처하여 기업들에게는 체계적인 리스크 관리가 절실하게 요구되는바 향후의 리스크 관리는 과거와 같은 보험 위주의 리스크 관리에서 벗어나 통합 리스크 관리(Integrated Risk Management)의 추세가 될 것으로 예상된다. 부보리스크, 재무 리스크, 신용 리스크, 비상 리스크 등을 포괄적으로 통합 관리하는 노력이 필요한 것이다. 이제 기업에게 있어 리스크 관리는 과거의 소극적이었던 손실 예방 및 손실 감소 차원의 기능에서 한 단계 발전하여 중장기적인 이익 창출의 적극적인 기능으로서 인식되고 있다.

1 글로벌 금융위기 속의 보험 비즈니스

Risk Management and Insurance, ch. eight

AIG 사태에도 불구하고 보험산업에 대한 글로벌 금융위기의 직접적인 영향은 제한적인 것으로 분석된다. 이는 무엇보다도 보험사의 투자 포트폴리오 다변화의 덕이다. 서브프라임 모기지와 관련한 보험권의 직접적인 투자손실은 미화 800억 달러를 넘지 않을 것으로 분석되는데, 이는 전 세계 보험산업 총 자본의 3.5% 혹은 총 투자자산의 0.5%에 그치는 규모다. 반면 은행권은 약 6천억 달러에 달하는 큰 신용 손실을 입은 것으로 추정된다.[1]

글로벌 금융위기 과정에서 새로운 종류의 리스크가 보험 비즈니스에 영향을 미치게 되었는데 이는 보험 비즈니스의 핵심 사업과는 동떨어진 새로운 금융 서비스 활동에서 비롯되었다. AIG, FORTIS가 대표적인 보험사들인데 이들은 주로 CDS 및 기타 보증상품 거래에서 상당한 손실을 입었다.

세계에서 가장 큰 자산 관리자 중의 하나인 보험 비즈니스가 주식가치 하락과 채권 스프레드의 확대로 인해 악영향을 받을 것이라는 점에는 의심의 여지가 없다. 그러나 보험권은 예전 2001~2003년의 주식시장 위기 때보다는 상대적으로 주가 하락의 리스크에 덜 노출되어 있다고 하겠다. 이는 많은 보험사들이 근래에 들어 주식 비중을 줄였기 때문이다. 그러나 국공채 및 회사채에서의 손실은 보험 비즈니스(특히 생보사) 포트폴리오에 직접적인 영향을 주고 있다. 유례없는 시장 상황의 변동성 확대 상황에서 보험 비즈니스에 대해 유효한 전망을 내놓는 것은 불가능하겠지만 금융시장의 계속되는 불확실성을 고려할 때, 또 세계 경제의 둔화 속에서 보험 비즈니스 자산가치의 급락가능성도 배제할 수는 없다.

이러한 환경에서 보험사 및 재보험사들은 그들의 자산 기반을 보호하기 위해서 보다 엄격한 언더라이팅 심사와 신중한 투자를 견지할 것으로 예상된다. 위기 상황에서 보험료율의 상승 추세는, 특히 기업보험의 경우, 보험사들의 회복을 촉진할 것이다. 일반적으로, 금융위기는 보험사들을 그들의 핵심 기능인 리스크 언더라이팅에 충실하게 유도한다. 동시에 보험사들은 보다 보수적인 투자 전략을 추

1. "Anatomy of the credit crisis," The Geneva Reports, Jan. 2010.

구하거나 견지하게 될 것으로 전망되는데 보험사의 새로운 투자 전략은 이제까지 간과되어 왔던 유동성 리스크를 신중하게 반영하는 전략이 될 것이다. 또한 보험 산업은 금융시장 내에서도 안정적이고도 장기적인 비즈니스로서의 그들의 특별한 역할을 더욱 강조하게 될 것으로 예상된다.

보험 비즈니스의 핵심적인 활동들의 경우에 있어 정부의 규제는 적절하고 효과적이었던 것으로 분석된다. 그럼에도 불구하고 오늘날 금융시장에 대한 전례 없는 규제 강화 분위기를 고려해 볼 때 보험산업은 보다 엄격한 규제 리스크에 직면해 있다. 특히 리스크 기반(risk based)의 Solvency Ⅱ 시스템이 멀지않은 장래에 도입될 것임은 매우 중요한 사실이다. Solvency Ⅱ는 보험사의 모든 비즈니스, 투자 및 운영리스크 전반에 대한 통합적인 관리를 핵심으로 하는데, 특히 내부 리스크 관리를 강조하고 있다. 경제적인 관점에서 볼 때 Solvency Ⅱ는 위기를 통해 얻은 교훈을 충실히 반영하는, 더 나아가 보험권의 지속 가능한 경쟁력을 지향하는 적절한 규제의 기본 틀을 제공할 것으로 기대된다.

1.1 미국의 보험산업[2]

(1) 생명보험

미국이 금융위기의 여파로부터 더디게 회복하고 있는 과정에서 생명보험사들은 어려운 시절을 보내고 있다. 급여 삭감과 고용 침체, 신용경색, 부동산 침체, 내수 침체 등이 경제회복을 늦추는 요소들이다. 연금보험 비즈니스 역시 저소득, 저성장, 규제 강화에 직면하고 있다.

많은 보험사들이 'back-to-basics' 전략으로 이러한 난관에 대처하고 있다. 그러나 이러한 전략은 보험사들로 하여금 당장의 폭풍우를 피할 수 있게는 하겠지만 지속적인 성공을 담보할 수는 없다. 어려운 상황에서도 비즈니스의 수익성과 성장동력을 되찾기 위해서는 비즈니스 전략을 개선하고 실행하기 위한 창의적이고 선제적인 대응이 필요하다. 특별히 보험사가 노력해야 할 일들은 다음과 같다.

2. Ernst & Young, "US Insurance Industry Outlook," 2010.

- 위기 상황에서 자본 활용의 최적화
- 지배구조 개선과 투명성 제고로 보다 강화된 리스크 관리 시스템 구축
- 핵심 사업에의 집중과 상품개발 및 영업조직의 재구성
- 규제환경 변화에의 성공적인 대처
- 보험사 인프라의 효과성 개선

(2) 손해보험

미국의 손해보험산업은 상대적으로 금융위기의 영향을 덜 받은 편이기는 하나 soft underwriting 주기가 길어지면서 역시 도전에 직면해 있다. 금융위기에 깊이 관여되었던 소수의 보험사를 제외하고 손해보험산업의 자본은 비교적 건전한 수준이다. 불경기 속에서도 손해보험 비즈니스의 손해율은, 금융/모기지 보증 회사들을 제외하고, 안정적으로 유지되고 있는데 이는 적절한 언더라이팅 심사와 대형재해 사고가 상대적으로 적었던 데에 기인한다. 주식시장의 악영향도 크지 않았고, 신용평가의 급락이나 업계 전체에 중대한 변화를 야기할 만한 M&A도 없었다.

그러나 미국 손해보험산업은 정부나 주 차원의 규제 강화의 불확실성, 의료서비스 개혁이라는 큰 도전에 직면해 있다. 비용관리와 조직 효율성 제고의 중요성은 점차 악화되고 있는 언더라이팅 환경에서 결코 간과될 수 없다. 향후 경제가 회복되고 비즈니스 환경이 안정될 때 업계 강자와 약자의 격차는 더 벌어질 전망이다. 보다 잘 준비된 보험사는 사세를 확장할 수 있는 기회를 얻게 될 것이고, 반대로 준비되지 않은 보험사들은 경쟁 속에서 살아남기 어려울 전망이며 수익성이 떨어지고 비핵심적인 분야에서 철수해야만 할 것이다. 손보업계가 특별히 신경써야 할 이슈들은 다음과 같다.

- 보험료율 책정 딜레마
- 급변하는 규제 환경에의 성공적인 대처
- 핵심 사업에의 집중과 상품개발 및 영업조직의 재구성
- 지배구조 개선과 투명성 제고로 보다 강화된 리스크 관리 시스템 구축
- 보험사 인프라의 효과성 개선

1.2 대한민국의 보험산업[3]

보험산업의 경영환경은 불확실성이 여전히 존재하나, 전반적으로 영업 환경 개선, 규제 완화, 감독 강화 등이 전망된다. 우선 보험시장 환경을 살펴보면, 경기 회복, 금융시장 환경 개선으로 성장세가 회복되고 수익성이 개선될 것으로 기대된다. 보험영업 부문에서는 고령화 급진전에 따른 노후 · 건강 관련 상품 수요가 증대되고, 정부의 저탄소 녹색성장 정책에 부응한 녹색보험 등의 신상품 개발이 예상된다. 또한 보험상품의 개발절차가 간소화되어 다양한 보험상품 개발이 촉진될 것으로 기대된다. 투자영업 부문에서도 금융시장 환경 개선 등에 힘입어 수익성이 향상될 것으로 전망된다.

제도상의 환경으로는, 현재 입법 추진 중인 보험업법 개정안이 시행될 경우 보험사의 업무영역이 확대되고 자산운용의 자율성이 제고될 것으로 기대된다. 보험판매 채널과 관련 향후 보험판매전문회사 및 금융판매전문회사제도도 도입될 것으로 예상되고 있는데, 이러한 제도들을 포함하여 보험판매 채널과 관련된 제도 정비가 지속적으로 이루어질 것으로 기대되고 있고, 이를 통해 소비자의 선택권이 보다 강화되고 국내 보험판매 채널 시스템의 선진화가 앞당겨질 수 있을 것으로 예상된다. 한편, 보험료 산출방식 변경(기존 3이원식에서 현금흐름 방식으로)으로 보험사 간에 가격경쟁이 확대되고 다양한 상품개발 촉진으로 소비자의 상품선택 폭도 확대될 것으로 기대된다.

감독상의 경영환경을 살펴보면, 보험사의 리스크 감독체계가 위험기준 자기자본제도(RBC), 리스크 평가제도(RAAS), 리스크 공시 확대의 3대 축을 기반으로 강화되고 동 시스템들의 효과적인 활용을 통해 보험사의 재무건전성이 실질적으로 제고될 것으로 기대된다. 보험사기로 인한 보험사의 손실이 보험료 인상으로 이어져 다수의 선의의 보험계약자에 대한 피해로 확산된다는 점에서 보험사기를 방지하기 위한 민관 협력 및 제도적 보완이 대폭 강화될 것으로 예상된다. 한편, 보험소비자 보호를 강화하기 위한 노력도 지속적으로 이루어질 것으로 기대된다. 특히 과장 및 허위광고, 보험상품 불완전판매 및 무자격자에 의한 보험모집행위 등과 관련된 위반행위를 집중적으로 적발하고, 또한 보험금 지급의무 등 보험소비

3. 한국금융연구원, 『계간 금융동향』, 2009년 겨울.

자의 권익에 직접적인 영향을 미치는 의무 불이행에 대해서는 검사와 제재가 보다 강화될 것으로 예상된다.

2 보험 비즈니스의 지속 가능 경영

Risk Management and Insurance, ch. eight

지속가능성이란 어떤 하나의 절차나 상태가 영원히 유지될 수 있는 전반적인 가능성을 뜻한다. 한편, 세계환경개발위원회(WCED)는[4] 1987년 'Our Common Future' 라는 보고서에서 지속 가능한 성장(sustainable development)을 미래 세대의 필요를 충족시킬 수 있는 능력을 저해하지 않으면서 현 세대의 요구를 충족시키는 발전으로 정의하였다.

지속 가능 성장은 개념적으로 경제, 환경, 사회정치 세 분야의 성장을 아우르는데 Dow Jones의 지속 가능 경영평가는 바로 이들 세 분야의 비즈니스 성과를 기초로 지속 가능 경영지수(DJSI)를 산출하여 발표하고 있다. 왜 비즈니스가 지속 가능 경영에 적극 힘써야 하는지는 너무나도 분명하다. 여하한 비즈니스도 그들이 속한 지역사회에 공헌하지 않거나, 고객의 니즈에 귀 기울이지 않을 때, 기업지배구조 개선이나 윤리경영에 힘쓰지 않을 때, 또 환경 보전에 노력하지 않는다면 더 이상 성공할 수 없기 때문이다.

2.1 지속 가능 경영

지속 가능 성장의 개념이 발전하여 조직의 경제적, 사회적, 환경적 책임을 바탕으로 기업의 지속 가능한 발전을 추구하는 새로운 경영 패러다임인 **지속 가능 경영**이 등장하였다. 가격경쟁력에 승부를 걸었던 1970~1980년대와 제품 및 서비스의 품질 향상에 많은 투자가 이루어졌던 1990년대를 거쳐, 이제는 기업과 브랜드의 이미지 개선이 치열한 글로벌 시장에서 생존하기 위해 필수적인 시대로 접어들었다. 즉, 기업의 가치를 측정하는 데 있어 과거에는 기업이 보유한 유형자산

4. 1983년 UN 총회 결의에 따라 장기적인 지구환경 보전 전략 수립을 목적으로 구성된 위원회.

이 절대적인 기준이 되었으나, 지금은 경제적 성과가 우수한 것은 물론이고 사회 및 환경적 가치 역시 균형 있게 창출해내는 지속 가능 경영 실천 기업만이 장기적으로 생존할 수 있다는 의미이다.

소위 '이해관계자(stakeholders)'는 조직의 활동, 제품 또는 서비스로부터 중대한 영향을 받을 것으로 예상되거나 조직이 성공적으로 전략을 이행하고 목표를 달성하는 데 영향을 줄 것으로 예상되는 단체나 개인으로 정의될 수 있다. 글로벌화의 가속화는 이러한 이해관계자들이 더욱 다양해지고 복잡해지는 계기가 되었

그림 8-1 지속 가능 경영의 개념

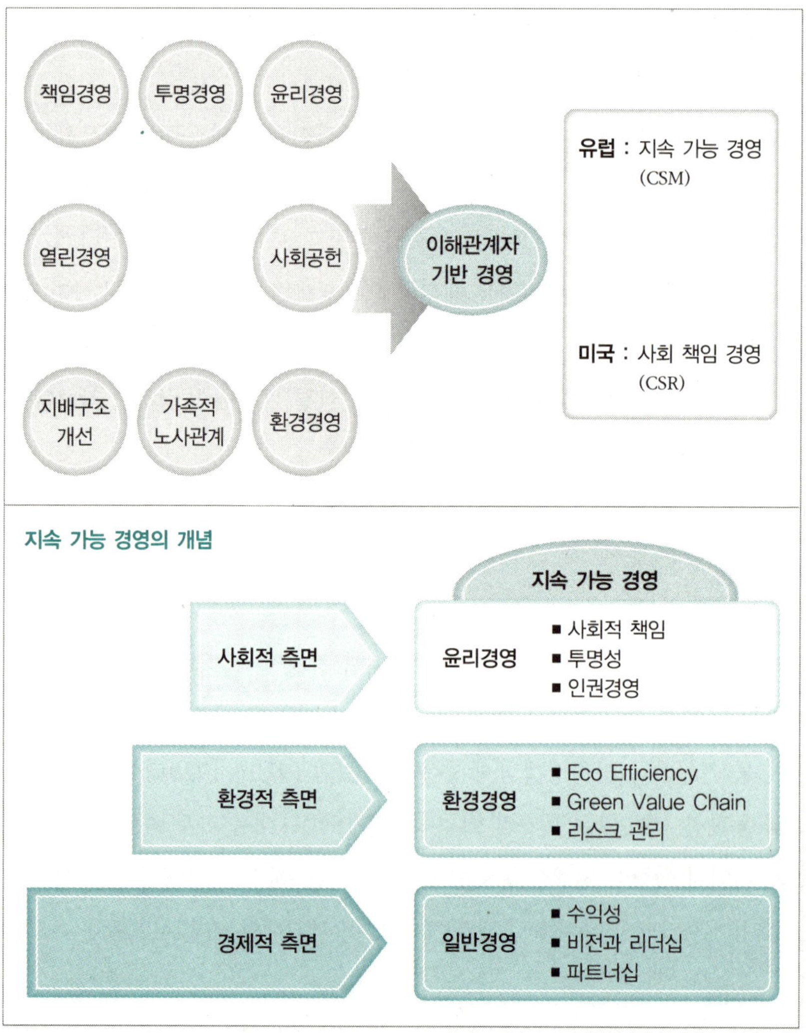

다. 따라서 글로벌 경쟁체제에서 성공하는 지속 가능한 기업이 되기 위해서는 고객, 협력업체, 지역사회 등 다양한 이해관계자들이 가지고 있는 경제적, 사회적, 환경적 측면의 관심 사안들을 경영활동에 반영하고 이들과의 신뢰관계를 강화해 나아가는 것이 더욱 중요해졌다.

지속 가능 경영 보고는 지속 가능한 발전을 위한 기업의 성과를 측정 및 공개하고 이해관계자들에게 그에 걸맞는 책임을 약속하는 활동을 의미한다. 이해관계자들이 기업의 가치를 평가하는 데 있어 재무적 관점과 비재무적 기준을 종합적으로 고려하는 경향이 증가함에 따라 경제적 · 사회적 · 환경적 성과를 담고 있는 지속 가능 경영보고서의 발행 역시 지속적으로 증가하고 있다.

경제적 · 환경적 · 사회적 차원에서의 지속 가능 경영 전략과 관리의 우수성은 계량화가 가능하며 투자자의 입장에서 유망한 기업들의 평가와 선별도 가능하다. 지속 가능 경영 역량이 탁월한 기업들은 다음과 같은 여러 기준에서 우수성을 보이고 있다. 지속 가능 경영 평가 분야에서 선도적인 역할을 하고 있는 DJSI(Dow Jones 지속 가능 경영 평가지수)의 주요 평가기준은 다음과 같다.

- **리스크 관리** : 조직의 활동 및 자원을 계획 · 조직 · 실행 · 통제하는 일련의 의사결정 과정
- **전략** : 장기적인 차원에서 기업전략에 경제적 · 환경적 · 사회적 책임을 반영하고 있으며, 국제적 경쟁력과 브랜드가치의 유지
- **재무** : 투자수익률, 장기 성장, 의사소통, 회계의 투명성 제고 등 주주 요구에의 부응
- **고객 및 상품** : 장기적인 관점에서 재무 · 자연 · 사회 자원을 효율적이고 효과적으로 활용하고 고객관리, (기술과 시스템 개발에 초점을 둔) 제품 및 서비스 혁신에의 투자를 통한 고객 충성도 강화
- **지배구조 및 이해관계자** : 기업강령이나 대외 공시 강화 등 기업지배구조 선진화와 이해관계자 참여 제고
- **인적자원 관리** : 선진 교육 제공, 지적자산 관리, 급여 및 사원복지 프로그램의 운용으로 근무역량을 유지하고 사원의 근무만족도를 제고

표 8-1 DJSI의 기업 지속 가능 경영 역량 평가 기준

평가 기준	세부 기준	비중(%)
Economic	기업강령/법 준수/청렴도	6.0
	기업지배구조	6.0
	리스크 관리	6.0
	기타	가변적
Environment	환경보고서	3.0
	기타	가변적
Social	기업시민/자선사업	3.0
	근로조건	5.0
	인적자원 개발	5.5
	사회적책임보고서	3.0
	우수 직원 채용 및 보유	5.5
	기타	가변적

자료 : DJSI http://www.sustainability-index.com/

2.2 보험 비즈니스의 지속 가능 경영

지속가능성의 개념은 보험 비즈니스의 리스크 관리와 언더라이팅에 이미 잘 반영되어 있다고 본다. 리스크 전가라는 보험의 핵심 기능을 고려해 볼 때 보험 비즈니스는 경제적 곤란, 사회 또는 환경 사고에 따른 금전적 손실을 경감시켜 줌으로써 지속 가능 경영에 크게 공헌할 수 있다.

UNEP(United Nations Environmental Programme)의 '지속 가능 성장을 위한 보험의 역할' 보고서에서 세계 유수의 보험사들로 구성된 U.N. Insurance Working Group(IWG)은 보험 비즈니스가 기여할 수 있는 지속 가능 성장 관련 9가지 현안들을 다음과 같이 꼽고 있다.[5]

- Climate Change(기후변화 리스크 관리)
- Microinsurance(마이크로 파이낸싱 관련 보험)
- Lifelong Income(고령화 리스크 관리)

5. UNEP(United Nations Environment Programme), "Financial Initiative, Insuring for Sustainability," May 2007.

- Health(건강 리스크 관리)
- Emerging Manmade Risks(인재人災 리스크 관리)
- Environmental Liability(환경배상책임 리스크 관리)
- Natural Resources(자원고갈 리스크 관리)
- Recycling(리사이클)
- Internal Efficiency(보험 비즈니스 자체의 환경보전 운동)

상기한 지속 가능 관련 리스크들에 대한 분석과 체계적인 관리는 계속기업(going concern)의 기업가치 제고에 직결된다고 하겠으며 리스크 관리, 상품개발, 언더라이팅, 클레임 처리 등 보험 비즈니스의 제반 기능을 고려해 볼 때 보험 비즈니스는 People, Planet, Profit의 Triple Bottom Line(TBL) 향상에 직접적으로 부합하는 비즈니스라고 하겠다. 따라서 보험 비즈니스는 전 세계의 지속 가능 성장에 있어 큰 공헌을 할 수 있고 또 해야 마땅할 것이다.

표 8-2 지속 가능 경영 관점에서 본 보험 비즈니스

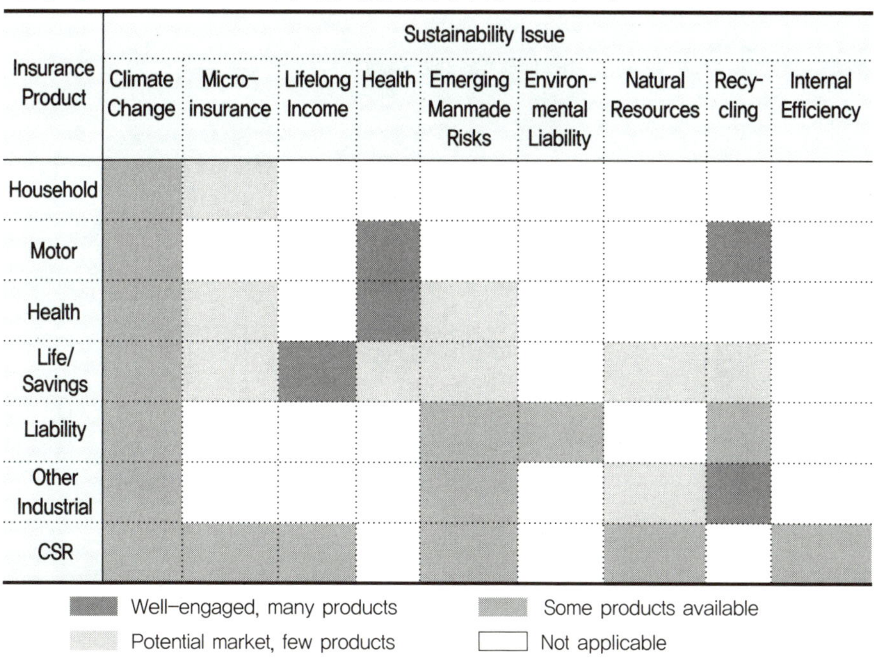

자료 : Insuring for Sustainability, UNEP, 2007.

2.3 지속 가능 경영 전략으로서 리스크 관리의 중요성

리스크 관리는 지속 가능 경영에 있어 핵심적인 전략이다. 리스크 관리는 개인, 가계, 기업, 공공기관 등과 같은 조직체에 미치는 우연한 손실의 역逆효과를 (최저비용으로) 최소화하기 위하여 조직의 활동 및 자원을 계획, 조직, 실행 그리고 통제하는 일련의 의사결정 과정(decision-making process)을 의미한다.

리스크 관리의 목표 설정, 기업이 직면하고 있는 리스크의 파악, 손실 발생 빈도 및 손실 크기 차원에서의 리스크 분석, 최적 리스크 관리 수단의 선택 및 이행, 리스크 관리 커뮤니케이션/콘설팅/모니터링/개선, 리스크 관리에 대한 조직 내의 인식 제고 등이 체계적인 리스크 관리의 세부 내용이다. 체계적인 리스크 관리가 계속기업(going concern)의 기업가치 극대화에 직결됨을 고려할 때 리스크 관리는 지속 가능 경영 그 자체라고 말해도 무방할 것이다.

그림 8-2 체계적인 리스크 관리

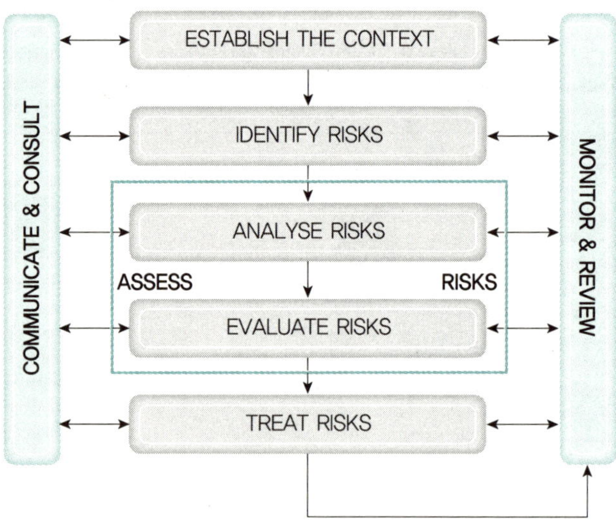

DHC 뉴스

미국의 Love Canal 사건

Love Canal은 미국 뉴욕 주에 있는 나이아가라 폭포에서 남쪽으로 4마일 가량 떨어진 곳에 위치한 폭 30미터 길이 1,000미터 가량 되는 운하였다. 1892년 William Love가 운하를 개발하여 선박을 운항하고 발전소를 세울 계획이었는데, 1910년에 들어서면서 미국의 경제 불황으로 공사가 중단되고 그후 수십년간 방치되었다. 나중에 이 땅을 사들인 Hooker Chemical 회사는 주정부의 감독 하에 1942년부터 1953년까지 공장에서 폐기된 화학물질을 철제 드럼통에 넣어 운하에 매립하였다. 매립이 끝날 즈음에는 21,000톤에 달하는 독성 화학물질이 가득하게 되었는데 클로로벤젠, 다이옥신 등과 같은 발암물질들이 많았던 것으로 알려졌다. 나이아가라 시도 이곳에 쓰레기를 버렸으며, 심지어 미 육군이 맨하탄 프로젝트에서 나온 유해성 쓰레기를 이곳에 매립했다는 소문도 있다. 1953년 Hooker Chemical 회사는 매립지를 나이아가라 교육위원회에 기증했고, 1955년부터 초등학교 및 주택지가 건설되었다. 매립지 기증은 Hooker Chemical이 화학물질 매립에 따른 향후의 법적 책임을 회피하고자 했던 시도였던 것으로 보인다.

이 땅에 학교가 세워진 후 학생들은 운동장에서 이상한 화학물질이 나오고, 심지어 돌을 던지면 연기를 내면서 부식하는 것을 보면서 놀았다. 1970년대 초부터 건물 지하실에서 이상한 냄새가 나는 물질이 스며나오는 것이 관찰되기 시작했으며, 많은 주민들이 피부병, 두통, 간질, 천식, 출산 이상 및 유산 등으로 고통을 호소했다. 1977년 나이아가라 시 당국이 이 지역에 대한 조사를 실시한 결과 지하수가 유독성 화학물질로 심하게 오염되었음을 확인했으나 특별한 조치가 취해지지 않았다.

그러나 Niagara Gazette 신문의 브라운 기자는 1976부터 이 사건이 심상치 않음을 알고 계속적인 보도를 하였으며, 1978년 이 보도를 본 Gibbs 씨(간질병을 앓고 있는 아이의 어머니) 등 주민들의 지속적인 노력 및 청원에 의하여 이 지역이 유독성 화학물질에 의하여 심하게 오염되었음이 밝혀지게 되었다. 1978년 8월 뉴욕 주 보건당국은 이 지역의 238가구에 대하여 즉시 이주할 것을 명령하였으며, 1980년 8월 카터 행정부는 주변 810가구를 추가로 이주하게 하고 이 지역을 환경재난지역으로 선포하였다.

이 사건을 계기로 미 연방정부는 1980년 12월 Superfund 법(Comprehensive Environmental Response, Compensation, and Liability Act)을 제정하여 유해지역의 문제를 해결하기 위해 160억 달러에 해당하는 기금을 조성하고 유해지역에 대한 조사, 처리, 보상을 시작하였다. 이 법에서 특별히 주목할 점은 환경오염사고의 가해자에게 유해지역의 정화비용 책임을 강제했다는 것이다. Love Canal 사건은 미국 환경보호 운동의 기념비적인 사건이다.

자료 : http://www.geneseo.edu/history/love_canal_history

3 보험 비즈니스의 발전 방향—통합 리스크 관리

Risk Management and Insurance, ch. eight

글로벌 금융위기 속에서 당국의 금융감독 방향은 리스크 중심의 감독(Risk-Based Financial Supervision)이 강화될 전망다.[6] 이에 부응하여야 하는 보험 비즈니스의 입장에서 전사적 리스크 관리(Enterprise Risk Management ; ERM) 시스템의 구축은 필수적이다. ERM은 보험리스크 및 비보험리스크(재무, 신용, 비상 리스크 등)를 망라하는 소위 통합 리스크 관리의 전형이다.

한편, 통합 리스크 관리에 대한 사회의 관심과 수요가 증가하고 있는 상황에서 통합 리스크 관리 서비스 시장은 리스크 관리를 업業으로 하는 보험 비즈니스의 입장에서 새로운 시장으로 발전 가능할 것으로 판단된다.

3.1 통합 리스크 관리의 중요성

(1) 경영환경의 변화

오늘날 리스크 관리는 그 중요성이 날로 더해 가고 있다. 정보통신 혁명 등 과학기술의 발달, 금융시장의 변화, 재해사고의 빈발, 경영활동의 세계화 등 기업을 둘러싼 리스크가 날이 갈수록 복잡 다양화되어 가고 있다. 급변하는 경영 리스크 환경에 처하여 기업들에게는 체계적인 리스크 관리가 절실하게 요구되는바 향후의 리스크 관리는 과거와 같은 보험 위주의 리스크 관리에서 벗어나 **통합 리스크 관리**(Integrated Risk Management)의 추세가 될 것으로 예상된다. 부보리스크, 재무 리스크, 신용 리스크, 비상 리스크 등을 포괄적으로 통합 관리하는 노력이 필요한 것이다. 이제 기업에게 있어 리스크 관리는 과거의 소극적이었던 손실 예방 및 손실 감소 차원의 기능에서 한 단계 발전하여 중장기적인 이익 창출의 적극적인 기

6. RAAS(Risk Assessment and Application System), RBC(Risk Based Capital) 등이 대표적인 리스크 중심 보험 비즈니스 감독의 예이다. RAAS는 보험회사의 부문별 리스크를 상시 평가하는 제도이며, RBC는 보험회사에 예상하지 못한 손실이 발생하더라도 이를 충당할 수 있는 자기자본을 보유하도록 하는 제도이다.

능으로서 인식되고 있다.

기업은 효율적인 리스크 관리를 위해 기업의 리스크 부담 능력과 해당 리스크의 손실 발생 빈도 및 손실 규모를 종합적으로 고려해 구체적인 리스크 관리 방법을 선택하게 된다. 기업은 전통적으로 기업이 보유할 수 없는 리스크를 보험시장에 전가하여 왔으나 1980년 이후로 기존 보험/재보험시장의 한계 및 기업의 다양한 리스크 관리 필요 등으로 인해 새로운 리스크 전가 수단에 관심을 갖기 시작했다.

(2) 대형재해 사고의 빈발

1980년대 후반 이후 빈발하고 있는 일련의 대형재해(catastrophe) 손실들은 보험시장의 한계를 노정시켰는데, 여기서 말하는 보험시장의 한계라 함은 대형재해에 대한 보험사 인수능력의 부족, 원하는 담보의 부재, 보험료율의 급변가능성을 의미한다. 이런 상황에서 대형재해의 리스크 관리를 위하여 보험/재보험 시장의 틀을 벗어나 대규모 자본조달 능력과 탁월한 리스크 분산 능력을 가진 자본시장에 눈을 돌리게 된 것은 지극히 자연스러운 현상이라 할 수 있다.

(3) Killer risks의 중요성과 전통적 리스크 관리의 한계[7]

오늘날의 기업, 특히 다국적기업들은 경영환경의 급변에 따른 경영 리스크의 다변화에 대처하기 위한 새로운 개념의 리스크 관리가 필요함에도 불구하고 보험을 중심으로 하는 전통적인 리스크 관리는 이러한 기업의 니즈에 부응하지 못하고 있다.

기업의 존폐를 좌우할 수 있는 치명적인 리스크를 소위 killer risks라고 하는데 그 대표적인 예는 다음과 같다.

- 영업 라이센스 상실
- 상표가치 또는 소비자 신용 상실
- 고객 기반 상실

7. The CII, *Risk Management*(2001) Ch. 3, Ch. 5.

- 사업 위기 및 지불능력 상실
- 기업 전체에 서비스를 제공하는 IT 관련 시설의 마비
- 인적자원 및 기술 기반 상실
- 산업 경쟁력 상실

상기한 killer risks 중 전통적인 리스크 관리 수단인 보험을 통해 관리할 수 있는 리스크는 거의 없음을 감안할 때 기업의 리스크 관리 니즈에 대한 보험의 한계는 분명하다고 하겠다.

(4) 자본시장과의 연계를 통한 통합 리스크 관리의 필요

최근의 대형재해 사고 빈발과 급변하는 경영 리스크 환경에 처하여 기업들에게는 체계적인 리스크 관리가 절실하게 요구되는바 향후의 리스크 관리는 통합 리스크 관리의 추세가 될 것으로 예상된다. 부보리스크, 재무 리스크, 신용 리스크, 비상 리스크 등을 포괄적으로 통합 관리하는 노력이 필요한 것이다.

그림 8-3 통합 리스크 관리

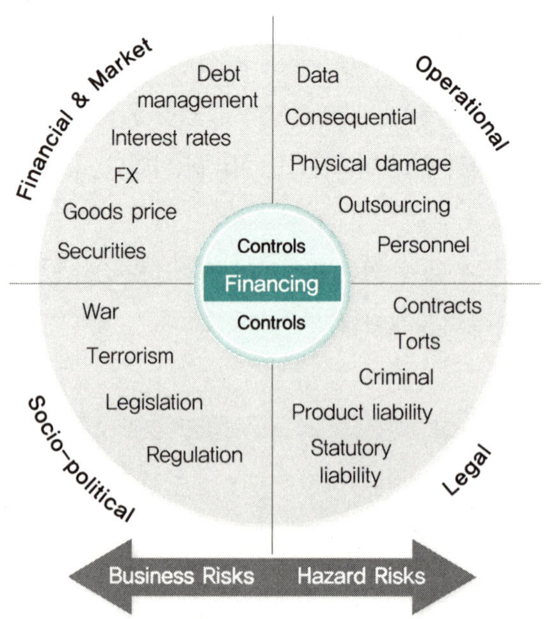

전통적인 보험 이외의 방법으로 기업이 금융리스크를 전가할 수 있는 수단이 있을 수 있고 리스크 전가를 위한 통로로서 전문적인 리스크 인수자가 있는바 바로 자본시장이다. 대규모 자본조달 능력과 탁월한 리스크 분산 능력을 가진 자본시장이 새로운 리스크 인수자로서 부각되고 있는 것이다.

3.2 통합 리스크 관리의 이론과 실제

(1) 통합 리스크 관리의 이론적 배경[8]

상기한 바와 같이 기업을 둘러싼 경영환경의 변화는 기업 리스크 관리에 있어 새로운 접근을 요구하게 되었는데 이러한 접근은 보험과 재무의 전문적인 노하우를 필요로 하며 관리 대상 리스크는 부보리스크, 재무 리스크, 운영리스크 등 기업 경영의 전반적인 리스크들을 아우르게 되는바 그 내용상 포괄적인 리스크 관리가 된다. 통합 리스크 관리의 차원에서 볼 때 특정 리스크의 원천은 특별히 중요한 바가 아니며 여하한 리스크가 되었건 궁극적인 손실은 기업 매출에 지장을 초래하며 심지어 기업의 파산까지를 불러올 수 있게 된다.

사실, 주어진 손실에 대해 리스크별로 손인 분석을 한다는 것 자체가 쉬운 일이 아닐 것이며 리스크들은 단순히 "가중된다(add up)" 고 할 수 없는바 이는 기업이 특정 리스크를 관리함에 있어 여타 리스크에의 영향을 직 · 간접적으로 받기 때문이다. 바로 이러한 차원에서 포괄적이고 통합적인 리스크 관리 전략이 필요한 것이며 통합 리스크 관리의 성격은 다음의 다섯 가지로 요약할 수 있겠다.

첫째, 세부 분석적인 성격의 리스크 관리이다. 기업 리스크 관리의 초석은 현존 리스크에 대한 면밀한 분석에 있다. 손실 발생 빈도와 손실 규모에 대한 분석에 기초하여 리스크 통제나 리스크 전가 등의 리스크 관리 기법을 강구하게 된다. 가장 대표적인 리스크 관리 수단으로서 보험은 때로 비효율적일 수 있고 적지 않은 경우 보험 가입 자체가 불가한 경우도 있는데 이런 경우에 대비하여 보다 다양한 리스크 관리 기법의 확보와

8. Neil Doherty, *Integrated Risk Management* (2000), pp. 10 ~ 12.

운용이 요구된다.

둘째, 기업의 최적 투자 실행 차원에서의 리스크 관리이다. 손실에 따른 유동성 부족 사태나 신규 투자 및 재투자 불가 상황을 고려해 볼 때 기업 리스크 관리는 기업의 최적 투자 시나리오 차원에서 수행되어야 한다. 리스크 관리 전략은 손실 발생 전후의 최적 투자 의사결정을 포함하여야 할 것인바 구체적인 수단으로는 비상시 자동대출 등을 포함한다.

셋째, 거래비용 최소화에 부합하는 리스크 관리이다. 리스크 관리가 적절하게 이루어지지 않는 경우 세금 부담 증가, 주주-채권자 간의 갈등, 파산비용 증가 등의 거래비용이 발생한다. 이에 따라 거래비용 최소화 차원에서의 리스크 관리는 전통적인 리스크 관리뿐 아니라 세금 관리, 자본구조 조정 등을 포함한다.

넷째, 포괄적인 성격의 리스크 관리이다. 경영성과에 영향을 미치는 리스크의 다양성을 고려해 볼 때, 또 리스크의 원천 파악보다는 결과적인 손실의 파괴력을 고려할 때 새로운 차원의 리스크 관리는 부보리스크, 재무 리스크, 운영리스크 등을 포괄적으로 커버하는 성격이 되어야 할 것이다.

다섯째, 통합 리스크 관리는 경제적이다. 기업 경영에 따른 많은 현금흐름은 리스크를 내포하고 있는데 전체 현금흐름의 리스크는 각 리스크의 단순합과 상이하다. 리스크들은 단순히 가중된다고 할 수 없는바 이는 기업이 특정 리스크를 관리함에 있어 여타 리스크에의 영향을 직간접적으로 받기 때문이다. 분산효과에 의거하여 전체 리스크는 개별 리스크의 합보다 작다. 반면에 기업이 당면한 리스크들을 전체적으로 관리하지 않고 개별적으로 접근하는 경우 도리어 리스크를 증가시키는 비효율적인 의사결정을 할 수 있다.

(2) ART와 통합 리스크 관리[9]

기업을 둘러싸고 있는 환경이 변화함에 따라 기업 경영에 영향을 미치는 리스크는 계속해서 증가하고 있다. 리스크가 궁극적으로 긍정적 또는 부정적인 결과를

---

9. The CII, *Risk Management*(2001), Ch. 8.

가져오느냐는 기업이 해당 리스크를 어떻게 다루는가에 달려 있다. 리스크를 적절하게 관리한다면 적지 않은 리스크들은 오히려 이익의 원천으로 바뀔 수 있다. 반면 리스크를 제대로 관리하지 못하는 경우 중대한 손실을 가져올 수 있을 뿐만 아니라 심지어 기업의 존립 기반을 해칠 수도 있다.

기업은 효율적인 리스크 관리를 위하여 기업의 리스크 부담 능력과 해당 리스크의 손실 발생 빈도 및 손실 규모를 종합적으로 고려하여 구체적인 리스크 관리 방법을 선택하게 된다. 기업은 전통적으로 기업이 보유할 수 없는 리스크를 보험시장에 전가하여 왔으나 1980년 이후로 기존 보험/재보험시장의 한계 및 기업의 다양한 리스크 관리 필요 등으로 인해 다른 리스크 전가 수단에 관심을 갖기 시작하였다.

ART(Alternative Risk Transfer)란 전통적인 리스크 관리 수단인 보험을 대체하는 리스크 전가 수단을 의미하는데, 여기에는 Risk Retention Group, Finite Risk Program, 대재해선물(Catastrophe Futures), 대재해옵션(Cat Options), 대재해채권(Cat Bonds) 등이 포함된다.

가. 파생상품

파생상품의 순수한 형태 중 하나는 특정 자산을 미래 날짜에 지정된 가격으로 팔거나 또는 살 수 있게 하는 futures contract이다. 대재해선물(Cat Futures)은 이러한 개념의 발전으로서 특정 사고의 손실이 일정한 수준에 도달하면 합의한 금액을 지불한다는 계약이다. 많은 경우에 있어 특정 손실 수준은 기업의 요구 수준뿐 아니라 외부기관이 요구하는 수준이 된다. 한 가지 예가 PCS Cat Insurance Options로서 재해지수(catastrophe index)에 따라 지불이 이루어지는데 동 지수는 Property Claims Services가 개발한 것이다.

나. 대재해채권

대재해채권(Cat Bonds)은 금융사고보다는 보험사고에 기초한 원리금을 투자자에게 지급하는 채권이다. 여기서 투자자에게 중요한 것은 그들의 포트폴리오 리스크를 자본시장의 한계를 넘어서 추가적인 시장으로 분산하는 것으로, 이 경우는 대형재해와 같은 보험사고를 담보하는 보험시장이 된다.

다. CATEX

CATEX(Catastrophe Risk Exchange)는 보험 리스크를 거래하는 전자시스템으로 거래자들은 대형재해 리스크를 스왑한다. 예를 들면 보험사와 재보험사들은 일본 지진 리스크를 플로리다 허리케인 리스크와 교환할 수 있다. 이것은 그들이 한 가지 유형의 리스크에 개별적으로 과도하게 노출되는 것을 피하게 하고 그에 따라 그들 자신의 자본을 더 효율적으로 사용할 수 있게 한다.

라. 긴급 대출

기업은 대형재해에 따른 추가적인 비용 충당을 위하여 비상시 자동적으로 자금을 빌릴 수 있는 협정을 미리 체결함으로써 긴급 자금원을 확보할 수 있다. 일반적으로 이 방법은 최선의 선택이 아니게 되는데 이는 기업이 손실로 인해, 또 추가적인 자본조달로 인해 재무적으로 취약해지기 때문이다.

마. Put Options

옵션 계약의 효과는 그 권리가 일정 사건이 일어난 뒤에 효력을 가지는 것으로 이러한 사건은 대형재해 손실일 수 있다. 피해를 본 기업은 사전에 미리 합의한 수준과 형태로 주식을 해당 금융기관에 파는 권리를 행사할 수 있다.

(3) ART의 한계

ART가 대재해성 리스크를 커버함에 있어 위험자본의 훌륭한 원천이 되고 있긴 하지만 다음과 같은 한계가 있는 것도 사실이다.

첫째, ART 수단을 통한 현금흐름이 반드시 보상(indemnity)과 직결된 것은 아니다. 따라서 실제 손실에 못 미치는 현금흐름이 있을 수 있다.

둘째, 기업의 입장에서나 자본시장의 투자자 입장에서 익숙하지 못한 환경에서 거래를 함에 따라 도리어 새로운 리스크가 야기될 수 있다.

셋째, 자본시장의 메커니즘은 보상서비스에 취약할 수밖에 없는바 외주를 주게 되는 경우 추가적인 비용이 발생한다.

넷째, ART가 아직은 금융당국의 감독이나 세무 · 회계처리 차원에서 호의적인 취급을 받지 못하고 있다.

3.3 보험 비즈니스의 대응방안

이상에서 논의된 바와 같이 향후의 리스크 관리는 통합 리스크 관리가 주가 될 전망이다. 상대방의 리스크를 인수하여 이를 체계적으로 관리하는 서비스를 주된 업무로 하는 보험 비즈니스의 경우 여타 금융기관에 앞서 이런 시장의 흐름에 민감하게 대처하고 시장을 주도하는 현명함을 보여야 할 것이다.

금융기관 간의 업무영역을 허물고 금융소비자의 니즈에 적극적으로 부응하는 방향으로의 금융개혁이 세계적인 추세가 되고 있다. 이러한 시대적인 흐름에 우리 금융계도 발 빠르게 대처할 필요가 있는바 자본시장통합법의 제정이나 금융시장의 개혁 움직임이 대표적인 예라고 하겠다.

이런 환경 속에서 보험 비즈니스도 향후 발전적인 개혁이 전망되고 요구되는데, 그 방향은 손해보험 비즈니스와 생명보험 비즈니스의 화학적인 결합을 기반으로 보험시장과 자본시장의 연계를 통한 통합 리스크 관리 비즈니스로의 발전이다. 개인과 가계를 대상으로 하는 생애재무설계(Life Financial Planning)와 기업을 대상으로 하는 통합 리스크 관리(Integrated Risk Management)의 부각이 예상된다. 아울러 그 중요성과 사회적 심각성이 날로 더해 가고 있는 사회보장 리스크(고령화 리스크, 건강 리스크, 실업 리스크 등)를 관리하여야 하는 공영보험 시스템과의 조화로운 연계도 민영보험 비즈니스의 기회시장이 될 수 있다.

통합 리스크 관리 비즈니스로의 발전적인 개혁을 목표로 할 때 보험 비즈니스는 이에 대비하는 적극적인 대처가 요구되는데 구체적인 대응방안은 다음과 같다.

첫째, 리스크 관리 전문인력의 보강과 양성이 절대적으로 필요하다. 보험 위주의 리스크 관리 틀을 넘어서서 재무 리스크 관리, 신용 리스크 관리를 아우르는 고차원의 통합 리스크 관리를 대상으로 할 때 전문인력 양성의 중요성은 아무리 강조해도 지나침이 없다.

둘째, 전사적 리스크 관리(ERM) 시스템의 구축이 필히 요구되는데 이를 위해서는 장 · 단기 마스터플랜과 로드맵의 설정이 필요하다.

셋째, 글로벌 금융위기를 겪으면서 우리는 좋은 규제 개혁과 보험 비즈니스의 성공을 위해서는 정부, 기관, 보험 비즈니스 간의 대화와 국제적 공조가 얼마나 중요한지 다시 한 번 깨달았다. 보험 비즈니스를 위한 국제적 공조 필요의 구체적인 예로는 Solvency II 이행과 IFRS 적용이 있다.

통합 리스크 관리 비즈니스로의 발전에는 짧지 않은 시간과 투자가 요구될 것인바 보험업계는 관련 비즈니스와의 횡적인 연계나 금융지주회사를 중심으로 하는 통합 리스크 관리 시스템 구축 등의 구체적인 대비책 마련이 요구된다. 기존의 거래 유형인 재보험시장을 통한 리스크 관리와 새로운 파트너가 되는 자본시장과의 연계에 따른 리스크 관리에 있어 중복을 피하는 동시에 갭을 최소화하는 효율적이고 체계적인 시스템의 구축이 필수적이다.

이상과 같은 보험 비즈니스의 대응방안 마련과 더불어 변화의 흐름과 사회적 책임을 분명히 인식하고 통합 리스크 관리 시스템 구축을 위한 당국과 학계의 적극적인 관심과 협조의 필요성은 부언할 필요가 없겠다.

그림 8-4 보험 비즈니스의 비전과 전략

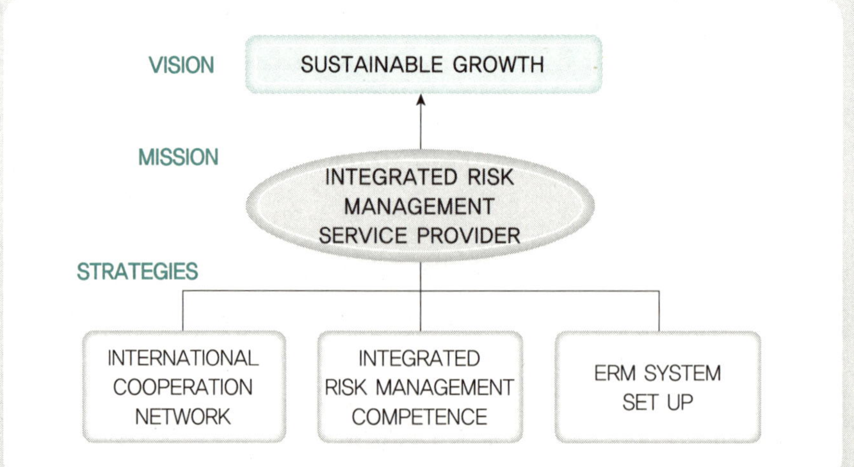

DHC 뉴스

"시대가 원하는 CEO? 복잡해진 리스크 예측 · 관리할 수 있어야"

매사추세츠공대(MIT) 슬론스쿨의 데이비드 슈미트라인 학장

금융위기 5년 … 美 기업 혁신 기피 등 보수적 변화
기업윤리 넘어 리스크 관리 · 정보 수집 중요성 커져
CEO의 내 · 외부 소통 능력이 경영 성패 좌우

데이비드 슈미트라인 매사추세츠공대(MIT) 슬론스쿨 학장이 지난 16일 학장실에서 리스크 관리에 대한 자신의 지론을 설명했다.

"어디에 리스크가 있는지, 무엇이 진실인지를 알고 이를 용기와 확신을 가지고 말할 수 있는 졸업생을 더 많이 배출하는 것이 슬론스쿨의 목표입니다."

세계 최고 경영대학 중 하나인 미국 매사추세츠공대(MIT) 슬론스쿨의 데이비드 슈미트라인 학장은 "2008년 글로벌 금융위기 이후 슬론스쿨을 포함한 미국 톱 경영대학원들의 가장 큰 변화는 학생들이 복잡한 시스템 리스크를 이해하도록 가르치는 데 주력하고 있다는 점"이라며 이렇게 말했다. 슈미트라인 학장은 펜실베이니아대 와튼스쿨에서 27년 동안 마케팅 교수로 재직하다 2007년 10월부터 슬론스쿨 학장을 맡고 있다. 그는 지난 16일 한국경제신문과의 인터뷰에서 "본인이 경영하고 있는 기업의 존재 목적을 명확하게 설명할 수 있고, 다양한 정보를 바탕으로 복잡다단한 리스크를 예측 · 관리할 수 있는 최고경영자(CEO)가 이 시대가 원하는 비즈니스 리더"라고 말했다. 다음은 슈미트라인 학장과의 일문일답.

▶ 2008년 금융위기 이후 5년이 지났다. 가장 큰 기업 환경의 변화는 무엇인가?

"두 가지 종류의 변화가 있다. 하나는 비교적 단기간에 정상으로 돌아갈 수 있는 변화이고, 다른 하나는 다시는 과거로 돌아가기 어려운 변화다. 많은 기업이 위기를 거치면서 보수적이 됐다. 현금을 손에 쥔 채 신제품 개발이나 신시장 개척을 꺼렸다. 매우 자연스러운 반응이다. 하지만 이런 변화는 시간이 흐르면 다시 과거로 돌아가게 돼 있다. 이미 많은 기업들이 투자를 다시 늘리고 혁신을 추구하고 있다."

▶ 그러면 과거로 다시 돌아가기 어려운 변화는 무엇인가?

"기업의 역할에 대한 사람들의 회의적 시각이다. 소비자, 투자자, 직원, 언론 등 점점 더 많은 사람이 기업의 존재 이유에 대해 질문하고 있다. 단순한 환경, 도덕, 지배구조에 대한 질문이 아니다. 국가와 지역사회에 왜 금융회사, IT회사, 혁신적 식품회사가 있어야 하고, 이런 기업들이 사회에 어떤 혜택을 줄 수 있는지에 대한 근본적 질문이다. 앞으로 기업의 리더들은 이런 질문에 명확하게 대답할 수 있는 능력을 요구받을 것이다. 과거에는 법과 윤리에 벗어나지 않는 범위 내에서 주주 이익을 극대화한다면 뭐든지 할 수 있도록 허용됐지만 더 이상은 아니다. 이미 많은 기업의 이사회가 최고경영자를 선택할 때 이 같은 기업의 존재 이유에 관한 커뮤니케이션 능력을 최우선으로 살펴보는 추세다."

▶ 예를 들어 설명해달라.

"예컨대 골드만삭스와 JP모간 같은 금융회사들이 왜 이 사회에 필요한지에 대한 질문에 CEO들이 답을 해야 한다는 뜻이다. 금융이 사회에 필요한 이유는 크게 두 가지다. 첫 번째는 자본이 가장 생산적인 곳에 쓰일 수 있도록 전달하는 역할, 두 번째는 리스크를 이해하고 기꺼이 감수하려는 개인이나 조직에 리스크(투자기회)를 전달하는 역할이다. 금융회사들이 이런 일을 제대로 하고 있다고 직원들과 사회를 설득시킬 수 있다면 사람들은 다시 금융업을 지지하게 될 것이다."

▶ 하지만 대형 금융회사들에 대한 불안한 시각이 여전하다.

"조금 다른 얘기를 하겠다. 금융위기 직후 사람들은 '대마불사(too big to fail)'를 주로 이야기했다. 하지만 최근에는 '관리하기에 너무 커버린 은행(too big to manage)' 에 대한 우려가 크다. 지난해 JP모간체이스 런던 지점의 60억 달러 투자 손실, 즉 '런던 고래 사건' 이 좋은 사례다. 과거에 비해 리스크의 성격이 복잡해진 것만큼 리스크를 관리하는 능력도 정교해져야 한다. 단지 금융회사들만의 문제가 아니다. 세계의 모든 기업들이 과거보다 훨씬 정교하고 발전된 리스크 관리 능력을 갖춰야 하게 됐다."

▶ 리스크 관리가 기업 경영의 최우선 순위가 돼야 한다는 뜻인가?

"그렇다. 세상은 과거에 비해 훨씬 더 역동적이다. 상호연관성과 복잡성이 늘어만 가고 있다. 일개 기업 입장에서는 잘못한 것이 없는데도 위기를 맞을 가능성이 매년 커지고 있다. 예를 들어 기업들은 효율적 운영을 위해 글로벌 공급망을 매우 타이트하게 관리하고 있다. 이같이 효율적인 글로벌 공급망은 일본에서 대지진이 나거나 태국에서 홍수가 발생하면 다 같이 붕괴될 위험이 크다. 따라서 기업의 리더들은 잠재적 리스크를 이해하고, 전망하고, 측정하기 위한 정보 능력을 갖춰야 한다."

▶ 리스크 관리나 정보 수집을 전담할 부서를 만들어야 하나?

"이미 최고리스크책임자(CRO)를 둔 기업이 많다. 하지만 별도 조직을 만들고 약간의 파워를 주는 것으로는 부족하다. 전사적 역량을 동원해야 한다. 앞으로 주주나 이사회는 '만약 2주 동안 글로벌 금융시스템이 작동하지 않는다면 어떻게 대응할 것인가' 등의 매우 어려운 질문을 경영진에 던질 것이다."

▶ 경영대학원들이 기업 윤리를 가르치는 데 실패해 금융위기를 초래했다는 비판도 있다.

"경영대학원들은 물론 기업 윤리를 가르친다. 하지만 20대 후반의 성인들에게 윤리를 가르친다고 그들의 행동이 크게 달라지지는 않는다. 금융위기의 본질을 생각해 보자. 복잡한 파생상품과 자산 거품이 위기의 직접적 원인이었다. 윤리의 문제라기보다는 리스크에 관한 문제다. 경제에는 언제나 거품이 끼게 마련이다. 거품에 대한 경고가 나오는 상황에서 리스크를 감수할 것이냐 안 할 것이냐의 선택 문제다. 그리고 현 상황을 진단할 수 있는 충분한 정보를 가지고 있느냐의 문제다. 물론 2007년같이 은행들이 자본금의 30배에 달하는 레버리지를 통해 막대한 돈을 벌고 있는 상황에서 '잠깐만, 너무 위험이 크다' 고 말하는 데에는 용기가 필요하다. 슬론스쿨을 포함한 미국의 톱 경영대학원들이 2008년 이후 가장 달라진 점이 있다면 복잡한 시스템 리스크를 이해하도록 가르치는 데 더욱 초점을 맞추고 있다는 점이다. 더 많은 졸업생들이 근거 있는 확신과 용기를 가지고 무엇이 진실이고 어디에 리스크가 있는지 당당히 말할 수 있도록 교육하는 것이 우리의 목표다."

▶ 경영대학원 입학생들의 졸업 후 희망은 과거와 달라졌나?

"그렇다. 내 생각에 요즘 MBA 학생들은 과거에 비해 더 사려 깊다. 최악은 1999년이었는데 그때는 모든 사람이 인터넷 붐을 타고 수년 안에 백만장자, 억만장자가 되는 꿈을 꿨다. 하지만 지금은 돈보다는 미래에 사람들에게 필요한 것을 제공할 혁신적인 회사에서 자부심을 가지고 일하기 원한다."

▶ 한국 경영대학원들에 해줄 조언이 있다면?

"MBA 프로그램은 크게 마케팅 전략, 회계, 재무 등 비즈니스 실무를 가르치는 데 주안점을 두는 학교와 리더십, 창조성 혁신을 가르치는 데 초점을 맞추는 학교로 나뉜다. 좋고 나쁨의 문제가 아니라 균형의 문제다. 10년 전과 현재, 그리고 10년 후에 기업에 어떤 사람이 필요한지에 대한 통찰력을 가지고 무엇을 가르칠지 결정해야 한다."

데이비드 슈미트라인은

데이비드 슈미트라인 학장은 미국 브라운대 수학과를 졸업하고 컬럼비아대에서 경영학 박사학위를 받았다. 1980년부터 2007년까지 펜실베이니아대 경영대학원인 와튼스쿨에서 마케팅 교수로 일했으며 2007년부터는 MIT 슬론스쿨 학장을 맡고 있다.

기업 마케팅 활동의 효과 측정, 시장조사 설계, 효율적

커뮤니케이션 전략 등을 주로 연구해 이 분야에서 40여 권의 저서를 펴냈다. 슈미트라인 학장은 또 아메리칸익스프레스, 바슈앤드롬, 포드자동차, 휴렛팩커드, 존슨앤드존슨, 타임워너 등 다수의 글로벌 기업에서 자문을 맡고 있다.

최근 마케팅 전략에 대한 질문에 슈미트라인 학장은 일반인들의 라이프 스타일과 관련된 문화 마케팅에 주력한 한국의 현대카드를 예로 들며 "과거의 일방적 커뮤니케이션이 아닌 소비자가 직접 기업과 제품의 성격을 규정하도록 하는 일종의 '밀고 당기기' 커뮤니케이션이 최근의 추세"라고 말했다.

자료 : 한국경제신문, 2013. 10. 20.(http://www.hankyung.com/news/app/newsview.php?aid=2013102059851)

DHC 라이브러리

J커브(J Curve)

『J커브』는 한 국가의 개방성과 안정성이 국제정치 무대에서 어우러지면서 그 나라 국민들은 물론 다른 나라 사람들과 어떤 영향을 주고받는지를 설명하는 패러다임을 제시한다. 북한과 중국을 비롯해 정치적 리스크 비중이 큰 나라들을 설명하는 패러다임으로, 국제정치의 현주소를 파악하고 리스크를 체계적으로 이해할 수 있도록 해준다.

이언 브레머 지음 | 진영욱 옮김
베리타스북스 | 2005년

본문은 J커브 왼쪽 꼭대기 근처에 위치한 3국(북한, 쿠바, 이라크), J커브 왼쪽 아래에 위치해 불안정한 진행을 보이는 3국(이란, 사우디아라비아, 러시아), J커브 아래로 미끄러진 2국(남아프리카와 유고슬라비아), 커브 오른쪽에 위치한 3국(터키, 이스라엘, 인도), 세계에 지대한 영향을 미칠 중국의 순서로 설명되어 있다.

이렇게 각 장을 J커브의 순서대로 구성하여 일반인들이 최대한 쉽게 이해하고 세계 사회를 전체적으로 머릿속에 그릴 수 있도록 하였다. 특히 개별 국가에 초점을 맞추고 J커브에서 그들의 위치, 역사적 상황, 대외정책에서의 특수상황, 국제사회와 관계를 맺을 경우 발생하는 기회와 위험의 다양성, 지향하는 방향 등을 상세히 설명하였다.

'J커브(J CURVE)'란? 한 사회의 개방성을 X축, 현 정권의 안정성을 Y축으로 한 그래프에 전 세계 국가 좌표를 찍으면 전체적으로 오른쪽으로 비스듬하게 누운 J자 모양이 되는 것에서 유래했다. 정치 · 경제 리스크를 가늠해 볼 수 있게 하는 유용한 리스크 관리 도구이다.

자료 : http://book.naver.com/bookdb/book_detail.nhn?bid=2926081

전 세계를 대상으로 비즈니스를 하는 다국적기업(Multi National Corporations) 입장에서는 일반 로컬 비즈니스와는 전혀 다른 차원의 리스크 스펙트럼이 펼쳐진다. 영업 리스크, 법적 책임 리스크, 재무 리스크 등의 전통적인 비즈니스 리스크에 더해 예측 불가능하거나 예측하기 어려운 정치적 리스크(Political Risks)가 매우 중요하다.

느닷없는 내란이나 폭동, 정치적 수용이나 몰수, 정권의 몰락 등 다국적기업의 존폐를 좌우할 수 있는 Killer Risk로서 정치적 리스크는 다국적기업에 간과할 수 없는 중대 리스크이다. 이런 정치적 리스크도 위험한 비즈니스의 회피나 사전 예방, 신속하고 현명한 사후 대처와 같은 적극적인 관리를 통해서 조직에 미치는 피해를 최소화할 수 있어야 하겠다.

리스크 관리 사회

Risk Management and Insurance

ch. nine

09

1. 리스크 관리 문화 조성

2. 리스크 관리 교육의 중요성

1 리스크 관리 문화 조성

Risk Management and Insurance, ch. nine

저명한 독일의 사회학자 울리히 벡 교수는 이미 오래 전부터 우리 현대사회를 '리스크 사회(Risk Society)' 로 부르고 있다. "현대사회는 기본적으로 리스크 사회이다. 우리가 당면하고 있는 많은 리스크들은 현대화 과정의 부산물로 파생된 것들인데 …… 이제는 세계화 과정에서 글로벌 차원으로 확산되고 있다."(울리히 벡 『글로벌 리스크 사회』, 2007)

매우 안타깝게도 우리 조국 대한민국이 가장 대표적인 리스크 사회 중의 하나가 되지 않을까 싶다. 2013년 세밑의 대한민국을 보자. 이혼율 상승, 가계부채와 경기 불황으로 개인 파산과 기업 도산 증가, 가정 파괴, 공교육 부실 심화와 치솟는 사교육비, 대책 없는 부동산 문제와 전세값 폭등, 극심한 경쟁체제 속에서 없는 자들의 불만 고조, 심각한 청년 실업, 찾기 힘든 도덕 윤리 의식, 있는 자와 없는 자 간의 양극화 심화, 철도노조 파업 사태와 같은 사회갈등 심각, 정치권의 사회갈등 중재 노력 부족과 극심한 이권 다툼, 5년 주기의 집권 체제 변화에 따른 사회 불확실성 심화, 잘나가는 일부 대기업과 날로 어려워하는 중소기업 간의 격차 심화, 대외 여건 리스크가 큰 무역 의존도 심각, 환경 파괴, 조류독감 등 신종 악성 전염병 증가, 날로 빈번해지고 파괴력이 커지는 자연재해, 원자력 사고와 같은 인재人災와 방사능 공포, 일반인들은 가늠조차 하기 어려운 기기묘묘한 파생상품의 등장과 대형 금융 실패, 거의 10년 주기로 터지는 글로벌 금융사고와 국제 경제위기, 앞길을 예측하기 힘든 북한 리스크, 세계적으로도 유례를 찾기 힘든 대한민국의 고령화 등. 정치, 경제, 사회, 문화 각 분야에서 우리 조국 대한민국의 리스크는 실로 그 종류나 문제성 차원에서 심각한 정도에 접어들고 있다. 2013년 현재 대한민국은 리스크 사회가 맞다.

그렇다면 어찌해야 하나? 어차피 우리는 자본주의를 표방하고 피할 수 없는 경쟁 시스템에 살고 있으니 (남 신경 안 쓰고) 각자가 알아서 살아남고 잘 먹고 잘 살면 그만인가? 아니다. 적어도 지난 40년간의 경제위기나 사회위기들의 교훈을 종합해 볼 때 치열하게 경쟁하여 나만 우리 조직만 잘살겠다는 사고방식은 틀렸다고 본다. 이제 우리는 지속 성장을 추구하는 입장에서 건실한 경제적 성과를 기반으로 가급적이면 많은 이들과 함께 상생하며 오랫동안 잘 먹고 잘살 수 있는 사회를 만들도록 노력해야 한다.

리스크 관리 사회(Risk Management Society)를 만들자.

어차피 우리에게 리스크는 피할 수 없는 문제이고, 앞으로도 과학기술 발달 등 사회 발전과 더불어 리스크 문제는 더욱 심각해질 것이다. 사회 발전과 사회 리스크는 같이 성장하는 셈인데, 문제는 새로운 리스크의 등장과 더불어 그 불확실성이 점점 커진다는 것이다.

이제 리스크는 우리 모두가 현명하게 관리하여야 할 대상이 되었다. 각 사회 주체, 즉 개인, 가정, 비즈니스, 국가기관이 각자의 리스크 관리에 힘써야 할 것인데, 이를 측면 지원해 주는 리스크 관리 서비스 시스템의 구축이 필요하며, 우리 사회의 전체 리스크를 총괄하여 검토하고 분석하고 관리하는 컨트롤 타워가 마련되어야 하겠다. 각자가 자기 분야에서 자기의 달란트(talent)를 십분 발휘하여 계속 성장하게끔 해야 한다. 이를 위해선 핵심 전략으로서 리스크 관리가 필수이다. 그것도 우리 사회의 지속 가능 성장을 위해선 통합 리스크 관리가 절대로 필요한 것이다.

현재 우리 사회의 리스크 관리 상황은 어떠한가? 1997년 외환위기를 겪으면서 리스크에 대한 논의가 본격적으로 시작되어 금융기관을 중심으로 한 재무 리스크 관리가 활성화되었다. 이후 공적연금 개혁을 둘러싼 노령화 리스크 논의, 미국발 금융위기와 관련된 신용 리스크 문제, 북핵 위기에 대처하는 외교안보 리스크 등이 우리 사회의 대표적인 리스크들이다. 예전에 비해 리스크 및 리스크 관리에 대한 일반의 인식이 많이 높아지긴 했지만 여전히 리스크 관리는 금융기관을 중심으로 한 특정 집단의 특별한 기술적 기능이라는 생각이 팽배하고, 일반인들의 경우 보험 위주의 리스크 관리에서 크게 벗어나지 못하고 있다. 리스크의 다양화와 보험으로 커버하지 못하는 많은 리스크들을 고려해 볼 때 우리 사회 리스크 관리 인프라의 부족은 사회적 불확실성을 증폭시키는 불안요소인 것이 사실이다. 나름대로 구색을 갖추고는 있지만 구멍이 숭숭 뚫린 스위스 치즈(Swiss Cheese)형 리스크 관리 인프라라 할 수 있다. 이제는 허점이 많아 큰 사고로 이어질 수 있는 연결고리를 차단하고, 씨줄과 날줄을 더욱 촘촘히 하여 큰 구멍을 메워나가는 리스크 관리 개혁이 필요하다. 우리가 필요로 하는 새로운 패러다임의 리스크 관리가 소위 **통합형 리스크 관리**(Integrated Risk Management)이다.

개인과 가정은 성공적인 삶과 행복한 가정을 위해 스스로 리스크 관리에 힘써야 마땅하다. 영육 간의 건강 증진만큼 기본적인 리스크 관리는 없다. 재산을 모으는 데만 애쓰지 말고 재산을 지키는 데에도 노력해야 한다. 행복한 가정 없는 성공적인 삶은 말이 안 된다.

개인과 가정의 성공적인 리스크 관리를 위해 사회단체의 조직적인 지원 또한 필요하단 생각이다. 구청, 시청, 군, 도 단위의 지방자치단체에 소속 주민을 위한 리스크 관리 지원 센터를 만들자. 건강 문제, 재산 관리 문제, 가정 문제 상담과 해결책 모색 컨설팅이 주된 업무가 될 것이다. 해당 지자체에서 업무 경험을 쌓은 퇴직자들도 좋은 상담자가 될 수 있을 것이다. 민간복지의 주된 주체인 종교단체도 개인 및 가정 리스크 관리에 있어 훌륭한 역할을 담당할 수 있으리라 판단된다. 리스크 관리 사회 구축은 지속 성장 사회를 위한 우리 모두의 과제란 점을 우리 스스로가 분명히 인식할 때 그 효과가 배가될 것임은 자명하다.

지속 성장하며 기업가치 극대화를 추구하는 비즈니스 입장에서 통합 리스크 관리는 이제 필수이다. 보험을 위주로 하는 영업 리스크 및 법적 책임 리스크 관리, 파생상품 등을 활용한 재무 리스크 관리와 더불어 비상 리스크 관리에도 만전을 기해야 하겠다. 이와 같이 모든 비즈니스가 업종과 규모를 불문하고 통합 리스크 관리에 매진하여야 할 것인데 중소기업의 경우는 이것이 결코 쉽지 않은 과제이고 의지가 있더라도 실천하기는 매우 어려울 것이다. 이를 위해 직능단체별 또는 업종별 유관 협회 내에 리스크 관리 지원 센터의 설립을 제안한다. 이 역시 해당 업종의 특별한 상황과 고유의 리스크에 정통한 전문인들을 중심으로 조직하여 비즈니스 고객의 리스크 관리 상담과 컨설팅 업무를 담당하게 된다.

국가 차원의 범 리스크 관리 담당 부서의 신설도 고려해 볼 필요가 있다. 우리 사회의 전체 리스크를 총괄하여 검토하고 분석하고 관리하는 컨트롤 타워의 기능을 하게 될 것이며 **국가 CRO**(National Chief Risk Officer)가 수장을 맡게 된다. 지역별로 취합된 리스크 및 비즈니스별 리스크를 전체적으로 분석하여 문제점을 바로잡고 개선방안을 마련하는 리스크 관리 시스템 운영뿐만 아니라 우리 사회의 리스크 관리 인식 제고를 위한 노력을 시도하게 된다.

리스크 관리 문화를 조성하자.

이와 같이 대한민국에 리스크 관리 사회가 정착되기 위해선 우선 리스크 관리 문화가 조성되어야 하겠다. 리스크 관리 문화 조성을 위한 몇 가지 구체적인 제안을 해본다. 우선, 리스크에 대한 우리의 인식과 태도를 바꿀 필요가 있는데 그 방안을 리스크에 대한 일반인들의 오해를 중심으로 정리해 본다.

- 리스크는 부정적인 면만 내포하는 위험과는 다르다. 리스크는 적절히 관리할 경우 긍정적인 결과 또한 기대할 수 있다.
- 리스크는 불가피한 대상이 아니라 관리할 수 있는 대상이다.
- 리스크 관리는 특별한 행위가 아니라 지극히 일상적인 행위이다. 즉, 리스크 관리는 특별한 사람들만이 하는 것이 아니고 우리 모두가 하는 것이다.
- 보험만이 유일한 리스크 관리 수단은 아니다.
- 리스크 관리는 남이 해주는 것이 아니고 정부가 해주는 것도 아니다. 리스크 관리는 내가 우리가 해야 하는 것이다.
- 리스크 관리를 생활화하자.

다음으로, 리스크 관리 관련 비즈니스의 발전을 위한 지원이 필요하다. 통합 리스크 관리와 같은 전문적인 업무 수행을 위해선 리스크 관리 전문인력의 육성이 중요하다. 따라서 우리 사회의 지속 가능 성장을 뒷받침하는 리스크 관리 비즈니스의 활성화를 위한 보다 적극적이고 현실적인 지원이 필요하다.

마지막으로, 당장의 성과를 기대하기는 힘들지만 장기적으로 매우 효과적인 방안이 될 리스크 관리 교육의 중요성을 강조하고자 한다. 우리 사회의 구성원들에게 어려서부터 리스크와 리스크 관리의 중요성에 대한 교육을 체계적으로 실시함으로써 자연스럽게 이 사회의 리스크 관리 문화를 조성할 수 있을 것이며, 리스크 관리 전문인력의 양성에 큰 도움이 될 것이다.

한국보험학회는 「올바른 보험교육을 위한 연구」(2010. 5)에서 우리나라 보험교육의 현황과 문제점을 분석하고, 미국, 영국, 일본 등 선진국의 사례를 들어 우리 보험교육의 개선방안을 제시한 바 있다. 다음 절에서는 동 연구의 보험교육 개선방안을 중심으로 리스크 관리 교육의 중요성을 논의해 본다.

2 리스크 관리 교육의 중요성[1]

Risk Management and Insurance, ch. nine

한국의 보험산업은 대내외적으로 상당한 위상을 보여주고 있다. 대내적으로 국내총생산(GDP)에서 보험료가 차지하는 비중인 보험침투도가 2008년 10.8%로 OECD 평균인 8.32%보다 높다. 1인당 보험료인 보험밀도를 보면 2004년 1,602,229원에서 2008년 2,284,800원으로 연평균 10.6% 성장을 하고 있다. 또 대외적으로 2008년 한국의 보험산업은 수입보험료가 970억 달러로 세계 10위 규모이다.

하지만 이와 같은 규모 측면에서의 위상과는 달리 보험산업의 이미지는 매우 낮은 수준이다. 일례로 2009년 금융감독원에 접수된 민원 76,826건 중 보험민원이 40,938건으로 53.3%를 차지하여 금융권 중 가장 비중이 크다. 또한 민원의 증가율도 보험이 제일 높다. 은행 · 비은행의 2009년 민원은 2006년에 비해 31.3% 증가하였으나, 같은 기간 보험은 48.7%로 높게 나타나고 있다.

보험산업의 실추된 이미지는 보험사기 현황에서도 쉽게 찾아볼 수 있다. 2009년 금융감독원이 적발한 보험사기 금액과 인원은 각각 3,305억원, 54,268명으로 이는 2008년 대비 각각 29.7%, 32.3% 증가한 규모이다. GDP 대비 보험사기의 규모도 0.6%로 영국의 0.13%, 캐나다의 0.15%에 비해 4배 이상 높은 수준이다.[2]

우리의 보험산업이 규모 면에서 상당한 수준을 보여주고 있는 것과 달리 보험에 대한 이미지 및 건전한 이용 측면에서 낙후된 이유는 무엇일까? 여러 원인이 복합되어 이와 같은 현상이 나타나고 있겠지만, 공급자 측면에서는 국내보험사의 성장 위주의 경영이 그 이유가 될 수 있을 것이다. 판매 확대를 통해 외형을 키워보자는 경영정책으로 규모 확대를 최우선시 한 결과 이러한 결과를 낳았다고 볼 수 있다.

또한 정책 당국 및 보험사업자의 정보 우위를 소비자에게 알리는 데 소극적인 것도 보험 이미지 낙후의 원인이 되고 있다. 2000년대 이후 공시가 강화되어 왔지

1. 장동한 외, 「올바른 보험교육을 위한 연구」, 한국보험학회, 2010. 5.
2. NHS Counter Fraud and Security Management Service(2006)의 자료를 참조하여 재계산한 수치이다.

만 아직도 선진국 수준에는 미치지 못하는 실정이다.

한편 수요자 측면에서는 보험에 대한 이해도가 낮은 것이 이러한 현상을 발생시킨 근본적인 이유가 되고 있다. 보험산업은 타 금융권에 비해 정보비대칭이 가장 심한 산업(Joint Forum, 2008)이므로 보험산업이 제대로 작동하기 위해서는 소비자의 보험에 대한 이해도 증진을 통한 정보비대칭의 완화가 지속적으로 필요하다. 그러나 우리의 경우 보험에 대한 진정한 필요성 및 중요성을 인식하지 못하고, 그 내용에 대해서도 면밀한 검토 없이 보험소비가 이루어지는 경향이 크다.

이러한 문제점을 해결하기 위한 효과적인 방법은 장기적으로 보험교육을 통해 보험에 대한 인식을 제고시키는 것이라고 생각한다.

2.1 초 · 중 · 고등학교 보험교육의 개선방안

(1) 보험교육 목표의 정립

보험교육은 성격상 금융교육의 한 영역을 공유하면서 이루어지는 것이 바람직하다. 이는 보험의 근본적인 성격이 순수 리스크(pure risk)를 관리하는 수단으로부터 점차 확장되어 금융형 보험상품의 출현이나 다른 금융산업과의 통합(conver-gence)과 같은 현상에서 알 수 있듯이 최근에는 금융 성격을 많이 지니게 되었기 때문이다.

따라서 한편으로 보험 고유의 성격, 즉 리스크 및 리스크 관리에 대한 교육이나 보험의 본질에 대한 교육은 독자적인 영역을 유지하면서 진행되는 한편 보험의 금융적 성격에 대한 교육은 금융교육에서 이루어지는 교육내용과 연계시켜 진행되도록 함으로써 교육효과를 높이는 것이 바람직하다.

보험의 전통적인 기능, 즉 불확실성으로 인해 발생한 손실을 전가함으로써 손실 이전의 상태로 복구한다는 측면을 고려할 경우 보험교육에서 지향해야 할 교육목표에는 리스크에 대한 이해, 리스크 관리에 대한 이해, 그리고 보험의 운영원리에 대한 이해 등이 반드시 포함되어야 할 것이다.

그리고 보험이 지닌 금융 특성을 감안한다면 보험교육은 금융교육에서의 교육목표를 통해 지향해야 할 것으로 주장되고 있는 금융지식의 이해, 금융활용능력의 신장, 그리고 금융선택에 따른 책임의 이해 등을 기반으로 이루어지는 것이 필요하다. 이와 같은 금융교육의 목표를 기반으로 하여 보험교육의 목표를 수립할 경우 〈표 9-1〉에서 볼 수 있는 것과 같은 보험교육의 목표를 설정해 볼 수 있을 것이다.

표 9-1 보험교육 목표를 위한 구성요소*

구성요소	금융교육의 목표	보험교육의 목표
금융지식의 이해	▪ 금융산업의 기능과 일상적인 금융거래를 이해하고 자신의 상황에 맞는 금융상품을 선택할 수 있는 지식	▪ 리스크에 대한 개념을 이해 ▪ 리스크 관리에 대한 개념을 이해하고 자신의 상황에 맞는 리스크 관리 기법을 선택할 수 있는 지식 ▪ 보험의 기능과 일상적인 보험거래를 이해하고 자신의 상황에 맞는 보험상품을 선택할 수 있는 지식
금융생활의 능력과 활용가능성	▪ 금융지식을 바탕으로 금융생활 문제를 해결하고, 금융투자 기회를 포착하고 실행할 수 있는 능력	▪ 보험지식을 바탕으로 보험계획을 마련하고, 보험 활용 기회를 포착하고 실행할 수 있는 능력
금융의 책임성	▪ 금융 선택에 따르는 책임과 결과를 이해하고, 필요한 조언을 구할 수 있는 태도	▪ 보험 선택에 따르는 책임과 결과를 이해하고, 필요한 조언을 구할 수 있는 태도

* "Why financial capability matters(Canadian Policy Research Initiative, June, 2005)"에서 인용하였으며, 여기에 보험교육을 덧붙였음.

보험교육의 목표는 리스크에 대한 개념을 이해하는 것에서 시작하여 리스크 관리에 대한 개념을 이해하는 동시에 리스크 관리 기법에 대한 이해를 바탕으로 자신에게 알맞는 기법을 선택할 수 있는 지식을 갖출 수 있도록 설정하고 이를 금융지식과 연계되도록 하는 것이다.

그리고 보험 자체에 대한 교육목표는 보험의 기능 및 일상적인 보험거래에 대한 이해와 함께 자신에게 알맞는 보험상품을 선택할 수 있는 정도의 지식이 금융지식에 대한 이해와 함께 이루어지도록 하는 것이다.

금융생활의 능력 및 활용가능성 측면에서는 앞에서 언급한 보험지식을 바탕으로 보험계획(insurance planning)을 마련하는 동시에 보험 활용 기회를 실행할 수 있는 능력까지로 금융교육의 목표가 확장되도록 하는 것을 의미하며, 금융 선택에 따른 책임은 금융 선택 결과를 이해하고 조언을 구할 수 있는 태도가 보험까지 확대되어 적용되도록 하는 것을 의미한다.

이와 같은 구도는 오늘날 보험이 가지는 금융 특성을 고려할 경우 보험교육의 목표가 금융요소에 대한 이해를 바탕으로 하고 보험요소에 대한 이해가 여기에 덧붙여지는 방식으로 설정되는 것이 바람직하다는 관점에서 성립할 수 있을 것이다.

(2) 보험교육 내용의 구성

보험교육의 목표가 정립되었다면 이와 같은 목표를 실현하기 위해 필수적으로 요구되는 교육내용을 구체화하여 초 · 중 · 고등학교의 교육과정, 또는 더 실질적으로 교과서에 체계적으로 반영하는 것이 필요하다.

정립된 금융교육 목표를 체계적인 교육내용으로 구체화하고 있는 사례로 미국의 점프스타트(Jump$tart)가 작성한 『K-12 개인금융교육의 국가표준(National Standards in K-12 Personal Financial Education)』을 들 수 있다. 이 국가표준은 미국의 학교 교육에서 필요한 교육내용을 제시하고 있으며, 대부분의 학교에서 이를 기준으로 교육하고 있다. 미국의 국가표준에서 제시하고 있는 교육내용의 영역은 모두 6가지이며, 보험요소로 볼 수 있는 리스크 관리와 보험을 비롯하여 금융요소로 금융 책임과 의사결정, 소득과 직업, 신용과 부채, 저축과 투자 등을 설정하고 있다(〈표 9-2〉 참조).

표 9-2 미국 점프스타트의 K-12 개인금융교육 국가표준

구분	내용
금융 책임과 의사결정	▪ 개인금융 결정에 대한 책임 ▪ 다양한 금융정보의 수집과 평가 ▪ 주요 소비자보호법의 이해 ▪ 체계적 분석을 통한 금융 결정 ▪ 금융현안을 위한 의사소통전략 개발 ▪ 개인정보의 통제
소득과 직업	▪ 직업의 분류에 대한 이해 ▪ 개인소득의 근원에 대한 이해 ▪ 소득에 영향을 주는 요소들의 이해
계획과 금전관리	▪ 소비 및 저축을 위한 계획 수립 ▪ 금전기록시스템 수립 ▪ 지불수단의 차이점 이해 ▪ 소비자 구매의사 결정 능력 ▪ 기부금에 대한 고려 ▪ 개인금융계획의 수립 ▪ 유언장의 중요성과 목적 이해

신용과 부채	▪ 다양한 종류의 신용에 대한 비용편익 분석
	▪ 신용기록에 대한 이해
	▪ 부채문제의 회피와 교정방법 이해
	▪ 신용에 대한 주요 소비자법규의 이해
리스크 관리와 보험	▪ 리스크의 종류와 리스크 관리 방법의 이해
	▪ 손해보험의 목적과 중요성 이해
	▪ 건강보험 및 생명보험의 목적과 중요성 이해
저축과 투자	▪ 저축의 재정안정에 대한 기여를 이해
	▪ 투자의 부의 형성 및 재정목표에 대한 기여의 이해
	▪ 투자대안의 평가
	▪ 투자대상의 매매에 대한 이해
	▪ 세금이 투자수익에 미치는 영향의 이해
	▪ 금융규제기관의 투자자 보호에 대한 이해

자료 : Jump$tart, *National Standards in K-12 Personal Financial Education with Benchmark, Knowledge Statements, and Glossary*, 3rd ed., 2007

점프스타트의 국가표준에서 볼 수 있는 보험 관련 교육내용을 살펴보면 무엇보다 먼저 리스크 및 리스크 관리에 대한 이해를 제시하고 있다. 이는 보험을 이해하기 위하여 그 기초가 되는 리스크 및 리스크 관리의 개념에 대한 이해가 선행되어야 한다는 점을 의미하는 것이다. 그리고 보험과 관련해서도 손해보험 및 건강보험, 그리고 생명보험에 대하여 각각 그 목적과 중요성을 교육내용으로 설정하고 있다. 이러한 점은 우리나라 보험교육에서 단순히 보험의 종류를 열거하는 교육내용이 나타나고 있는 것과 비교가 된다.

한편 영국에서는 1990년대 초 개인파산이 급증하자 금융이해력에 대한 필요성이 커지면서 금융교육을 강화하게 되었으며, 개인금융교육연합(Personal Financial Education Group ; pfeg)에서는 학교 금융교육의 내용 표준을 설정하게 되었다. 이 내용 표준에서는 특히 5세에서 16세까지를 대상으로 단계별로 필요한 금융교육의 내용을 앞에서 언급한 금융지식, 금융활용능력, 그리고 금융활동책임의 세 가지 교육목표에 따라 구분하여 보여주고 있으므로 보험교육에서 요구되는 교육내용을 학교별로 구성하는 데 있어서 참고가 될 수 있다(〈표 9-3〉 참조).

표 9-3 영국 개인금융교육연합(pfeg)의 학교 금융교육 내용 표준

<table>
<tr><th>핵심 개념</th><th>주요 내용</th><th>5~7세</th><th>8~11세</th><th>11~14세</th><th>14~16세</th></tr>
<tr><td rowspan="3">금융 지식</td><td>돈의 개념과 역할</td><td>▪ 동전과 지폐
▪ 세계 각국의 동전과 지폐
▪ 물물교환과 화폐의 발달</td><td>▪ 수표, 신용카드 등 화폐 형태
▪ 신용의 개념</td><td>▪ 다양한 지불수단
▪ 환율변동</td><td>▪ 지불방법 간의 장 · 단점
▪ 차입 및 신용의 의미와 금리차이의 이해</td></tr>
<tr><td>돈의 원천</td><td>▪ 용돈과 일을 통한 소득
▪ 고정수입과 변동수입</td><td>▪ 직업의 세계, 연금의 개념
▪ 노후 대비 필요성</td><td>▪ 수입 및 급여의 계산
▪ 급부금의 이해</td><td>▪ 수입과 공제
▪ 기업의 자금조달 방법</td></tr>
<tr><td>지출</td><td>▪ 사고 싶은 물건
▪ 어른들의 지출 이해</td><td>▪ 가계 지출
▪ 세금의 필요성 및 용도</td><td>▪ 개인의 지출 및 지출방법
▪ 국가 및 지방의 세수</td><td>▪ 개인지출의 관리
▪ 정부의 자금조달</td></tr>
<tr><td rowspan="3">금융 활용 능력</td><td>돈 관리</td><td>▪ 돈 보관 방법
▪ 돈 관리를 위한 기록의 필요성</td><td>▪ 은행의 필요성
▪ 재무관리 기록의 중요성</td><td>▪ 개인 금융거래의 기록 방법</td><td>▪ 개인 금융기록을 이해</td></tr>
<tr><td>소비와 예산</td><td>▪ 지불의 의미
▪ 소비방법</td><td>▪ 저축의 필요성, 저축방법
▪ 예산 수립</td><td>▪ 예산 및 지출의 관리
▪ 장 · 단기 금융거래의 차이</td><td>▪ 개인의 현금수지 계획 및 기록, 관리
▪ 단 · 중장기 금융거래의 차이</td></tr>
<tr><td>리스크와 수익</td><td>▪ 돈 분실 또는 도난의 결과</td><td>▪ 이자의 개념, 대출
▪ 보험의 필요성</td><td>▪ 확률과 보험의 이해
▪ 저축과 차입의 이자구조</td><td>▪ 개인의 리스크 관리 방법 이해
▪ 저축과 차입-이자의 기간구조
▪ 저축 및 투자의 리스크-수익 관계</td></tr>
<tr><td rowspan="2">금융 활동의 책임</td><td>생활 속의 선택</td><td>▪ 돈의 가치, 소비에 따른 만족
▪ 기회비용과 선택
▪ 최적의 소비의사결정</td><td>▪ 필요와 욕구의 구분
▪ 불량채무와 우량채무</td><td>▪ 중장기 및 단기 자금의 필요성
▪ 지출의 우선순위
▪ 소비자의 권리와 책임</td><td>▪ 한정된 돈의 지출에 대한 우선순위
▪ 부채 계획 및 관리
▪ 금융정보에 대한 비교평가</td></tr>
<tr><td>금융의 의미</td><td>▪ 돈의 과다에 따른 결과
▪ 분배의 중요성</td><td>▪ 금융의사 결정과 윤리
▪ 자발적 기부</td><td>▪ 금융회사의 역할
▪ 금융환경의 이해</td><td>▪ 금융규제 및 소비자보호 역할
▪ 국가의 결정이 개인에게 미치는 영향</td></tr>
</table>

자료 : http://www.dfes.gov.uk/publication/guidanceonthelaw/pfeg

미국의 점프스타트와 영국의 개인금융교육연합에서 규정하고 있는 교육내용과 함께 우리나라의 현행 교육과정에서 나타나고 있는 교육내용을 고려하면 보험교육이 담고 있어야 할 교육내용의 범위를 가늠해 볼 수 있다. 즉, 보험교육 내용의 전체적인 모습은 리스크, 리스크 관리, 보험 일반으로 대별될 수 있다. 그리고 이를 좀더 구체적으로 나누어보면 리스크의 개념 및 종류, 리스크 관리의 개념, 리스크 관리 기법의 종류, 보험의 개념, 보험운영 원리, 보험의 기능, 보험의 분류, 보험종류별 활용 등이 포함될 수 있을 것이다.

그리고 이와 같은 교육내용은 미국이나 영국에서처럼 학년별 또는 나이별로 잘 배치하는 것도 필요하다. 이 경우 기존의 경제나 금융 등 관련 분야의 교육과정과 조화가 되도록 배치하거나 적어도 상충되지는 않게 구성하는 지혜가 필요할 것이다.

한편 영국의 내용 표준을 미국의 점프스타트에서 제시하고 있는 교육내용과 비교하면 구성내용이 다른 측면이 나타난다. 예를 들면 보험 관련 금융지식이 연금을 중심으로 8～11세 및 11～14세에서 나타나고 있다. 또 보험의 필요성과 리스크 관리 방법에 대한 교육내용이 각각 8～11세 및 14～16세에 구성되어 있다. 이와 같은 교육내용의 구성과 관련된 특성은 영국에서는 오래 전부터 사회보험을 비롯한 여러 종류의 보험이 제도화되어 발달된 국가라는 측면에서 이해될 수 있다.

그리고 또 다른 참고할 만한 내용으로는 보험에 대한 이해를 설정한 교육내용에 확률을 덧붙이고 있다는 점이다. 이와 같은 특성은 보험에 대한 교육내용을 보험의 단순한 이해나 활용이라는 측면에서 그치지 않고 보다 전문적인 교육으로 끌어올릴 수 있는 내용으로까지 설정하고 있음을 엿볼 수 있는 부분이다.

우리나라가 보험 관련 교육내용을 설정할 경우 우리나라에 적합한 교육내용을 개발하는 것이 무엇보다 중요하지만, 미국의 점프스타트나 영국의 개인금융교육연합에서 제시하고 있는 보험교육내용을 참고하는 것이 필요하다. 그러나 외국의 사례에는 앞에서 언급한 것처럼 개별 국가의 특성이 반영되어 있다는 점에 대해 주의할 필요가 있다.

(3) 보험교육 시기의 체계화

효과적이고 바람직한 보험교육을 위해서는 교육내용이 교육시기를 고려하여 배치될 필요가 있다. 앞에서 살펴본 미국 점프스타트의 K-12까지의 학년별 교육내용이나 영국 개인금융교육연합의 연령별 금융교육의 내용이 이와 같은 점을 보여주고 있어, 이들을 감안한 교육내용을 초 · 중 · 고등학교에 적절히 배치되도록 구성할 수 있다. 그러나 현재로서는 우리나라에서 이루어지고 있는 기존의 교육과정을 감안하여 보험교육의 틀을 모색하는 것이 바람직할 것으로 판단된다. 기존의 교육과정을 고려하여 우리나라의 학교에서 보험교육을 체계화할 경우 포함되어야 할 교육내용의 시기적인 구성은 다음과 같이 생각해 볼 수 있다.

먼저 초 · 중학교 수준에서는 우리가 사회생활을 영위하는 과정에서 직면할 수 있는 다양한 리스크에 대해 어떠한 종류가 있는가를 습득할 수 있는 교육내용과 함께 리스크가 무엇인가에 대한 교육내용을 구성함으로써 다음 단계의 교육내용을 뒷받침하는 것이 바람직하다.

그리고 중 · 고등학교 수준의 교육과정에서는 리스크 관리를 이해할 수 있는 내용과 함께 리스크를 관리하기 위하여 활용될 수 있는 다양한 방법, 그리고 리스크 관리의 한 기법인 보험에 대한 본질적인 개념과 기능을 이해하기 위한 교육내용을 담아내는 것이 필요하다.

나아가 고등학교 단계에서는 앞에서 언급한 제 지식을 바탕으로 보험제도의 활용에 대한 이해와 함께 스스로 보험을 활용할 수 있도록 하는 금융활용능력에 대한 교육내용을 배치할 수 있을 것이다.

즉, 고등학교 수준에서는 사회활동이나 경제활동을 통해 직면하는 리스크로 인한 손실을 보험에 전가함으로써 관리할 수 있다는 점을 바탕으로 다양한 보험의 종류 및 다양한 보험의 특성에 대해 이해할 수 있는 내용을 교육하며, 보험의 활용 과정에서 구매의사 결정에 필요한 관련 정보의 확보나 분석에 대한 내용도 포함시킬 수 있을 것이다. 물론 보험 선택에 따르는 책임도 교육내용에 포함되어야 할 것이다(〈표 9-4〉 참조).

표 9-4 학교 구분별 보험교육의 체계

구분	보험교육의 내용
초 · 중학교	▪ 생활 속에 나타나는 다양한 리스크 및 이의 분류 ▪ 리스크의 발생에 따른 영향 ▪ 리스크의 개념
중 · 고등학교	▪ 리스크 관리의 개념 및 리스크 관리의 수단 ▪ 보험의 본질적 개념 및 기능
고등학교	▪ 보험의 다양한 종류 및 다양한 특성 ▪ 보험 활용을 위한 정보의 습득 및 분석 ▪ 보험 선택에 따른 책임

현재 우리나라의 보험교육은 교육목표의 정립은 물론 표준적인 교육내용의 체계가 확립되어 있지 않아 보험교육의 내용과 수준에 혼선이 나타나고 있으며, 따라서 교육효과를 기대할 수 없는 상황이라고 판단된다. 그러므로 무엇보다 우선적으로 보험교육의 목표를 정립하는 것과 표준 보험교육 내용이 마련되는 것이 요구된다. 이와 같은 사전 준비가 마련된 후에야 교육내용을 진행하는 과정에 있어서의 시기적 체계가 초 · 중 · 고등학교의 학교별로 정립될 수 있을 것이고, 학교별 교육내용의 중복 및 누락이 나타나지 않을 것이기 때문이다. 그러나 우리나라의 경우 이 세 가지 모두가 없거나 부실하므로 동시에 세 가지 과제를 해결해 나가는 것이 필요하다.

최근 금융교육 분야에서는 교육과정 및 교과서의 내용 체계를 현실화함으로써 바람직한 금융교육을 정립하기 위한 방안으로 가칭 금융생활 과목을 필수과목으로 신설해야 한다는 주장이 있다. 이와 같은 과목 신설은 학교별로 또는 과목별로 나뉘어 있는 금융 관련 교육내용을 모두 모아 체계적으로 담아내는 것으로 이해할 수 있다. 그리고 앞에서 언급한 세 가지 과제를 일시에 해결할 수 있는 좋은 방안이 될 수 있다.

그러나 보험교육의 경우 보험 관련 교육과정이나 교육내용을 통합 및 정리하여 독립된 과목으로 신설할 필요까지는 없다고 판단된다. 보험교육은 보험의 금융성격을 고려할 때 순수 보험성격에 대한 교육내용을 제외하면 금융교육의 틀에서 진행될 때 보다 큰 교육효과를 이끌어낼 수 있다고 판단되기 때문이다.

그럼에도 불구하고 현재의 보험 관련 교육내용은 보험을 제대로 이해할 수 없을 정도로 중요 교육내용이 누락되어 있거나 본질적인 교육내용을 갖추지 못하고 있으므로 현재의 교육과정 내에서라도 보험교육의 내용을 체계화하는 동시에 교육시기도 적절하게 재설정하여 개선되도록 노력할 필요가 있다.

(4) 정규교육 외의 개선과제

앞에서 언급한 보험교육 목표의 정립, 보험교육 내용의 구성, 그리고 보험교육 시기의 체계화 등은 모두 우리나라의 교육과정을 조사하면서 나타난 문제점을 개선하기 위한 방안이었다.

그러나 학교 교육이 교육과정과 과목을 통해서만 이루어지는 것은 아니다. 즉, 학교 교육을 위해서는 교육과정을 실천하여 교육을 진행하는 교사가 있어야 하며, 교육과정에 따라 편찬되는 교과서 외에 보조교재가 필요하기도 하다. 그러므로 학교에서 보험교육이 이루어지는 과정에서 보다 효과적인 보험교육이 이루어져 교육효과가 높아지기 위해서는 교사 및 교재에 대한 측면도 검토될 필요가 있다.

첫째, 학생을 대상으로 한 보험교육이 진정한 성과를 거두기 위해서는 학생을 가르치는 교사에 대한 교육문제를 검토할 필요가 있다. 정확한 조사가 필요하겠지만, 우리나라의 초 · 중 · 고등학교의 교사 중 보험에 대한 교육을 제대로 받은 경우는 매우 적은 것으로 판단된다. 이는 과거 대학에서의 보험교육이 미래의 교사를 대상으로 진행되지 못했거니와 기존 교사에 대한 보수교육도 보험 분야에서는 이루어진 적이 거의 없었기 때문이다. 따라서 무엇보다도 우선은 초 · 중 · 고등학교에서 보험 분야의 교육내용이 나타나고 있는 과목을 담당하는 교사에 대한 보수교육이 이루어져야 할 것이다.

둘째, 최근 금융교육이 강조되면서 다양한 기관 및 단체에서 초 · 중 · 고등학교 학생을 대상으로 한 강연이 활발하게 진행되고 있다. 그리고 이러한 활동을 뒷받침하기 위하여 다양한 교재가 발간 및 배포되고 있다. 그러나 이와 같은 교재의 경우 강연의 주요 주제가 금융이므로 보험 분야에 대한 내용이 제약을 받을 수밖에 없다. 그리고 보험전문 기관이나 단체가 주체가 되어 발간한 경우도 드물다.

그러므로 보다 효과적인 보험교육 보조교재를 제작 및 보급하기 위한 노력이 필요하며, 이 경우 보다 전문적인 보험기관이나 단체가 주체가 되는 것이 필요하다.

2.2 대학 및 대학원 보험교육의 개선방안

(1) 리스크 관리 중심으로 보험교육의 전환

리스크 관리 중심의 보험교육은 보험수요자 이론을 바탕으로 하는 미국 보험학의 산물이다. 미국 역시 1800년대 후반 독일식 보험학을 받아들여 보험공급자 중심의 이론체계를 1950년대까지 유지하였다. 보험공급자 중심의 이론은 보험의 본질을 사고 발생 시 피보험자의 손해를 보상한다는 '보상계약설'이나 일인의 손해를 다수가 분담한다는 '손해분담설'로 보는 것이다. 그러나 미국의 Willet(1901)은 개인이 직면한 리스크를 보험회사에 전가한다는 '리스크 전가설'을 보험의 본질로 주장하여 리스크 자체에 대한 연구와 리스크 관리의 주체로서 보험수요자 중심의 이론을 강조했다.

보험학의 수요자이론이 의미하는 것은 종래 리스크 관리의 대상이었던 개인이나 기업이 리스크 관리의 주체로서 직면한 리스크를 능동적으로 관리하여야 한다는 사고의 대전환이었다. '리스크 관리'라는 용어를 처음 사용한 Mowbray and Blanchard(1955) 이후 1960년대 출간된 미국 보험학원론 교과서는 'Insurance'에서 'Risk Management and Insurance'로 바뀌기 시작하였다.[3] 1932년에 설립된 미국보험학회의 명칭이 'American Association of University Teachers of Insurance'에서 1964년에 'American Risk and Insurance Association (ARIA)'로 개칭되었고, 동 학회가 발간하는 학술지는 'Journal of Insurance'에서 'Journal of Risk and Insurance'가 되었고, 자매지가 'Risk Management and Insurance Review'인 것은 1960년대에 미국 보험학의 체계가 리스크 관리 중심의 수요자이론으로 변화한 것을 보여준다.

거꾸로 미국 보험학의 영향을 받게 된 유럽의 보험학계가 1973년에 설립한 유럽보험학회의 명칭은 'European Group of Risk and Insurance Economists

---

3. Green, M.R., *Risk and Insurance*, South-Western Publishing, 1962와 Williams, C.A. and R.M. Heins, *Risk Management and Insurance*, McGraw-Hill, 1964.

(EGRIE)' 로 보험과 함께 리스크 관리에 대한 연구가 본격화되었다. 미국보험학회와 유럽보험학회와 함께 세계 3대 보험학회의 하나로 1997년에 설립된 아시아-태평양 보험학회의 공식 명칭은 'Asia-Pacific Risk and Insurance Association (APRIA)' 이다. 이는 세계 보험학의 추세상 그 연구대상이 보험뿐만 아니라 리스크와 리스크 관리로 확대되었다는 것을 의미한다.

우리나라 대학 학부과정에서 '리스크 관리' 과목의 개설은 1980년대 소위 '2세대 보험학자' 의 유입과 함께 하였다. 그러나 '리스크 관리' 를 개설한 보험학과가 2002학년도에 9개 대학에서 2010학년도에 6개 대학으로 줄어들었는데, 이는 보험학의 학문체계에서 리스크 관리의 중요성이 제대로 인식되지 못하고 있다는 반증이다. 보험학의 세계적인 학문 추세에 발맞추어 우리나라 보험학과의 전공 교과과정에서도 '리스크 관리' 가 강조되어야 할 것이다.

(2) 보험학과의 필수과목

리스크의 개념과 리스크 관리를 주요 교육내용으로 하여 우리나라 대학의 보험학과에서 필수적으로 개설할 것을 권장하는 교과목을 〈표 9-5〉와 같이 제시한다.

표 9-5 보험학과의 필수 이수 권장 교과목

과목명(영문명)	개요
리스크 관리와 보험(Risk Management & Insurance)	개인이나 조직이 직면하는 리스크의 평가와 보험을 포함하는 다양한 리스크 관리 기법에 관하여 학습한다. 불확실성 하의 의사결정이 강조된다.
기업리스크 관리론(Enterprise Risk Management)	기업의 목표를 달성하는 과정에서 당면하는 리스크를 적극적으로 관리하여 기회를 극대화하고 손실을 최소화하는 방법에 대하여 학습한다.
보험법(Insurance Law)	보험과 관련된 법, 특히 계약법의 측면에서 리스크의 분배원리를 학습한다.
생명보험론(Life & Health Insurance)	생명이나 건강, 은퇴와 관련한 리스크와 생명보험의 원리에 대하여 학습한다.
손해보험론(Property & Liability Insurance)	재산이나 배상책임 관련 리스크와 손해보험의 원리에 대하여 학습한다.
보험경영론(Insurance Operations)	보험감독정책과 더불어 보험회사의 경영원리에 대하여 학습한다.

(3) 모든 경영학과에 '리스크와 보험' 과목 개설

미국과 유럽의 다국적기업들은 기존의 보험관리자(insurance manager)를 리스크 관리자(risk manager)로 바꾸었고, 대부분 리스크 담당 임원(Chief Risk Officer ; CRO)을 두고 기업의 리스크를 적극적으로 관리하고 있다. 이러한 추세는 각국의 표준인증기관이 기업의 리스크 관리를 표준화하는 데에 일조하였다. 2009년 말 국제표준화기구(ISO)는 리스크 관리의 표준화를 위해 'ISO 31000 : 리스크 관리－원칙과 지침' 이라는 표준을 발표하였다.[4] 아직 이 표준은 인증을 위한 것은 아니고 리스크 관리를 보급하기 위한 것이지만 가까운 장래에 우리나라에도 일반화된 ISO 9001(품질경영인증)과 ISO 14001(환경경영인증)과 같은 인증제도가 도입될 전망이다.

리스크 관리의 사회적 인식 증대와 함께 전공자에 대한 수요가 늘어날 것으로 기대되는바 우리나라 경영학과의 전공 교과과정에서도 '리스크 관리' 가 강조되어야 할 것이다. 경영학 프로그램에 성장논리의 경영이론과 함께 수비논리의 경영이론인 리스크 관리가 강조된 개론과목이 전공 선택으로라도 채택되어야 할 필요가 있는 것이다. 현재 경영학과가 설치되어 있는 160여 개 대학교 중에서 40여 개교에서 '보험학원론' 내지 '리스크 관리와 보험' 교과목이 선택과목으로 개설되어 있지만 더욱 확대될 필요가 있다.

(4) 양질의 보험교재 집필

학문체계의 정립과 그에 따른 교과과정의 정비와 함께 올바른 대학보험교육을 위해 좋은 교재의 확보도 필수적이다. 대학의 보험교육뿐만 아니라 좋은 교재는 그 자체로 학문적 가치를 갖고 초중등 보험교육 및 일반인의 보험교육에 기초가 되기 때문이다.

그러나 좋은 보험교재의 저술을 위해서는 막대한 시간과 비용이 필요한바 보험학회나 보험업계 차원의 체계적 지원이 요구된다.

---

4. 2009.11.13에 ISO가 "ISO 31000: 2009 Risk management－Principles and Guidelines"를 발표하기에 앞서 호주(1995년)와 뉴질랜드(1995년), 캐나다(1997년), 일본(2001년)은 각각의 표준화기구인 AS와 NZS, CSA, JSA를 통해 리스크 관리를 표준화하였다(Knight(2007)).

(5) 보험학자의 양성

2000년대 1세대 보험학자들의 은퇴와 신진 보험학자들의 과소 유입, 그리고 경영대학의 보험전공학자에 대한 수요와 보험업계와 보험연구기관의 고급인력 수요 증대로 인해 보험전공학자의 공급부족 현상을 보이고 있는 것이 현실이다. 신진 보험학자의 양성을 위해서는 보험 전공이 가능한 대학원의 노력도 필요하지만 당국이나 업계의 지원도 요구된다.

(6) 보험전문대학원대학교 설립

우리나라 보험산업의 규모는 수입보험료 기준으로 세계 10위권이지만 그에 걸맞는 보험전문인 양성을 위한 교육 · 훈련기관은 미약하다고 생각된다. 세계 유수의 보험교육 · 훈련기관들은 보험전문인 자격증과 연결되어 교육을 실시하고 있다. 동종 기관으로 가장 오래된 영국의 Chartered Insurance Institute는 1873년에 설립되어 보험전문인 자격증인 FCII(Fellowship Chartered Insurance Institute), 1927년과 1942년에 각각 설립된 미국의 American College와 American Institute for CPCU는 CLU(Chartered Life Underwriter)와 CPCU(Chartered Property Casualty Underwriter) 자격제도를 운영하고 있다. 또한 싱가포르도 아시아의 국제금융센터를 표방하며 1974년에 보험교육 · 훈련기관인 Singapore College of Insurance(SCI)를 설립하여 각종 보험전문인 자격증 과정을 운영하고 있다. 한편 우리나라 보험연수원에서는 2010년에서야 보험심사역(Associate Insurance Underwriter) 자격제도를 도입하여 운영하고 있다.[5]

영국의 Chartered Insurance Institute는 City University의 Cass Business School과 연계하여 '보험과 리스크 관리' 석사학위 과정을 운영하고 있고, 미국의 American College는 자격과정 이외에 자체적으로 석사학위 과정을 운영하고 있다. 또한 미국의 The College of Insurance(TCI)는 1901년에 뉴욕보험협회에서 보험연수기관으로 설립되었으나 보험전문 단과대학으로 진화하였고, 2001년에 St. John's University의 단과대학 중 하나로 보험대학(The School of Risk

5. 생명보험 언더라이터 자격인 KLU(Korean Life Underwriter)는 2000년에 생명보험협회에 설치된 생명보험언더라이터회에서 주관하고 있다.

Management, Insurance and Actuarial Science)이 되었다.

이러한 세계적 추세와 국내 보험업계의 전문인력 수요에 비추어 우리나라에서도 보험연수원의 활성화와 나아가 보험전문대학원대학교의 설립이 요구된다.

2.3 보험업 종사자 및 일반인 보험교육의 개선방안

모집인 등 보험업 종사자의 전문성 향상을 위해서는 자격증 시험의 합격 수준이 현 수준보다는 높아져야 할 것이다. 또한 고급 수준의 자격증 획득을 위한 제도적 정비가 이루어져야 할 것이다. 자격증 획득 후 보수교육은 자율적 또는 자체 교육이 아니라 의무적 · 체계적으로 이루어지는 구조로 변환되어야 할 것이다. 판매채널이 전문화 · 대형화될수록 규모에 부합되는 전문성 보유를 위해 보수교육의 양적 · 질적 확대가 요구된다.

또한 다양한 자격제도의 도입과 이와 연계된 교육 프로그램이 강화되어야 할 것이다. 미국의 American College, 영국의 CII, 싱가포르의 Singapore College of Insurance와 같이 다양한 자격증과 연결된 교육프로그램의 강화가 필요하다.

일반 소비자를 대상으로 하는 보험교육의 경우는 우선 영국 및 일본과 같이 금융 및 보험 교육의 법적 근거를 마련하여야 할 것이다. 다음으로 금융 및 보험 교육이 체계적으로 이루어질 수 있도록 협의회를 재정비하고, 각 금융권별로 소협의회를 구성하여 각 금융권 내 체계적 교육의 기틀을 마련하여야 할 것이다.

일본과 유사한 보험문화센터(가칭)를 만들어 소협의회를 대표하고, 보험교육 프로그램과 콘텐츠를 개발하고, 보험교육의 필요성에 대한 홍보를 장기적이고 지속적으로 전개하는 것이 바람직하다. 보험문화센터는 금융교육 중에서 보험교육의 상대적 비중 확대를 위해서도 노력하여야 할 것이다. 소협의회의 구성은 보험 관련 감독 및 유관 기관이 모두 포함되어야 할 것이다. 금융위원회, 금융감독원, 생명보험협회, 손해보험협회, 화재보험협회, 보험개발원, 보험연구원, 보험연수원, 보험학회, 리스크 관리 학회 등 모든 관련 기관 및 대학의 보험학과도 포함시켜 구성되어야 할 것이다. 보험문화센터는 미국 그리피스보험교육재단, 영국 Pfeg와 같이 교사들의 보험교육을 위한 정보와 교육자료를 제공하는 역할도 병행하여야 할 것이다. 자동차보험, 생명보험, 건강보험 등에 관한 교과과정 온라인 강좌와 교육용 자료를 교사들에게 무료로 제공하여 학생들에게 보험과 리스크 관리에 대해

교육할 수 있는 기반을 마련하여야 할 것이다.

일반인을 대상으로 한 보험교육은 용어 설명이나 강의 중심의 교육보다는 사례 및 수요자 중심의 교육이 이루어져야 할 것이다. 일반인의 경우 학생과 달리 공부가 주업이 아니고 다른 본 업무를 하고 있는 경우가 대부분이므로 흥미를 유발하고 당장 실생활에 도움이 될 수 있는 교육이 되어야 할 것이다.

이를 위해서는 리스크, 리스크 관리 방법, 리스크 관리 방법으로서의 보험, 보험 구입 시 고려사항, 보험사기의 파급효과 등의 내용을 구체적인 사례를 가지고 설명한 사례 중심 교재가 바람직하다. 이러한 교재의 보급과 교육의 확대는 사회 전체의 경제적 불확실성을 낮추는 역할을 할 것이다.

DHC 뉴스

통합 리스크 관리의 중요성

"현대 사회는 근본적으로 '리스크 사회'다. 우리가 직면하는 많은 리스크는 현대화의 부작용으로 야기된 것이며 …… 글로벌 차원으로 확장한다."(울리히 벡 『글로벌 위험사회』 중)

우리 사회는 계속 성장한다. 그런데 성장할수록 불확실성 또한 많아지고 커진다. 천재지변은 물론 테러와 전쟁, 양극화, 취업난, 먹거리 불안, 신종 바이러스 출현 등이 그 예다. 가진 건 많아지고 먹는 건 풍성해졌는데 이처럼 사회적 불안이 날로 커지는 이유는 무엇일까? 울리히 벡 같은 석학들은 우리 사회의 리스크 관리 인프라 부족에서 원인을 찾고 있다.

리스크 관리란 우선 위험요소를 구체적으로 파악하고, 손실가능성과 예상 손실을 면밀히 분석한 후 최적인 사전 예방 및 사후 관리 수단을 모색 · 실행 · 점검 · 개선하는 일련의 의사결정 과정이다. 쉽게 말해 여러 리스크를 체계적으로 관리해 안정 속의 성장을 도모하는 시스템이다. 요즘 화두가 되고 있는 지속 가능한 성장을 위해서라도 이런 리스크 관리가 필수적이다.

우리 사회를 둘러보자. 급속한 노령화, 환경 파괴, 글로벌 금융위기, 북핵 위협, 그리고 각종 인적 · 재무 · 신용 리스크 …… 예전에 볼 수 없었던 이런 리스크들은 현대 사회가 고도화되면서 이래저래 서로 얽혀 있는 형국이다. 이런 상황에서 각 리스크를 개별적으로 관리하는 기존 리스크 관리 시스템은 한계가 있을 수밖에 없다. 오늘날 리스크 관리가 보다 통합적으로 이뤄져야 하는 이유다. 하지만 아직 우리는 이런 통합 리스크 관리의 중요성을 인지하지 못하고 있다. 그렇다 보니 인프라는 열악하고, 전문인력 양성을 위한 투자 또한 부족하다.

갈수록 우리가 먹는 것, 가지려는 것, 하려는 것에 대한 불안은 커질 것이다. 이를 감당할 수 있을 만큼 체계적으로 관리하자는 게 요즘 필요한 리스크 관리다. 앞으로 통합 리스크 관리 서비스를 제공하는 비즈니스는 더욱 발전할 것이다.

자료 : 장동한(건국대 상경대학 교수), 중앙일보 비즈 칼럼, 2013. 10. 1.
(http://joongang.joins.com/article/aid/2013/10/01/12325614.html?cloc=olink|article|default)

DHC 라이브러리

풀스 골드(Fool's Gold)

세계 최고 권위의 경제지 '파이낸셜타임스'에서 세계시장 분석을 담당하는 스타 저널리스트 질리언 테트가 세계 경제 대위기를 둘러싼 진실을 밝히는 『풀스 골드』. 금융의 장애인 리스크로부터의 해방을 열망하는 금융 천재들의 꿈이 낳은 신용파생상품이, 20조 달러에서 40조 달러에 이르는 엄청난 손실을 발생시키면서 세계 경제 대위기의 재앙이 되기까지를 흡입력 있게 그려낸 비즈니스 논픽션이다. 세계 경제의 호황과 파탄을 함께 불러일으킨 금융혁명의 진실을 만나게 된다. 특히 은행권의 상징으로서 100여 년의 역사를 지닌 제이피모건이 금융 엘리트로만 형성한 IB 뱅커 집단을 통해 신용 거품이 엄청나게 부풀어 올랐다가 끔찍하고 꺼져 버리면서 발생한 세계 경제 대위기 속에서 월가 최후의 승자로 살아남기까지를 따라가고 있다.

질리언 테트 지음
김지욱 · 이석형 · 이경식 옮김
랜덤하우스코리아 | 2010년

제이피모건체이스의 최고 경영자 제이미 다이먼과 '모건 마피아'라고 불리는 IB 뱅커들을 취재한 다음, 재무부장관 티머시 가이스너 등 세계 금융계의 핵심적 인물들을 인터뷰하여 저술한 책이다. 제이피모건의 젊고 왕성한 IB 뱅커들이 모인 파생상품팀에서 금융의 연금술을 동원하여 금융권에 혁명을 일으키기 이전과 이후의 이야기를 긴장감 있게 그려내고 있다. 저자 특유의 인간에 대한 날카로운 통찰력이 돋보인다. 아울러 1920, 1930년대 세계 경제 대공황 이후 최악이라고 불리는 세계 경제 대위기의 본질을 파고들고 있다. 스스로의 오류를 인정하지 않았던 금융 천재들의 오만과 그들이 리스크를 무시하도록 만든 글로벌 투자은행의 잘못된 인센티브뿐 아니라, 언론의 침묵과 국가의 무지 등을 신랄하게 고발한다.

자료 : http://book.naver.com/bookdb/book_detail.nhn?bid=6314748

보험사 AIG는 어쩌다가 세계 경제위기로 비화된 미국발 서브프라임 모기지 위기의 중심에 있게 되었나? 신종 신용파생금융상품 CDS는 보험상품인가?

1999년 미국의 그램-리치-블라일리 법(Gramm-Leach-Bliley Act)은 금융기관의 경쟁력을 촉진하고 강화시키기 위해 은행, 투자은행, 보험업 영역 간의 장벽을 허물었다. 이 법은 미국이 대공황을 겪고 난 후 부실화된 금융산업을 재정비하는 과정에서 은행업과 투자은행업의 분리를 규정한 글래스-스티걸 법(Glass-Steagall Act)과 그후에 제정된 은행지주회사법(Bank Holding Company Act)의 일부 조항을 폐지하여 사실상 은행, 증권, 보험 간의 겸업을 허용했다.

이렇게 금융자유화와 금융규제 완화의 분위기 속에서 금융기관 간의 겸업이 성행하게 되었고 신종 파생상품들이 대거 등장했다. 신용파생금융상품 CDS(Credit Default Swap)도 이런 상황에서 화려하게 등장했고, 모기지 관련 파생상품들의 리스크를 분산하여 전가하는 과정에서 큰 인기를 끌게 되었다.

보험사 AIG도 이런 분위기에 편승하여 자회사 AIGFP(AIG Financial Products)를 통하여 CDS 상품의 주된 공급자가 되었는데 서브프라임 모기지 위기 사태를 맞이하여 파산 직전까지 몰렸다가 미국 정부의 구제금융으로 기사회생하게 되었고 대마불사大馬不死(Too Big To Fail)의 대표적인 케이스로 비난받게 된다.

부록

A1. Present and Future of the Korean Insurance Industry*

CHANG, DongHan**

◉ Abstract

South Korea needs to keep growing; individuals, households, businesses either private or public. It needs to grow and should seek sustainable growth based upon economic performance, taking good care of its environment. Social responsibility is the essence of sustainable growth, which is the vision of Korean economy. South Korea is facing many problems regarding sustainability: polarization, unemployment, demography and so on. Korean insurance industry must look for new development locomotives; it has to seek development based upon its core competence in risk management service with the vision of sustainable growth. As the public's interests in risk management service are ever increasing, the integrated risk management service may be a good future market for insurance business whose main function is basically risk management.

* Japanese Society of Insurance Science, *JSIS journal*, No. 620, 2013.

** Professor of International Trade, KonKuk University(Seoul, KOREA).

I. Present of the Korean Insurance Industry

1. Current Situation of the Korean Insurance Industry

As Korea grows, its uncertainties or risks also grow. Catastrophes, terrorism and war, a wider gap between haves and have-nots, unemployment, health, high risk viruses and so on. Although Korea has more assets and is living better than before, how come does Korea face more uncertainties? Out of many answers, one would be that Korea does not have good risk management infrastructure. Identifying risks around us, analyzing identified risk in terms of loss frequency and loss severity, selecting the best risk management techniques, and implementing techniques and monitoring the system is the decision making process of systematic risk management. It is the system managing various risks of our society ex ante and ex post to minimize possible loss and to seek stability in growth.

South Korea needs to keep growing; individuals, households, businesses either private or public. South Korea also needs to grow and it should seek sustainable growth based upon economic performance, taking good care of its environment. Social responsibility is the essence of sustainable growth, which is the vision of South Korea. Risk management is a core strategy of sustainable growth.

A fast aging society, environmental destruction and natural catastrophes, polarization, a global economic crisis, and North Korean nuclear threat are a few examples of risks South Korea is facing today. Personal risk, property and liability risk, financial risk, credit risk, and political risk are different types of risks in our society and they are inter-related and getting more complicated. That is why South Korea needs to make a concerted effort society wide to emphasize risk management.

Table A1-1

◈ Korean Insurance Market in the World

● Growth of Korean Insurance Market—Total Insurance Premiums : $91.9billion

Total Premium volume by country (Units : $ billion, %)

Ranking	Country	Premium volume		Changes, 2009		Share of world market, 2009
		2008	2009	Nominal	Inflation adjusted	
1	United States	1,239.7	1,139.7	-8.07	-7.77	28.03
2	Japan*	483.1	505.9	4.73	-1.06	12.44
3	UK	395.6	309.2	-21.84	-9.43	7.61
4	France	275.8	283.1	2.61	8.20	6.96
5	Germany	241.9	238.3	-1.48	3.64	5.86
6	Italy	140.7	169.4	20.38	26.07	4.17
7	PR China	140.8	163.0	15.79	14.63	4.01
8	Netherlands	114.5	108.1	-5.57	-1.51	2.66
10	Korea*	90.6	91.9	1.48	0.81	2.26

* Fiscal year(Apr. 1. 2009-Mar. 31. 2010).

Source : Swiss Re, Sigma. No. 2. 2010.

Although South Korea is a rather young player in the insurance industry compared to other developed nations, given South Korea has developed economically for just the last 40 years, it already ranked 10th in the world with an aggregate of $91.9 billion of insurance premiums for 2009. South Korea, unlike for example in the UK and the USA where there were sizeable insurance premium contractions from 2008~2009, appreciated nominally by $1.48 billion. Indeed, South Korea in 2009 also had 2.26% of the world's insurance market share.

Table A1-2

◈ Korean Insurance Market in the World

• Insurance Penetration—Premiums in % GDP : 10.4%

Insurance Penetration : Premiums in % GDP (Units : %)

	2007			2008			2009		
	Life	Non-Life	Total	Life	Non-Life	Total	Life	Non-Life	Total
Korea	8.2	3.6	11.8	8	3.7	11.8	6.5	3.9	10.4
World	4.4	3.1	7.5	4.1	2.9	7.1	4.0	3.0	7.0

South Korea in 2007 stood at 11.8% as a percentage of insurance premiums(life 8.2% and non-life 3.6%) to GDP. Likewise in 2008, insurance premiums were 11.8% of GDP with a slight depreciation of life and a slight appreciation of non-life(life 8% and non-life 3.7%). In 2009, however, South Korea's insurance premiums reduced by 12% to 10.4%(life 6.5% and non-life 3.9%). Comparatively, the world average was 7.5%(life 4.4% and non-life 3.1%) in 2007, but contracted to 7.1%(life 4.1% and non-life 2.9%) and 7.0%(life 4.0% and non-life 7.0%) in 2008 and 2009 respectively.

Table A1-3

◈ Korean Insurance Market in the World

• Insurance density—Premiums per capita : $1,890.3

Insurance density : Premiums per capita (Units : $)

	2007			2008			2009		
	Life	Non-Life	Total	Life	Non-Life	Total	Life	Non-Life	Total
Korea	1,656.6	727.3	2,384.0	1,347.7	621.0	1,968.7	1,180.6	709.7	1,890.3
World	358.1	249.6	607.7	369.7	264.2	633.9	341.2	253.9	595.1

Insurance premiums per capita in South Korea additionally declined from 2007～2009. In 2007 per capita insurance premiums totaled $2,384.0(life $1,656.6 and non-life $727.3). The following year's per capita decreased by 17% to $1,987(life $1,347.7 and non-life $621.0) ; while 2009 reduced another 4% to $1,890.3(life $1,180.6 and non-life

$709.7). Whereas the world's total premium per capita from 2007~2009 was drastically less than South Korea's. Conversely, from 2007~2009 the world's total premium per capita was consecutively 75, 68, and 69 percent less than South Korea's. While the world's per capita total appreciated the next year marginally by 5% from $607.7(life $358.1 and non-life $249.6) to $633.9(life $369.7 and non-life $264.2), but like South Korea from 2008~2009 its total also depreciated-the world contracted by 6% to a total of $595.1(life $341.2 and non-life $253.9).

Table A1-4

◈ Korean Insurance Market in the World

- Life insurance subscription ratio per household
  - Private life insurance subscription ratio per household has sharply increased since the 1980s.

Life insurance subscription ratios per household (Units : %)

	FY'88	FY'91	FY'94	FY'97	FY'00	FY'03	FY'06	FY'09
Private life Insurance	32.8	37.8	50.9	69.2	81.9	85.4	85.7	84.5
Mutual, Post office	2.8	3.2	2.9	4.1	6.4	13.4	15.8	13.1
Mutual, Agricultural association	2.3	2.4	7.2	7.9	9.9	10.2	9.0	9.0
Total	36.4	40.3	57.8	73.7	86.2	89.9	89.2	87.5

Source : Korea Life Insurance Association, Cunsumers' survey, 2010.

Subscription rates per houshold(Life Insurance)

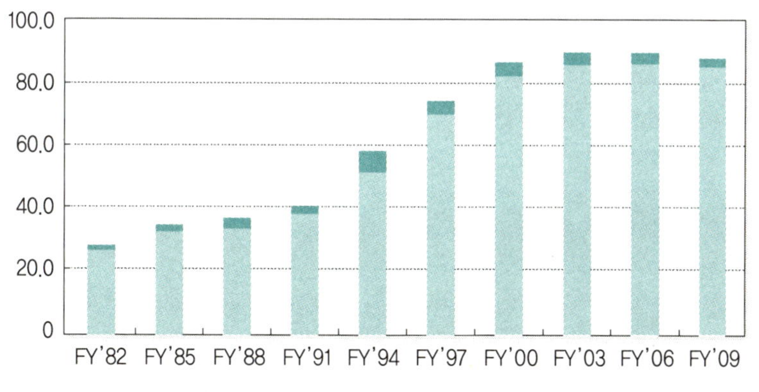

Since the 1980s the private life insurance subscription ratio per household has risen sharply. According to the Korea Life Insurance Association, the total subscription more than doubled from fiscal years 1988~2009, while peaking in 2003 at 89.9%. The greatest growth took place from fiscal years 1994~2003, where subscriptions grew by about 36%. Private life insurance had the lion's share of subscriptions; given postal subscribers are generally the elderly; and with South Korea's accelerated growth in urbanization agricultural associations are declining.

Table A1-5

◈ Premium Volumes and Total Assets

- Total Premium : 120,789 billion won

Premium volume (Units : billion Won, %)

	FY'03	FY'04	FY'05	FY'06	FY'07	FY'08	FY'09
Life	50,393 (2.7)	53,751 (6.7)	61,472 (14.4)	66,455 (8.1)	75,956 (13.0)	73,561 (−2.0)	78,957 (4.6)
Non-life	21,374 (3.7)	23,219 (8.6)	25,724 (10.8)	29,583 (15.0)	33,982 (14.9)	37,495 (10.3)	43,632 (16.9)
Total	71,767 (3.0)	76,970 (7.2)	87,196 (13.3)	96,038 (10.1)	109,077 (13.6)	111,057 (1.8)	120,789 (8.8)

Note : Figures in parenthesis indicate year-on-year growth rates.
Source : KIDI, Monthly insurance report, various issues.

Trends of premium volume

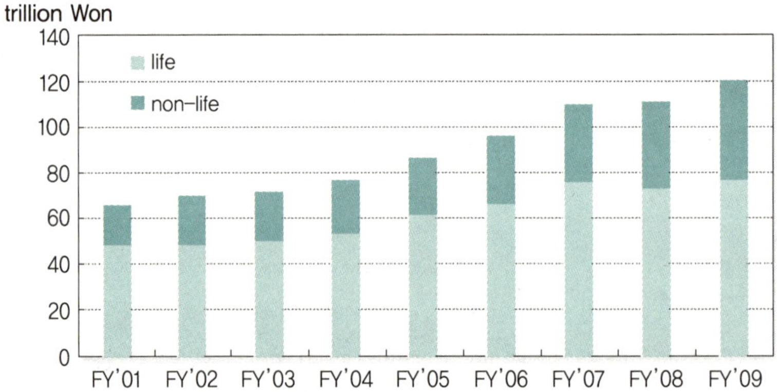

Source : KIDI, Monthly insurance report, various issues.

South Korea's premium volumes and total assets increased incrementally from fiscal years 2003～2009. Total assets grew by around 40% in fiscal 2003～2009, and had continuous growth without contraction in those years-they culminated in fiscal year 2009 to KRW 120,789 billion. Yet in 2007～2008 there was a significant slowdown, where assets increased by only 1.8%. Fiscal years 2004～2005 had the greatest increase of KRW 76,970 billion-KRW 87,196 billion and a 13.3% augmentation.

Table A1-6

◈ Premium Volumes and Total Assets

● Total assets : 458,647 billion won

Total assets (Units : billion Won, %)

	FY'03	FY'04	FY'05	FY'06	FY'07	FY'08	FY'09
Life	187,362 (14.1)	211,610 (12.9)	239,362 (13.1)	273,132 (14.1)	305,400 (11.8)	328,332 (7.5)	372,525 (13.5)
Non-life	38,823 (9.8)	43,472 (15.0)	49,277 (13.4)	56,971 (15.6)	66,015 (15.9)	73,990 (12.1)	86,122 (16.4)
Total	226,184 (13.3)	255,082 (12.8)	288,639 (13.2)	330,103 (14.4)	371,415 (12.5)	402,322 (8.3)	458,647 (14.2)

Note : Figures in parenthesis indicate year-on-year growth rates.

Source : KIDI, Monthly insurance report, various issues.

Trends in total assets

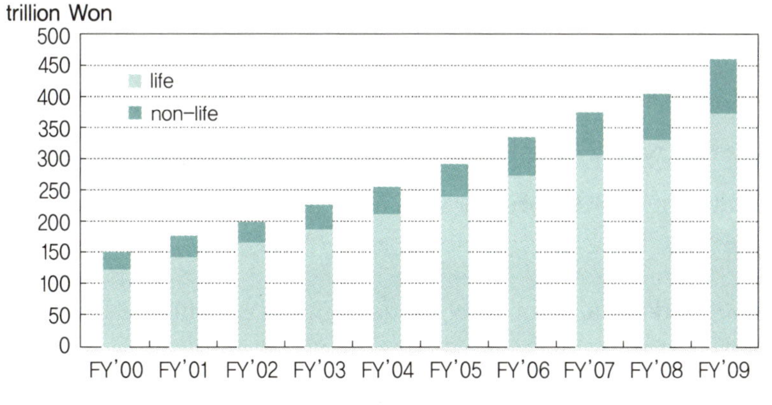

Source : KIDI, Monthly insurance report, various issues.

The premium volumes and total assets, however in the present graph grew more dynamically than the previous one from fiscal years 2003～2009 : Given from 2003～2009 total assets increased by over 100% and had continuous growth without contraction in those years–they peaked in fiscal year 2009 at KRW 454,647 billion. On the other hand, from the previous graph in 2007～2009 in which there was a significant slowdown, here there was steady and robust growth in total assets. Fiscal years 2005～2006 had the largest increase KRW 288,639 billion–KRW 330,103 billion(14.4% increase).

Table A1–7

◈ Number of insurance company : 52 (Mar. 31, 2010)

Insurance companies in Korea

Classification		Domestic	Foreign	Sub total
Life Insurance		13	9	22
Non–Life Insurance	Primary	13	10	23
	Reinsurer	1	6	7
	Sub total	14	16	30
Total		27	25	52

Note : 1) All figures are on Mar. 31, 2010.
2) Foreign subsidiaries, branches, and joint ventures in which foreign shareholders account for more than 50% of total stocks are regarded as foreign insurance companies.

Source : Financial Supervisory Service ; KIDI.

As of March 2010 South Korea had an aggregate of 52 insurance companies, with 27 domestic and 25 foreign. Life insurers consisted of 13 domestic and 9 foreign and non–life had 14 domestic and 16 foreign.

The market share of foreign insurance companies vis–à–vis South Korea reached KRW 16,238 billion(21.1%–life) and KRW 1,403 billion(3.2%–non–life) in 2009, but the foreign market share peaked at 22.54%(life–2007) and 3.7%(non–life–2008) sequentially. Life grew by 32% in 2005～2009, whereas non–life more than tripled by 233%.

Table A1-8

◈ Market Share of Foreign Insurance companies

- Life Insurance : 21.2%, • Non-Life Insurance : 3.2%,

Premium income and market share for foreign insurers

(Units : billion Won, %)

	FY'05		FY'06		FY'07		FY'08		FY'09	
	Life	Non-life	Life	Non-life	Life	Non-life	Life	Non-life	Life	Non-life
Foreign Insurance	11,107	328	13,150	409	16,924	1,278	15,816	1,387	16,238	1,403
	(18.07)	(1.33)	(19.79)	(1.42)	(22.54)	(3.1)	(21.5)	(3.7)	(21.1)	(3.2)

Note : Each figure in a parenthesis indicates market share of life or non-life insurance industry.
Source : KIDI, Monthly insurance report, various issues.

Foreign Non-life's market share persistently paled in comparison to life through-out the period.

2. Challenging Issues

Korean insurance industry has made remarkable growth by two-digit in 1970s and 1980s. Recently Korean economy has been slowing down due to the financial crisis and the recession of global economy and the growth rate of Korean insurance business is lower than 5%.

At present many foreign insurers are extensively making business in Korea. However, the volume of overseas business of Korean insurance companies is insignificant. Korean insurance companies are setting up the strategy of making global business.

Several insurance companies were sold off and lost their business due to financial unsoundness. Korean insurance authorities closely watch and assess financial soundness of insurers in order to prevent insurers' insolvency and to ensure their sound management. Korea FSS(Financial Supervisory Service) inspects insurers' operations and financial status based on RBC and risk assessment.

Distribution channels of the Korean insurance market are

comprised of bancassurance, direct marketing through internet and others, cross selling solicitors, general agents. Korean distribution channels are expected to be more diversified in the future. The market share of the traditional channel like insurance solicitors is decreasing, while the market share of direct writers and bancassurance have grown remarkably.

Korea is becoming aging society and it is exposed to longevity risks. Insurance companies are getting more serious to develop products such as pension, retirement insurance, and long-term care insurance.

Insurance consumers demand insurers to improve the readability of insurance contracts and to help consumers better understand insurance products. Therefore insurance authorities take measures to meet increasing demand of insurance consumers. They have to develop disclosure programs and take good care of consumer complaints.

Ⅱ. Future of the Korean Insurance Industry

1. Significance of Risk Management for Sustainable Growth of Korea

Sustainability is an approach that creates long-term stakeholder value by embracing opportunities and managing risks deriving from economic, environmental and social developments. Sustainability leaders achieve long-term shareholder value by gearing their strategies and management to harness the market's potential for sustainability products and services while at the same time successfully reducing and avoiding sustainability costs and risks.

The quality of a country's strategy and management and its

performance in dealing with opportunities and risks deriving from economic, environmental and social developments can be quantified and used to identify and select leading industries for investment purposes.

Leading sustainability industries display high levels of competence in addressing global and industry challenges in a variety of areas:

- **Risk management** : the series of decision-making processes of planning, organizing, implementing, and controlling activities and resources vis-à-vis public policy.
- **Strategy** : Integrating long-term economic, environmental and social aspects in their policy strategies while maintaining global competitiveness and brand reputation.
- **Financial** : Meeting stakeholders' demands for a sound financial system, long-term economic growth, open communication and transparent financial accounting and management, and systems, which use financial, natural and social resources in an efficient, effective and economic manner over the long-term.
- **Governance and Stakeholders** : Setting the highest standards of corporate governance and stakeholder engagement, including corporate codes of conduct and public reporting.
- **Human** : Managing human resources to maintain workforce capabilities and labor satisfaction through best-in-class organizational learning and knowledge management practices and remuneration and benefit programs.

Sustainability performance is an investable concept. This is crucial in driving interests and investments in sustainability to the mutual benefit of the government and citizenry. As this benefit circle strengthens, it will have a positive effect on the societies and economies of both the developed and developing world.

South Korea needs to keep growing; individuals, households, businesses either private or public. South Korea also needs to grow and it should seek sustainable growth. Based upon economic performance, taking good care of the environment and social responsibility is the essence of sustainable growth, which is the vision of South Korea. Risk management is a core strategy of sustainable growth. South Korea must "seriously address the challenges of sustainable development; it is also a vision which recognizes the central role of the private sector."[1] The South Korean governments like most in the world have budget constraints; employment, innovation, research and development etc. are becoming peripheral. The private sector must be the main driving force toward future sustainability.

Figure A1-1 Concept of Sustainable Management

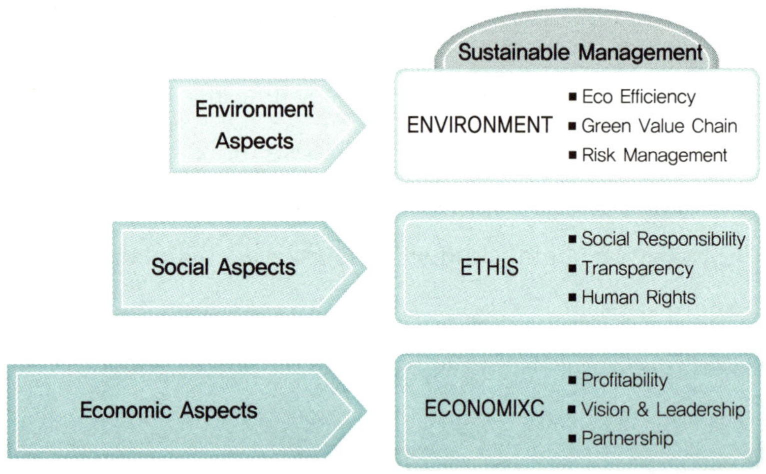

Source : Author's own

1. Vorhies, Francis, "Towards a vision of Sustainable Prosperity, A new UN report on Global Sustainability," *Forbes Magazine*, February 6, 2012.

More risk management is needed to sustain South Korea's vision for growth because it takes a practical approach to achieving top-line growth and bottom-line results. Risk management is the core strategy for sustainable management of a business. Risk management is the series of decision-making processes of planning, organizing, implementing, and controlling activities and resources of an organization to minimize the adverse effects (at minimum cost) out of fortuitous accidents to individuals, families, and private or public entities.

The main steps of systematic risk management are as follows: establishment of risk management context, risk analysis with respect to loss frequency as well as loss severity, risk assessment, selection of the best risk management technique(s) and its implementation, on-going communication/consulting/improvement, and promoting the significance of recognizing risk management throughout the entity. Considering the significant importance of risk management to a growing concern for maximizing its market value, we can say risk management is literally the sustainable management itself.

2. Importance of Integrated Risk Management

1) Concept of Integrated Risk Management

In the middle of the global financial crisis, meeting the required risk-based financial supervision, the insurance business has to enforce the ERM(Enterprise Risk Management) System[2] is the example of integrated risk management covering both insurable risks and non-insurable risks such as financial, credit, and political risks.

2. RAAS(Risk Assessment and Application System) and RBC(Risk Based Capital) system are examples of risk-based financial supervision.

Also, as the public's interests in integrated risk management service are ever increasing, the integrated risk management service may be a good future market for insurance businesses which are basically based upon a risk management function.

a) The Change of Business Environment

Risk management becomes more important as time goes by. Risks around business with scientific progress including the information technology revolution, the change of financial markets, frequent catastrophes and globalized business activities have become more complicated and varied. As business should take care of systematic risk management to deal with a rapidly changing business risk environment, future risk management is expected to come along with integrated risk management rather than insurance focused risk management. The effort of implementing integrated risk management to cover insurable risks, financial risks, credit risks, political risks and others is required. Now risk management for business is to be considered as a positive means of creating long-term benefits rather than a passive function of loss prevention or loss reduction.

Businesses choose specific risk management methods to manage risks efficiently, considering the business' risk retention, frequency and the size of a loss. Businesses used to transfer the risks that businesses could not retain to the insurance market, but after 1980 due to the limitations of the existing insurance and reinsurance market and the needs of various risk management methods, alternative risk transfer means have gotten more attention.

b) Frequent Catastrophes

A series of catastrophes have revealed the limitations of the insurance market and this means the lack of skills of insurance business to manage catastrophes, absence of needed coverage and the possibility of rapidly changing insurance premium rates. In this situation, focusing on the capital market which is able to finance huge capital over the capacity of the insurance/reinsurance market and to diversify risks well is a very natural phenomenon to manage catastrophic risks.

c) The Significance of Killer Risks and Limitations of Insurance as Traditional Risk Management

Although today's corporations, especially MNCs need a new concept of risk management to deal with various business risks with rapidly changing business environments, the traditional risk management which mainly relies on insurance does not meet their needs. The fatal risks which may lead a business to survive or not are called 'killer risks' and the following list shows the examples of killer risks:

- Loss of business license
- Loss of brand value or customers' trust
- Loss of customer network
- Business crisis and insolvency
- Paralyzed IT systems that provide the whole corporation with various services
- Loss of human resources and technology infrastructure
- Loss of business competitiveness

Considering that a few out of these risks can be managed by traditional risk management or insurance, the limitations of insurance to meet the needs of business risk management are very clear.

d) Demand for Integrated Risk Management with the Connection of Capital Market

Since businesses face frequent catastrophes and rapidly changing business risk environment they seriously need systematic risk management, future risk management is expected to come along with integrated risk management. The effort to manage insurable risks, financial risks, credit risks, political risks and others as a package is required. Besides the traditional insurance market, a conduit, a business can transfer financial risks that may be the capital market and it can be a professional risk underwriter to accept financial risks. The capital market with the ability of financing huge capital and risk diversification is expected to be a successful risk underwriter.

Figure A1-2 Integrated Risk Management

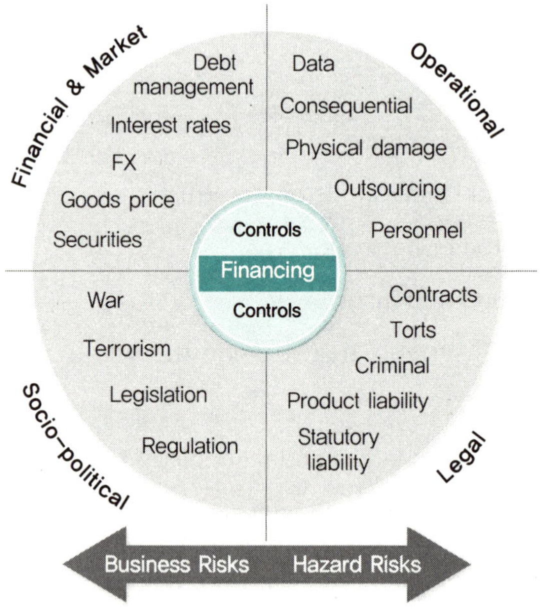

Source : Author's own

2) Theory of Integrated Risk Management[3]

As mentioned above, the changing business environment around corporations requires a new approach for business risk management with professional know-how in insurance as well as in finance and it is to cover overall risks including insurable risks and non-insurable risks so that it is integrated risk management.

Integrated risk management indicates that the origin of a certain risk is not that important and, regardless of the risk type, the ultimate loss may cause troubles in sales and even bankruptcy.

As a matter of fact, the reason why analyzing the cause of losses out of a risk is difficult and risks cannot simply "add up" is because when business manages a certain risk other risks could affect it directly or indirectly. Due to this reason, comprehensive risk management is needed and integrated risk management can be summarized by the following five characteristics:

Firstly, integrated risk management is detailed and analytical:

The foundation of corporations' risk management is based on a close analysis of existing risks. Based on analyzing the frequency and the scale of a loss, corporations would decide whether to choose risk control or risk transfer. The most typical risk management tool, insurance is sometimes inefficient and often impossible to purchase so that securing and using various risk management methods are required.

Secondly, integrated risk management is based on practicing business' optimal investment : Considering the liquidity shortage after a loss or the impossibility of new investment or reinvestment, a corporations' risk management should be practiced based on its

3. Neil Doherty, *Integrated Risk Management*, 2000, p.10~12.

optimal investment scenario. Risk management strategies should include optimal investment decisions that are available before and after a loss and a good example is a contingency loan for emergencies.

Thirdly, integrated risk management is good for minimizing transaction costs:

When risk management is not performed properly, it can cause more of a tax burden, conflict between shareholders and creditors, and an increase of bankruptcy costs. Therefore, risk management on a minimum cost basis includes not only traditional risk management, but also tax management and a capital structure settlement.

Fourthly, integrated risk management is comprehensive:

When considering the variety of risks that affects business performance and the destructive power of consequential losses, the new risk management inclusively should cover insurable, financial, political risks and others as a whole.

Fifthly, integrated risk management is economic:

A lot of cash flow that comes along with businesses involves risks; however the total cash flow risk is different from the simple sum of each individual risk. Risks cannot be simply "added up" because corporations' certain risk management is affected directly or indirectly from other risks. According to the diversification theory, the total risk is to be smaller than the sum of individual risks. On the other hand, when managing risks individually, not totally, inefficient decisions may make the risk bigger.

3. Sustainable Management of the Korean Insurance Industry with Integrated Risk Management

As discussed above, future risk management is expected to be the form of integrated risk management. The insurance industry whose main business is to accept others' risks and mange them systematically should show its wisdom to sensitively cope with the market changes and lead the risk management market better than any other financial institutions.

Eliminating work barriers among financial institutions and actively meeting customers' needs has become the worldwide trend of financial reform. The Korean financial markets also have to move along this worldwide trend. The enactment of a capital market unification law and a series of financial market reforms are good examples of these efforts thus far.

In this environment, the Korean insurance business is expected and required to have hereafter developing reforms and its direction may be to make integrated risk management businesses by connecting the insurance market with the capital market based upon chemical integration of life and non-life insurance businesses.[4] The life-long financial planning for individuals and households and integrated risk management for corporations are expected to grow. Moreover, coordination with the public insurance system to cover social security risks(that is, aging risk, health risk, unemployment risk and so on) may be a good opportunity market for private insurance businesses.

Having the objective of making integrated risk management businesses, the Korean insurance industry is required to react more actively than ever to this and the detailed action plans are as follows:

Firstly, reinforcement and cultivation of risk management professionals are absolutely required. Since integrated risk

---

4. Integration of life insurance and non-life insurance businesses would not be feasible under the current Korean insurance law, clearly separating life and non-life insurance, but composite insurance are available in many OECD countries except for Germany, Japan, Korea, US and some others. With the idea of providing integrated risk management service in mind for future insurance business, integration of life and non-life insurance businesses may be possilble to consider.

management is high dimensional covering financial risks and credit risks, besides insurance, securing risk management professionals is definitely important.

Secondly, since constructing an integrated risk management system is absolutely required, the insurance business has to establish long-term master plans and specific roadmaps with an ERM system set up.

Thirdly, experiencing a global financial crisis, we recognize again the critical importance of international cooperation and continuing dialogue among governments, regulators, and insurance industry for good regulatory reform and the success of insurance business. Examples of international cooperation needs for insurance business are the implementation of Solvency II and IFRS application to insurance.

The development of integrated risk management business requires a long term commitment and a lot of investment so that the insurance industry should have detailed plans such as connecting with related businesses horizontally and establishing the integrated risk management system with financial holding companies. The system should avoid duplication between the existing reinsurance market and new partners of the capital market and at the same time construct an effective and systematic system minimizing the gaps.

In addition to the above action plans of the insurance industry, recognizing the change of the financial market trend and social responsibility, good support of the authorities and academics for building up the integrated risk management businesses are absolutely required.

Ⅲ. Conclusion

South Korea is facing many problems regarding sustainability: polarization, unemployment, demography and so on. Through integrated risk management and the insurance industry, South Korea must look for new development locomotives; it also has to seek development based upon its core competencies in integrated risk management service with the vision of sustainable growth.

We have to recognize the significance of integrated risk management and need to invest in solidifying risk management infrastructure. First, the PR of risk management's importance is essential. It is needless to say the significance of increasing and promoting risks management professionals. Also, we have to develop financial institutions that can provide good services of integrated risk management.

Growth and stability! The capacity to catch these two rabbits should be the core competence of the Korean economy seeking sustainable growth. With the public's recognition of risk management, surely the support of the government and academia are a must to build successful risk management infrastructure in Korea.

In the middle of the global financial crisis, meeting the required risk-based financial supervision, the insurance business has to enforce an ERM(Enterprise Risk Management) system. The ERM is an example of integrated risk management covering both insurable risks and non-insurable risks such as financial, credit, and political risks.

Also, as the public's interests in integrated risk management service are ever increasing, the integrated risk management service may be a good future market for insurance businesses whose main function is basically risk management.

We hope to see the Korean insurance industry grow incessantly with its core competencies in integrated risk management and with specific and realistic business strategies.

References

Chang, D., "Significance of Integrated Risk Management and Insurance Business, Action Plans," *Risk and Insurance*, Korean Re, Winter 2007.

Chartered Insurance Institute, *Risk Management*, 2001.

Doherty, N., *Integrated Risk Management*, McGraw Hill, 2000.

Ernst & Young, "US Insurance Industry Outlook," 2010.

Geneva Association, "Anatomy of the Credit Crisis," The Geneva Reports, Jan. 2010.

Korea Institute of Finance, *Korea Finance Quarterly*, Winter 2009.

Lam, J., *Enterprise Risk Management*, Wiley, 2003.

Lee, H.B., C.M. Lee, A.R. Choi, "Determinants of CSR Activities of Korean Insurance Companies," *Journal of Risk Management*, Korea Risk Management Society, Spring 2009.

Min, Seung-Kyu, "Income Polarization in Korea," SERIWorld.org. April 10, 2006.

Neil, Howe, Richard Jackson, and Keisuke Nakashima, "The Aging of Korea Demographics and Retirement Policy in the Land of the Morning Calm," March, 2007.

Savitz, A. and Weber, K., *The Triple Bottom Line*, Jossey-Bass, 2006.

UNEP, "Financial Initiative, Insuring for Sustainability," May, 2007.

Ujikane, Keiko, "Japan's Economy shrinks Less Than Expected on Quake Rebuilding," *Bloomberg Businessweek*, August 15,2011

Vorhies, Francis, "Towards a vision of Sustainable Prosperity, A new UN report on Global Sustainability," *Forbes Magazine*, February 6,

2012.

Yoo, Choonsik, 'Analysis-south Korea needs to step on economic pedal,' Reuters February 9, 2012.

http://media.daum.net/economic/others/view.html?cateid=1041&newsid=20120201213918923&p=imbc

http://biz.chosun.com/site/data/html_dir/2011/10/14/2011101400122.html

http://news.mk.co.kr/newsRead.php?year=2012&no=99008

http://english.chosun.com/site/data/html_dir/2011/11/16/2011111600471.html

http://fn.segye.com/articles/article.asp?aid=20120220000560&cid=0501010000000

A2. A Comparative Study on Insurance Education in Korea, US, and UK*

CHANG, DongHan(Professor of International Trade, KonKuk University)

CHANG, KonHee(Department of English, MyungDuk Foreign Language High School)

◉ Abstract

The insurance education would be desirable when it is achieved by sharing an area of financial education. While the fundamental features of insurance education, which are about risk and risk management and about the essences of insurance, are to be maintained as independent; the financial characteristic of insurance education needs to be delivered also.

With respect to the basic function of insurance, restoring pre-loss financial status by risk transfer, insurance education has to include the discussion of risk and risk management and essences of insurance. Considering that insurance has a financial nature, insurance education needs to deliver understanding of financial knowledge, promoting financial literacy, and responsibility following financial decision-makings.

In order to have effective and desirable insurance education, contents of insurance education need to be carefully arranged considering proper education period.

---

* 건국대학교 경제경영연구소, 『상경연구』, 37권 2호, 2012. 12.

I. Introduction

The Korean insurance industry is in global top ten countries in terms of written premium size in 2008. The penetration ratio of insurance, that is, written premium out of GDP in 2008 is 10.8% that is higher than the average ratio of OECD countries. Also, the insurance density ratio, that is, insurance premium per capita has grown at 10.6% on average.

However, the public image of insurance industry in Korea is not that good. For example, the number of consumer complaints in financial sector is the highest for insurance industry in 2009. Worse, it is growing fastest for insurance.

The negative image of insurance is also manifest in insurance fraud. In 2009, according to the Korea Financial Supervisory Board, the number of insurance frauds and their size have grown almost 30% over the previous year.

How come is the public image of insurance industry in Korea far behind its outstanding performance in terms of size? The number one reason out of many, with respect to supply side, may be 'growth first' policies of the Korean insurance businesses. The top priority of their business has been growing market share by selling. Compared with global partners business, low ROA(Return on Assets) and ROE(Return on Equity) of Korean insurance businesses can be good indicators of their growth first policies.

No good disclosure of insurance business to consumers may be another reason of the bad image of Korean insurance industry. Despite their efforts of insurance business disclosure since 2000, it is still far behind the developed countries.

In demand side, public's low understanding of insurance business may be another important reason. Considering that the information asymmetry problem is most serious for insurance business(Joint Forum, 2008), ongoing efforts to minimize the information asymmetry problem is critical for successful business of insurance industry. The insurance demand in Korea, however, is not good at all in that sense and many Korean people do not understand the need and significance of insurance well.

The most effective way to solve this problem may be to promote public's understanding of insurance through good education on insurance in longer term. The current education of insurance in Korea is not good in lower schools and colleges and not good for insurance professionals either.

The purpose of this study is to go over problems of current education of insurance at Korean academic institutions and to suggest ways to promote public image of insurance and improve insurance education in financial and risk management framework with reference to advanced countries cases. The role of risk management is critical for sustainable development of Korean economy and the future framework of risk management should be an integrated one. Systematic insurance education in integrated risk management framework would be significantly important for sustainable management of Korean insurance business.

A. Insurance Education in Korea[1]

1. Insurance Education in Elementary, Middle, and High School

Insurance education for Korean youngsters can be said not

1. Chang, D.H. et al., 2010, *A Study on Good Insurance Education*, Korean Insurance Academic Society.

existing yet. Preoccupied understanding of youngsters may last long for life time and this is why education for youngsters are critically important for whatever subject including risk management or insurance. Curricula relevant to insurance at Korean elementary, middle, and high schools have been studied as in 〈Table A2-1〉, 〈Table A2-2〉, and 〈Table A2-3〉.

Also, a survey was conducted to get a picture of the current status of insurance education at Korean middle school and high school and how students understand insurance. Eighty six students at MyungDuk Foreign Language High School were surveyed on followings: image of insurance, insurance education in middle and high school, knowledge about insurance related concepts, and the need for insurance education. (Survey form and its outcomes are in Appendix)

In Part One where students were asked of the image of insurance, it turned out that insurance has a good image among the students. At first glance this result does not make sense considering the no good image of insurance business in Korea. However, it may make a sense also since insurance itself does not convey a bad image at all. It is the insurance 'business' that makes people think otherwise. Students who do not yet have direct experience dealing with insurance companies and various issues regarding insurance including insurance frauds do not perceive insurance to be bad. It also turned out that the insurance business has somewhat of a conservative image. Again, the result poses something to think about. Insurance itself is not a conservative concept. Then, perhaps it is the insurance business that has built up this image. When students were asked if they wish to work for insurance business, only 6% answered they do. The last question of part 1 asked students what kinds of insurance they know about. Most students answered that they know about life insurance, annuity, health insurance, auto insurance, and social insurance.

Table A2-1 Curricula related to Insurance in Elementary Schools of Korea

Classification			Good Living	Ethics	Life Guidance	Wise Life	Happy Life	Society	Society & Research	Practical Study
			Subjects(Year/Semester)							
The Domain of Risk and Risk Management	Life Safety		2/2	3/26	2/2 3/2 4/16	1/1 1/2 2/1	1/1 2/1			6
The Domain of Risk and Risk Management	Natural Disasters					1/1		4/1 5/1	4/1 5/1	
The Domain of Risk and Risk Management	Health & Injury		1/2	3/1	1/2 3/1	1/1 1/2 2/1				
The Domain Related to Finance and Insurance	Finance	Income, Consumption, Savings, Consumers, and (Non Insurance) Financial Companies		3/15	3/1 4/2			4/2	4/2 5/2	5
The Domain Related to Finance and Insurance	Insurance	Insurance General						4/2	4/2	5
The Domain Related to Finance and Insurance	Insurance	Helping Each Other	2/2	4/25	2/2			5/2		
The Domain Related to Finance and Insurance	Insurance	Social Insurance (including Social Security & Social Welfare)						6/2	6/2	

Table A2-2 Curricula related to Insurance in Middle Schools of Korea

Classification			Society	Ethics	Technology & Family	Environment	Health Care
			Subjects(Year/Semester)				
The Domain of Risk and Risk Management	Life Safety & Industrial Safety				3		◎
The Domain of Risk and Risk Management	Natural Disasters & Occupational Disabilities		1		3		
The Domain of Risk and Risk Management	Health & Injury						◎
The Domain of Risk and Risk Management	Environmental Pollution					◎	◎
The Domain Related to Finance and Insurance	Finance	Income, Consumption, Savings, Cutting down expenditure, Consumers, and (Non Insurance) Financial Companies			2 3		
The Domain Related to Finance and Insurance	Insurance	Insurance General			3		
The Domain Related to Finance and Insurance	Insurance	Helping Each Other		1 2 3			
The Domain Related to Finance and Insurance	Insurance	Social Insurance (including Social Security & Social Welfare)	2 3	1 2 3	3		

Table A2-3 Curricula related to Insurance in High Schools of Korea

Classification			Subjects(Year/Semester)																
			Practical Mathematics	Society	Law & Society	Politics	Economy	Society & Culture	Ethics	Citizen Moral	Ethical idea	Traditional Ethics	Technology & Family	Consumer Science	Corporate Management	Economic Life	Safety & Health	Health Care	Ecological Environment
The Domain of Risk and Risk Management	Life Safety & Industrial Safety												◎	◎	◎		◎	◎	
	Natural Disasters & Industrial Disaster			◎											◎		◎		
	Health & Injury																◎		
	Environmental Pollution			◎				◎						◎				◎	◎
The Domain Related to Finance & Insurance	Finance	Income, Consumption, Savings, Cutting down expenditure, Consumers, and (Non Insurance) Financial Companies	◎				◎						◎	◎	◎	◎			
		Personal Financial Planning					◎						◎	◎		◎			
	Insurance	Insurance General	◎											◎		◎			
		Helping Each Other						◎	◎		◎	◎							
		Social Insurance (including Social Security & Social Welfare)		◎	◎	◎	◎	◎		◎	◎	◎		◎	◎	◎		◎	

The second part of survey deal with the current status of insurance education in Korean middle and high schools. Majority of the students answered that they did not receive insurance education either in middle school or in high school. It signifies that insurance is not a part of the curriculum at this time in Korea.

Next part of the survey is on student's knowledge about insurance related concepts. Most students answered they do not know much about risk management. Although many students know about sustainable management, only half of the students know about risk management. Their understanding of the link between risk management, sustainable management, and insurance is even worse. Majority do not know that risk management is the core strategy for sustainable management ; nor they know well that insurance is the core of risk management. Thus, although most students have basic insurance concepts such as annuity and life insurance, they do not know much when it comes to risk management and sustainable management.

In the last part of the survey, students were asked whether they think they need good education on risk management and insurance. Three fourth of the students acknowledge the need for better insurance education.

A few points can be drawn from the result of the survey. First, insurance industry must promote public image of insurance through enhancement of its service and education. As shown in part 1, people do not have bad image of insurance in the first place. They develop such image of insurance over time as they encounter numerous insurance related incidents such as insurance frauds and failure to get proper coverage. To gain respect from the public and instill positive image of insurance, the insurance industry must first focus on improving quality of their services such as clearly informing consumers of the insurance contracts and coverage. It is time that the industry move on from concentrating only on making more profit. Furthermore, the insurance industry must promote and support insurance education. With the public's good understanding of insurance, the image of insurance will be enhanced in the long run.

Second, insurance education in middle and high school must be promoted. At times when risk management and sustainable growth are key strategies for survival and prosperity of corporations and governments, students' understanding of insurance holds greater significance than ever. The need for insurance education is further supported by the fact that most students acknowledge the need for good insurance education. Good insurance education must inform students of what insurance is about, how it works and at the same time it should be interesting enough for students. One way to do so is to educate the students on risk management in their daily lives. It could teach them how to manage their risks while studying, pursuing their careers, preparing for college or even in dealing with deteriorating friendship or troubles with their parents. Again, the point is, the insurance education must be related to students' actual lives.

2. Insurance Education at Korean College

Since mid 1980s with globalization efforts of Korean insurers, Korean colleges started to open insurance programs to meet the demand for insurance professionals. As of 2010, 13 colleges have independent insurance programs for their college students and their classes are studied as in 〈Table A2-4〉. Compared with the college education of advanced countries such as US and UK, insurance education at Korean colleges are not good and not systematic.

Table A2-4 Insurance Courses offered at Korean Colleges(2002~2010)

Course Title of Insurance	Number of Schools offering Insurance Subjects (2002/2010)	Course Title of Insurance	Number of Schools offering Insurance Subjects (2002/2010)
Theory of Insurance	12/13	Insurance English	4/4
Property & Liability Insurance	12/13	Pensions	3/3
Life & Health Insurance	12/13	Theory of Insurance Policy	3/3
Insurance Claims	11/11	The Third Field Insurance	1/2
Insurance Contracts	10/11	Reinsurance	4/2
Insurance Law	10/11	Insurance Finance & Investment	1/2
Automobile Insurance	6/9	Insurance Accounting	3/1
Actuarial Science	12/9	Insurance Economics	1/1
Social Insurance	8/9	Enterprise Risk Management	1/1
Financial Planning	0/7	Employee Benefits	1/1
Risk Management	9/6	Finance & Insurance Practice	1/1
Finance and Insurance Seminar	5/6	Insurance Medicine	0/1
Insurance Operations	4/5	Theory & Practice of Insurance	0/1
Marine Insurance	7/5	Methodology in Risk Management	0/1
Insurance Marketing	4/5	Insurance Markets in China	0/1
Liability Insurance	2/4	Underwriting	1/0
Insurance Practice	7/4	Insurance Culture	1/0

3. Insurance Education for Insurance Professionals

Special designations for insurance professionals in Korea are actuary, loss adjuster, and insurance brokers which are state authorized designations, while life planner, insurance agents, insurance financial planner, VLI sales manager, life insurance underwriter, associate insurance underwriter are private designations.

The education for insurance professionals and qualification examinations are not quite systematic and that is why their designations are not well appreciated in Korea.

Table A2-5 Requirements for Insurance Professional Qualifications of Korea

Qualification	Public/ Private	Type	Requirements	Sponsor
Actuary	State-authorized Test	Life Insurance Property Insurance together	Pass Primary test(Multiple-choice question) and Second test(subjective question) + work experience for 6 months	The Financial Supervisory Service
Loss Adjuster	State-authorized Test	Property Insurance (type1~type3) The 3rdFieldIns(type4)	Pass Primary test(Multiple-choice question) and Second test(subjective question) + work experience for 6 months	The Financial Supervisory Service
Insurance Broker	State-authorized Test	Life Insurance Property Insurance The 3rdFieldIns	Pass a Multiple-choice Test	The Financial Supervisory Service
Life Planner	Private Test	Life Insurance Property Insurance The 3rdFieldIns	Underwriters, Association or Training of Korea Insurance Institute (Pass a test of Insurance Association) or 1 years experience	Korea Life Insurance Association General Insurance Association of Korea (Korea Insurance Institute)
Insurance Agent	Private Test	Life Insurance Property Insurance The 3rdFieldIns	Training of Korea Insurance Institute (Pass test) or 2 years experience	Korea Insurance Institute
Insurance Financial Planner	Private Test	Life Insurance	Pass a Multiple-choice Test(Part I + Part II) from Insurance Association + Training for registration from Korea Insurance Institute	Korea Life Insurance Association General Insurance Association of Korea
Variable Life Insurance Sales Manager	Private Test	Life Insurance	Pass a Multiple-choice Test	Korea Life Insurance Association
Life Insurance Underwriter	Private Test	CKLU AKLU FKLU	Pass a Multiple-choice Test CKLU Certificate + Pass a Multiple-choice Test AKLU Certificate + Pass Subjective Test + 3 years experience	Korea Life Insurance Association
Associate Insurance Underwriter	Private Test	ACIU APIU	Pass a Multiple-choice Test	Korea Insurance Institute

B. Insurance Education in Advanced Countries[2]

1. USA

Currently, the United States is the leader in the general financial industry, including insurance. In America, the education on financial insurance is being actively orchestrated by non-profit organizations such as Jump$tart and the Griffith Insurance Education Foundation. Although the level of education from kindergarten to high school varies from state to state, many of the states adhere to the guidelines provided by these organizations to establish financial insurance related school education. Furthermore, education for ordinary financial insurance consumers or school teachers is deployed as well.

Table A2-6 National Standards in K-12 Personal Finance Education of Jump$tart in U.S.A

Classification	Content
Financial Responsibility and Decision Making	▪ Liability for personal finance decision making ▪ Colleting and evaluating variety of financial information ▪ Understanding major consumer protection law ▪ Financial decision making with systematic analysis ▪ Developing communicative strategy for financial problem ▪ Controlling personal information
Income and Careers	▪ Understanding for job classifications ▪ Understanding for the root of individual income ▪ Understanding for factors influencing income
Planning and Money Management	▪ Planning for consumption and saving ▪ Establishing money record system ▪ Understanding for difference of payments ▪ Ability for consumer purchase decision ▪ Consideration for donations ▪ Establishing personal financial planning ▪ The importance of wills and understanding the purpose

2. Chang, D.H. et al., 2010, *A Study on Good Insurance Education*, Korean Insurance Academic Society.

Credit and Debt	▪ Cost-benefit analysis for different types of credit ▪ Understanding for credit record ▪ Avoidance of debt problems and understanding correction ▪ Understanding for major consumers regulation for credit
Risk Management and Insurance	▪ Risk type and understanding risk management ▪ Understanding the purpose and importance of property insurance ▪ Understanding the purpose and importance of health insurance and life insurance
Saving and Investment	▪ Understanding contribution for financial stability of saving ▪ Understanding contribution for wealth and financial goals of investment ▪ Evaluation of investment alternatives ▪ Understanding for investment of purchase and sale ▪ Understanding for the effects of taxes on investment returns ▪ Understanding for investor protection of financial regulation institute.

1) Financial Education Institution

(1) Jump$tart

The Jump$tart Coalition for Personal Finance Literacy, a nonprofit private education institution, first gathered in 1995. The organization aims to establish a finance related subject in the school curriculum from kindergarten to high school for students to learn about cash management skills. Their founding principles could be classified into three:

First, it wants to evaluate the financial literacy of American teenagers. Second, it recommends the procurement and utilization of the fundamental financial knowledge for students of all ages. Third, it sets out to uplift individual financial education. The organization has collaborated with the federal government, universities and corporations sponsoring education programs, summing up to about 180 organizations and 47 governmental organizations around the state, to facilitate such financial education.[3]

3. K-12 Insurance Education of Jump$tart : From kindergarten to high school, insurance

Clearinghouse, a database operated by Jump$tart for collecting materials is helpful to financial literacy, has allowed students of all ages to search for finance related documents, software, videos, and educational materials, pamphlets based on applicable grades, keywords, title or publisher. Because the online Clearinghouse is open to students, parents and teachers, in 2008, the site recorded an average of 36,694 pages per month and 490,326 pages in total that year, showing the widespread application of Clearinghouse in America.

(2) CEE

The Council for Economic Education is a non-profit organization that originated from the Joint Council on Economic Education in 1949. The CEE usually focuses on economic and finance education in schools and has been working on improving education curriculums as well as developing and providing textbooks while training teachers as well. The Economic Education Standard created by the CEE is currently used as a standard for economic education at schools in America.

(3) NEFE

As the first non-profit educational institution for financial planning, the National Endowment for Financial Education started

---

related education is modeled after the idealistic National Standards in K-12 Personal Finance Education provisioned by Jump$tart in 2007. As presented in 〈Graph A-12〉 and 〈Graph A-14〉 from the appendix, the National Standards indicates the level of understanding insurance for kindergartens to 12 graders. It requires the minimum amount of insurance related understanding that would be used in real life and course knowledge about insurance for a typical student. National standards are standardized in 4th grade for elementary school, 8th grade for secondary school and 12th grade for high school. The standard induces these students to achieve a sufficient level of understanding and knowledge of insurance throughout the school curriculum.

from the nonprofit university, College for Financial Planning. The NEFE has been conducting various programs related to financial education activities, targeting high school students in the United States. NEFE also contributes to the training of teachers to enable them to conduct financial education competently. Consequently, the organization has held numerous seminars for teachers and published various manuals and guides on finance education for teachers to help them learn new financial knowledge and improvise their teaching techniques.

(4) JA

Junior Achievement was established in 1919 by Theodore Vail, the CEO of AT&T(American Telephone & Telegraph) ; Horace Moses, founder of Strathmore Paper Company; and Murray Crane, the ex-senator of Massachusetts. The first JA program, the JA Company Program, was to provide high school students with preparation for employment, enterprise mentality and the understanding of finance as an after-school class. From 1975, JA began to participate in school education and currently, 9,700,000 students from 122 countries are attending 379,968 lectures from JA.

2) Insurance education institution

(1) Griffith Insurance Education Foundation

Unlike Jump$tart, which provides a general education about finance to students of all ages, the Griffith Insurance Education Foundation manages the insurance education. The Foundation, established in 1947 as a part of Ohio State University, was operated with the primary purpose to sponsor insurance and risk management programs in Ohio. In 1960, the Foundation became a non-profit organization, and, in 2008, January 1st, it merged with the Insurance

Education Institute(IEI) in Indiana to head the professional education of insurance in the entire United States. The newly born Foundation has been supplying materials about risk management and insurance related education programs to students, teachers and policy devisors. Moreover, in order to encourage university students to attend risk management as well as insurance related courses, the Foundation has bestowed scholarships. It also financially supports studies by professors in the insurance and risk management field. The Foundation supports the education of risk management and insurance and recommends the younger generation to study in this field.

(2) Insurance Information Institute

The official commission of the Insurance Information Institute is to promote the understanding of insurance. It has been providing insurance related information for more than 40 years and has been answering more than 5 million questions per year from consumers. Furthermore, it is helping the public to get to know more about insurance by publishing pamphlets and books such as 'Nine ways to lower your auto insurance costs' and 'Ⅲ Fact Book.'

(3) NAIC

The National Association of Insurance Commissioners(NAIC) directs adult insurance education for American insurance consumers. Established in 1871, NAIC is currently consisted of insurance supervision organizations in 50 states and District of Columbia, along with five territories out of America(Guam, Virgin Islands, American Samoa, Puerto Rico, Northern Mariana Islands). Its main purpose is to support the supervision organizations protecting insurance consumers.

NAIC members consist of government officials supervising insurance companies and insurance agencies. NAIC tries to assist the efficiency of supervision organizations for public interest. The insurance inspection organizations are there to: 1) protect public interest, 2) promote a competitive market, 3) achieve impartiality for insurance consumers, 4) ensure financial soundness of insurance companies and 5) support and enhance the insurance supervision of the state government.

2. UK

1) Goal of finance/insurance education in the United Kingdom

In the United Kingdom, people perceive finance education as a fundamental solution for reducing the gap between rich and poor and guaranteeing equal opportunity. A lack of financial literacy is what causes poverty and exclusion.

Finance education started in the United Kingdom in 1997 after the Financial Service Authority was established. In November, 2000, FSA published a report called, "A Cycle of Disadvantage: Financial Exclusion in Childhood." The report could be summarized as financial illiteracy leading to a cycle of poverty. The poorer your family is, the more lack of financial knowledge as well as experiences with finance products and services would be in the household. The report claims that this subtle difference in financial knowledge could end up making a big difference in life. In other words, children from low-income families fall in the cycle of poverty not because of a lack of legacy, but because of a deprivation of financial knowledge. The report concludes that it is only the financial education in school for teenagers that can alleviate the gap between the rich and poor.

British insurance consumer education is not operated independently, but rather in which it encourages a better

Table A2-7 Standards of Finance Education of Personal Finance Education Group(Pfeg) in UK

Core Concepts	Major Contents	5~7 years old	7~11 years old	11~14 years old	14~16 years old
Financial Understanding	Money Concept and Role	■ Coins and bills ■ Coins and bills around the world ■ Barter and the Development of Money	■ Money Forms, like Checks, Credit Cards ■ Concept of Credit	■ A Variety Payment Method ■ Exchange Rate Fluctuations	■ The Pros and Cons of Payment Method ■ The Meaning of Borrowing and Credit, Understanding for difference in interest rat
	Where Money Comes From	■ Pocket Money and Income for Work ■ Fixed Income and Fluctuating Income	■ the World of Work , Concept of Pension ■ the Need of Life Saving	■ Calculations for Wages and Income ■ Understanding for Benefit	■ Income and Deduction ■ Financing Arrangement of enterprises
	Where Money Goes	■ Things you are interested in ■ Understanding about Adult Expenditure	■ Household Expenditures ■ the Need and Use of Taxes	■ Personal Expenditure and Expenditure Method ■ Tax Revenue of Nation and Locations	■ Management of Personal Expenditure ■ Financing Arrangement of Government
Financial Competence	Looking After Money	■ How to Keep the Money ■ the Need of Record for Looking After Money	■ The Need of Bank ■ the Importance of Record for Financial Management	■ Record Method of Personal Financial Transaction	■ Understanding Personal financial Record
	Spending Money & Budgeting	■ The Meaning of Payment ■ How to Consume	■ The Need of Saving, How to save the Money ■ Making a Budget	■ Management of Budgets and Expenditures ■ The Difference Financial Transactions in the Long and Short-Term	■ Personal Income and Expenditure Planning, Records, Management ■ The Difference Financial Transactions in the Long, Medium and Short-Term
	Basic Risk & Return	■ Consequence for Missing and being robbed Money	■ Concept of Interest Rate and Borrowing ■ The Need of Insurance	■ Understanding Probability and Insurance ■ Structure of Interest Rate for Saving and Borrowing	■ Understanding Personal Risk Management ■ Saving and Borrowing ■ Term Structure of Interest Rate ■ Relationship between Risk and Return for Saving and Investment
Responsibility of Financial Competence	Choices in Personal Life	■ the Value of Money, Consumption for satisfaction ■ Opportunity Cost and Selection ■ an Optimum Consumption Decision-making	■ The Distinction Between Needs and Wants ■ Good Debt and Bad Debt	■ Need of Fund in the Medium and Long-Term , Short-Term ■ Priority of Expenditure ■ The Right and Responsibility of Consumer	■ Priority of Expending Limited Money ■ Planning and Management of Debt ■ Comparative Evaluation of Financial Information
	Implication of Finance	■ Consequence for Overestimating Money ■ the Need of Distribution	■ Financial Decision-making and Morality ■ A Voluntary Donation	■ the Role of Financial Society ■ Understanding Financial Environment	■ the Role of Financial Regulation and Consumer Protection ■ the Effects of Nation Affairs on Person

understanding of insurance and promotes consumers to utilize the product as soundly as possible.

2) Current Situation of the British Finance/Insurance Education

(1) Finance Education for Teen Agers

The Personal Finance Education Group(Pfeg) is a representative organization that heads the British teen finance education in the private sector. Pfeg is a private organization established in 1996 to transfer financial education into the schools' regular curriculums. Ever since its creation, Pfeg has been constantly trying to include finance related subjects into the curriculum.

Such effort of the Pfeg finally accredited the inclusion of finance related materials in the Personal, Social and Health Education course(PSHE) in 2000. PSHE is similar to ethics or social studies class in Korea.

People perceive that in order for financial education to settle down, it is necessary for teachers to undergo training sessions. However, this actually originated from the unique education environment of the United Kingdom. Although PSHE is part of the regular curriculum, it consists of sex education, lectures on drug abuse and so forth, so teachers, who have the right to choose, tend to elude finance related subjects because they themselves do not know much about finance, leaving very little opportunity for students to learn about finance.

In order to solve this problem, Pfeg had fostered an ambitious program called 'Excellence and Access' from 2001 for 4 years. The huge project required 190 million pounds to provide it with teacher training and textbooks to enable financial education for about 400 schools around Great Britain.

National Westminster Bank, also a representative English bank, has been also working hard on teen finance education that deserves attention. The bank has been operating the Face 2 Face with Finance program for Secondary School from 1994. In a nutshell, this is a program in which the bank employees visiting schools to give a lecture. The program is consisted of 10 modules such as Basic Banking, Credit Card and Work Experience. The program is being utilized in most of the both public and private secondary schools. Until 2003, March, there were 2,637 schools and 339,242 students participating in this program. Furthermore, in order to establish professionalism, the bank is operating a research centered university, Warwick University and Financial Literacy Centre.

The Financial Service Association is also an active government institution. Financial Services and Markets Act 2000, which states the purpose and responsibility of FSA, indicates that the FSA should achieve financial integrity, equitable market order, protection of financial consumers, and public awareness of the financial system. Based on this sentiment, the FSA has established a consumer education department and deployed various programs for all ages.

The finance education program for teen agers consists of curriculum and textbook development and research. The FSA has managed to collaborate with other governmental institutions to develop and distribute finance education related textbooks. Textbooks such as Money Counts, Colossal Cards and Make the Most of It, are being published and distributed based on stages or age.

FSA textbooks are not centered on theories or lexicons but on cases that readers could easily relate to real life. Especially, the textbook correlates its achievable goals of the chapters with other regular subjects like mathematics, social studies and ethics to maximize its educational effect.

The United Kingdom has the best finance education curriculum in the world. Financial Capability, which is the British curriculum for finance education, boasts an admirable composition and system. The curriculum was developed by PFEG and the education development. It is divided into three categories: knowledge, ability, attitude, along with discriminative education based on age and grade.

To elaborate, first is financial understanding. This deals with the basic knowledge of finance that emphasizes the definition and reasoning of money. The primary content is composed of the definition and functioning of money, where money comes from and where money goes.

Next is financial competence, which is to cultivate the ability to apply money management skills in real life. The primary content is composed of looking after money, spending money and budgeting, basic risk and return.

Last is financial responsibility. It deals with individual and social responsibility pertinent to money. It is meant to teach students that finance related decisions are not confined to a single individual, but to society and ethical values. The primary content is composed of making personal life choices and implication of finance.

The individual curriculum of the insurance consumer education in school is consisted of financial competence and risk and return:

Stage 2 (7～11-year-old) teaches probability and the mechanism of insurance. For example, it compares registering for an insurance on one's house in case of a danger with low possibility, such as the attack from aliens of outer space, and in case of a danger with high possibility, such as natural disasters.

Stage 3 (11～14) tries to advance the understanding of probability and insurance. For example, if one has a car and insurance, one has to identify the potential risk along with the cost as well as utility of having that insurance. In addition, one learns whether a certain risk is worth registering for insurance by measuring the appropriate price.

Stage 4 (14~16) is more complicated that stage 3 in terms of understanding probability and the principles of insurance. The class is deployed based on understanding individual risk management by realizing the potential risks one might have to confront and researching different kinds of insurance products. Through these activities, one could learn about health insurance, life insurance, pension, sickness insurance, automobile insurance, fire insurance and so on.

C. Suggestions for Insurance Education in Korea[4]

1. How to Improve Elementary, Middle and High School Insurance Education

1) Setting the Goal of Insurance Education

It is desirable that insurance education, by its nature, be accomplished with sharing one field of financial education. As we can see from the emergence of financial insurance and the convergence with other financial industries expanded as means of managing pure risks, insurance have recently gained more financial characteristics.

Understanding of risk, understanding of risk management, and understanding of operating principles of insurance should be included in the goals of education we should work toward in insurance education.

Furthermore, considering the financial nature of insurance, it is necessary that insurance education be accomplished based upon understanding of financial knowledge, development of financial

4. Chang, D.H. et al., 2010, *A Study on Good Insurance Education*, Korean Insurance Academic Society.

capacity, and understanding of responsibilities accompanying financial choice, which are held as what we should pursue through the education goal of finance education.

2) Organizing the Contents of Insurance Education

Once the goal of insurance education is set, it is necessary to materialize the education contents required for achieving those goals and systematically reflect them in elementary, middle and high school education curriculum or more practically in textbooks.

National Standards in K–12 Personal Financial Education written by the US Jump$tart can serve as an example of materialized finance education goals in systematic education contents.

The education contents about insurance in Jump$tart national standards present comprehension of risk and risk management. And they set up the purpose and importance of each property insurance and health insurance, and life insurance as education contents.

Meanwhile, in the United Kingdom, Personal Financial Education Group(Pfeg) set up the standard contents of school finance education.

Considering the education contents in Korea's current education curriculum with the education contents stated in the US's Jump$tart and the UK's Pfeg, we can judge range of education contents which should be contained in insurance education. In other words, the whole insurance education contents can be divided broadly into risk, risk management, and insurance general. To divide it more specifically, concept and type of risk, concept of risk management, kinds of risk management techniques, concept of insurance, insurance management principles, functions of insurance, classification of insurance, the application of each kind of insurance can be included.

Table A2-8 System of Insurance Education at Elementary, Middle, High School of Korea

School	Contents of Insurance Education
Elementary · Middle School	▪ Various risks and classification of Risks in Daily Life ▪ Effects of Risks ▪ Concept of Risk
Middle · High School	▪ Concept of Risk Management and Techniques ▪ Essences of insurance and Its Function
High School	▪ Different Types of Insurance and Their Characteristics ▪ Acquisition and Analysis of Information for Insurance ▪ Responsibilities of Insurer and Insureds

2. How to Improve College Insurance Education

1) Emphasizing Risk Management in Insurance Education

Keeping pace with global trends of insurance studies, 'risk management' should be emphasized in insurance studies in Korea.

2) Required Subjects of Insurance Study

Subjects that are recommended in college insurance programs with the concept of risk and risk management as the main educational content are presented in ⟨Table A2-9⟩.

Table A2-9 Required Courses to recommend for Insurance Programs at Korean Colleges

Course Title	Contents
Risk Management & Insurance	To learn the various risk management methods including risk evaluation and insurance that individual or organization is facing. Decision-making under uncertainty is emphasized.
Enterprise Risk Management	To learn how to minimize the loss, maximize the opportunity and manage the risk that they are facing in business activities.
Insurance Law	To learn insurance-related law, especially contracts.
Life Health Insurance	To learn risks related with life, health, retirement; principles of life insurance

Property & Liability Insurance	To learn risks related with property and liability; principles of property & liability Insurance
Insurance Operations	To learn insurance regulations ; principles of insurance company management.

3) 'Risk and Insurance' in all Business School Curriculum

Along with the development of social recognition of risk management, it is expected that the demand for majoring in such subject will increase. Therefore, risk management should be emphasized in the curriculum of business schools.

4) Publication of Quality Insurance Textbooks

Along with the establishment of academic system and maintenance of academic curriculum, it is essential that quality textbooks to be secured for quality insurance education at college.

5) Cultivating Good Insurance Scholars

For the development of insurance studies in Korea, It is critically important we have constant flows of good insurance scholars.

6) Establishment of Insurance-specialized Graduate School

UK's Chartered Insurance Institute(CII) is administrating FCII, and American College and American Institute for CPCU is administrating CPCU(Chartered Property Casualty Underwriter) and CLU(Chartered Life Underwriter) programs.

Also, seeking for a leader in Asia's international financial center,

Singapore has established Singapore College of Insurance(SCI) in 1974, which has been a leading insurance training and educating institute.

Reflecting this international trend and demand for specialized work force for Korean insurance industry, invigoration of insurance training institute is requested, advancing to establishment of specialized insurance graduate school.

3. How to Improve Insurance Education for Insurance Professionals and General Public

For the enhancement of specialty of workers engaging in insurance industry, the passing level of qualification test should be raised compared to present level. Also, systematic management for high level of qualification acquisition must be achieved

Also, adoption of various kinds of qualification system and related education program must be strengthened. Like US American College, UK's CII, Singapore's Singapore College of Insurance, various qualification and related education program must be strengthened.

Insurance education aimed at general public should focus on examples along with education mainly for consumers. The education contents need be interesting and beneficial to their everyday lives.

References

Canadian Policy Research Initiative, 2005, *Why financial capability matters?*

Chang, D.H. et al., 2010, *A Study on Good Insurance Education*, Korean Insurance Academic Society.

Council for Economic Education, 2007, Personal Finance and Stock Market Lesson Plans.

Financial Literacy Education(FLE) in Indiana's Schools, December 2007, Middle School Financial Literacy Education Standards.

Financial Literacy Education(FLE) in Indiana's Schools, December 2007, Financial Literacy Education Standards Framework.

Green, M.R., 1962, *Risk and Insurance*, South–Western Publishing.

Griffith Insurance Education Foundation, 2010, K–12 Curriculum Online (Auto Insurance) : http://www.griffithfoundation.org/auto-insurance/.

Griffith Insurance Education Foundation, 2010, K–12 Curriculum Online (Homeowners Insurance) : http://www.griffithfoundation.org/homeowners-insurance/.

Griffith Insurance Education Foundation, 2010, RMI Program Model(Course Contents) : http://www.griffithfoundation.org/higher-ed/model/course-content/.

Griffith Insurance Education Foundation : Teacher Institutes, 2010, A Graduate Course on Risk Management and Insurance Education for Junior High and High School Teachers : http://www.griffithfoundation.org/k-12/institutes/.

Griffith Insurance Education Foundation, 2010, Public Policy(Federal Seminar Series) : http://www.griffithfoundation.org/public-policy/ppseminars/ppfedbasicprinciples/.

Institute For the Jump$tart Coalition for Personal Financial Literacy, 2009, Jump$tart 2008 Annual Report.

Insurance information institute, 2010, insurance topics(consumer): http://www.iii.org/insurance_topics/.

Joint Forum, 2008, *Customer Suitability in the Retail Sale of Financial Products and Services*, Basel Committee on Banking Supervision.

Jump$tart Coaliation for Personal Finance Literacy, 2008, State

Financial Education Requirement.

Jump$tart, 2007, *National Standards in K-12 Personal Financial Education with Benchmark, Knowledge Statements, and Glossary* (3rd ed.).

Junior Achievement's Elementary School Program, 2010 : http://www.ja.org/programs/programs_elem_overview.shtml.

Junior Achievement's high school grades programs, 2010 : http://www.ja.org/programs/programs_high_overview.shtml.

Junior Achievement's middle grades programs, 2010 : http://www.ja.org/programs/programs_mid_overview_obj.shtml.

Knight, K.W., 2007, "Future ISO 31000 Standard on Risk Management", *ISO Management Systems*, 8-11.

Lewis Mandell, 2009, The Financial Literacy OF Young American Adults : Results of the 2008 National Jump$tart Coalition Survey of High School Seniors and College Students, Institute For the Jump$tart Coalition for Personal Financial Literacy.

Mowbray, A.H. and R.H. Blanchard, 1955, *Insurance*, McGraw-Hill, New York, NY.

National Endowment for Financial Education, July 2007, High School Financial Planning Program? National Academic Standards.

NHS Counter Fraud and Security Management Service, 2006, *The International Fraud and Corruption Report*.

Rejda, G.E., 1992, *Principles of Risk Management and Insurance*, 4th ed., HarperCollins Publishers Inc., New York, NY.

Tennessee Department of Education, Teaching & Learning: Curriculum : Social Studies, 2010 :

http://www.jumpstart.org/state_legislation/files/TN_05-PER_FIN_COURSE_DESCP.pdf.

Tennessee State Board of Education High School Policy 2.103 Elements of School-Wide Reform, 2010 :

http://www.jumpstart.org/state_legislation/files/TN_02-

TSBE_HS_Transition_Policy_Rule.pdf.

The Missouri Center for Career Education, August 2006, Missouri Personal Finance Curriculum.

Willet, A.H., 1901, *Economic Theory of Risk and Insurance*, Columbia University.

Williams, C.A. and R.M. Heins, 1964, *Risk Management and Insurance*, McGraw-Hill.

http://www.cass.city.ac.uk/masters/courses/mscirm/.

http://www.cii.co.uk/cii.aspx.

http://www.dfes.gov.uk/publication/guidanceonthelaw/feg.

http://www.fsa.gov.uk/.

http://www.jumpstart.org/assets/files/standard_book-ALL.pdf.

http://www.kfb.or.kr/new_data/youth.html?S=GFB&m=view&mode=modify&muid=506&st=1&uid= (청소년금융교실).

http://www.nottingham.ac.uk/business/.

http://www.opsi.gov.uk/acts/acts2000/.

http://www.pfeg.org/.

www.fq.or.kr(청소년금융교육협의회).

www.griffithfoundation.org/.

www.iii.org/about/.

www.insurance.insureuonline.org/smallbusiness/.

www.insureUonline.org/smallbusinessespanol.

www.jafp.or.jp(일본 FP협회).

www.mext.go.jp/b_menu/shuppan/sonota/990301.htm(文部科学省,現行学習指導要領).

www.shiruporuto.jp(일본 금융청).

〈Appendix〉

Survey for Risk Mgt/Ins Education at Korean Middle/High Schools

■ Image of Insurance

1. Your image of Insurance?

   ① Very Bad ② Bad ③ So So ④ Good ⑤ Very Good

2. Overall image of Insurance Business?

   ① Very Conservative ② Conservative

   ③ No Idea ④ Liberal ⑤ Very Liberal

3. Are You Willing to Work for Insurance Industry?

   ① Not At All ② No ③ OK ④ Much ⑤ Very Much

■ Knowledge of Insurance

4. What Insurance Do You Know? (Name All)

   ① Life Insurance

   ② Annuity(연금)

   ③ Health Insurance

   ④ Auto Insurance

   ⑤ Social Insurance

   (Any Other Insurance You Know?)

5. Do We Need Insurance for Good Life?

   ① Not At All ② No ③ Yes ④ Much ⑤ Very Much

■ Education on Insurance at Middle School and High School

6. Have You Taken Insurance-oriented Classes at Middle School?

   ① Not At All ② No ③ Not Sure ④ Yes ⑤ Sure

7. Have You Taken Insurance-oriented Classes at High School?

   ① Not At All ② No ③ Not Sure ④ Yes ⑤ Sure

■ **Knowledge of Risk Management**

Risk management is the decision making process of identifying and analyzing risks, selecting the best technique(s) of management, and implementing the chosen technique and monitoring the entire system. It is to minimize possible losses out of risks faced by an organization.

8. Do you know about the risk management?

① Not At All ② Not Much ③ Some ④ Well ⑤ Very Well

■ **Knowledge of Sustainable Management**

Corporate sustainability is a business approach that creates long-term shareholder value by embracing opportunities and managing risks deriving from economic, environmental and social developments.

9. Do you know about the sustainable management?

① Not At All ② Not Much ③ Some ④ Well ⑤ Very Well

10. Do you know that risk management is a core strategy for the sustainable management?

① Not At All ② Not Much ③ Some ④ Well ⑤ Very Well

■ **Knowledge of Insurance as Important Technique of Risk Management**

11. Do you know that insurance is an important technique of risk management?

① Not At All ② Not Much ③ Some ④ Well ⑤ Very Well

■ **Need for Education on Risk Management and Insurance**

12. Our society is seeking for sustainable growth and risk management is a core strategy for sustainable management of any business or organization. Do you think we need good education on risk management and insurance?

① Not At All ② Not Much ③ Some ④ Much ⑤ Very Much

		1	2	3	4	5
Q1	Image of Ins	1	7	38	37	3
Q2	Image of Ins Biz	2	34	41	7	2
Q3	Like to work for Ins?	26	42	13	4	1
Q4	What Ins U know?	79	75	81	68	61
Q5	Need for Ins?	1	3	45	25	12
Q6	Ins Ed @ Middle	30	43	11	2	0
Q7	Ins Ed @ High	24	35	19	6	2
Q8	Know Risk Mgt?	15	35	26	9	0
Q9	Know Sust Mgt?	17	24	28	16	1
Q10	RM for Sust Mgt?	12	37	27	9	1
Q11	Ins for RM?	7	26	26	22	5
Q12	Need for More Ins Ed?	2	8	17	39	20

A3. 손해보험 분야 국제보험전문인 활동 현황 및 발전 방향*

— Korea CPCU Chapter 결성을 계기로

장동한(경영학(보험)박사, CPCU, ARM, 건국대학교 상경대학 교수, Korea CPCU Chapter 회장)

배원진(삼성화재(주) 재보험팀, ACII)

I. Korea CPCU Chapter 결성

지난 6월 28일 저녁 서울 명동에서는 Korea CPCU Chapter의 결성을 축하하는 모임이 열렸는데 22명의 CPCU들이 참석하여 앞으로 보험업계의 발전을 위하여 본격적인 활동을 다짐했다. 오늘 현재 국내에는 총 42명의 CPCU 자격 소지자들이 업계를 중심으로 맹활약하고 있는데 향후에는 학계나 감독기관에서도 자격소지자들이 충원되어 Korea CPCU Chapter가 보험분야 산-학-관을 연계하는 훌륭한 voice-maker로서의 역할을 수행할 수 있을 것으로 기대된다.[1]

Korea CPCU Chapter는 지난 2년여에 걸친 면밀한 준비 끝에 미국 본부의 최종 심의를 통과하여 2006년 4월자로 후보챕터(Candidate Chapter) 자격을 얻게 되었으며, 내년 10월을 목표로 정식챕터(full Chapter status) 자격을 취득할 계획으로 있다. 정식챕터 자격을 취득하기 위해서는 챕터의 다양한 활동과 회원들의 적극적인 참여가 관건이 되는데 Korea CPCU Chapter는 금년 6월 28일에 세미나, 9월 30일에 워크샵을 가진 바 있고, 12월에 2006년 하반기 총회, 2007년 3월 중 상반기 세미나, 6월 중 상반기 총회를 계획하고 있다. 원수사를 중심으로 하는 42명의 Korea CPCU Chapter 회원들이 적극적으로 모임의 발전에 기여하고 있는바 내년의 정식챕터 인가는 무난할 것으로 기대된다.

---

* 손해보험협회, 『손해보험』, 2006. 10.

1. Korea CPCU Chapter 초대 회장단 구성은 다음과 같다 : 회장 장동한(건국대), 부회장 김종원(Korean Re), 재무 한석희 (현대해상), 총무 장영수(삼성화재), 고문으로 원명수 사장(메리츠화재)과 최동주 부소장(미쓰이 스미토모 코리아).

본 글에서는 Korea CPCU Chapter의 결성을 계기로 손해보험 분야 국제보험전문인자격 제도를 CPCU/IIA 및 CII 자격 중심으로 소개하고 국제보험전문인들의 활동 현황 및 향후 발전 방향을 제시해 보고자 한다.

Ⅱ. 손해보험 분야 국제전문인자격 제도[2]

1. CPCU/IIA

CPCU(Chartered Property Casualty Underwriter) 과정은 미국 Pennsylvania의 AICPCU(American Institute for Chartered Property Casualty Underwriters)에서 주관하는 손해보험전문인 자격 프로그램이다. CPCU 자격을 취득하기 위해서는 3년 이상의 보험 관련 업무 경험과 AICPCU에서 주관하는 8개 과목의 주관식 시험에 합격하여야 한다. CPCU 과정의 취급 분야는 상당히 광범위하여 개인 리스크 관리, 기업 리스크 관리, 보험회사 운영, 보험법 등 보험 관련 분야뿐 아니라 회계/재무관리, 전문직업인 윤리 강령 등을 포함한다. 짐작할 수 있는 바와 같이 CPCU 과정의 이수를 통한 보험경영 관련 전문지식의 함양과 실무경험을 바탕으로 역량 있는 손해보험전문인을 양성하는 데 그 목적이 있다. 실제로 미국 보험회사의 경영진이나 관리자, 보험대리인, 보험브로커 중에는 CPCU 자격을 취득함으로써 대외적인 공신력을 높이고 있으며 CPCU 자격 소지자는 그만큼 손해보험전문인으로서 사회적으로 인정받고 승진이나 연봉 등에서 특별한 대우를 받고 있다. CPCU 프로그램의 내용 및 시험과목 내역은 〈표 A3-1〉에 정리되어 있다.

IIA(Insurance Institute of America) 전문인 과정은 미국 Pennsylvania의 IIA(Insurance Institute of America)에서 주관하는 손해보험전문인 자격 프로그램이다. IIA 전문인 자격을 취득하기 위해서는 IIA에서 주관하는 객관식 시험에 합격하여야 하지만 CPCU의 경우처럼 실무 경험을 요구하지는 않는다. IIA 전문인 프로그램의 대상 분야는 CPCU와 달리 보다 세분화된 손해보험 업무 및 손해보험 특수 분야가 되는데 손해사정, 언더라이팅, 보험 마케팅, 리스크 관리, 재보험, 보증,

2. 저자는 2001년 12월자 『손해보험』지에 「보험전문인 육성 교육의 현황 및 개선 방안」이란 제하에 손해보험 분야 국제자격을 이미 소개했었던 바 이를 참고하기 바라며 본 글에서는 그후에 개편된 내용을 중심으로 소개하고자 한다.

해상 · 운송보험, 보험회계 · 재무, 서플러스보험 등이다. 손해보험 각 분야별 · 업무별 전문지식의 함양을 바탕으로 보다 세분화된 시장의 손해보험전문인을 양성하는 데 그 목적이 있는 것이다. IIA 전문인 프로그램의 내용 및 시험과목 내역은 〈표 A3-2〉에 정리되어 있다.

CPCU 시험은 국내에서도 응시할 수 있는데 분기별로(1~3월, 4~6월, 7~9월, 10~12월 중) 응시 가능한 CBT(Computer Based Test) 시험으로 3시간 동안 치르게 되며 합격 여부는 응시 후 빠르면 수일 내에 개별 통지된다. 각 단계별로 마련되어 있는 교재들과 참고서의 학습을 통해 시험을 준비하게 되며, 시험 자체는 주관식 시험으로 두 Part로 구성되는데 Part A는 단답식 문제가 주를 이루고 있으며 Part B는 Case Study 식의 상황을 바탕으로 하는 응용문제로 구성된다.[3] 각 문제에 대한 답안의 정확성 및 논리성을 기준으로 70점 이상이 합격이 된다. IIA 시험도 분기별로 응시 가능한 CBT 시험이며 문제들이 100% 객관식으로 구성되는바 응시 후 바로 합격 여부를 확인할 수 있다. IIA 시험 역시 70점 이상으로 합격이 된다.

CPCU 자격 취득에는 본격적인 학업을 전제로 했을 때 과목당 3개월의 준비와 응시를 기준으로 평균 2~3년의 기간이 소요될 것이며, IIA 자격의 경우는 1년 정도에 자격 취득이 가능하다.

표 A3-1 **CPCU 프로그램**(http://www.aicpcu.org/)

5 FOUNDATION COURSES(5개 기초과목)	
CPCU **510** (Foundations of Risk Management, Insurance, and Professionalism)	
CPCU **520** (Insurance Operations and Regulation)	
CPCU **530** (The Legal Environment of Risk Management and Insurance)	
CPCU **540** (Business and Financial Analysis for Risk Mgt. and Ins Professionals)	
CPCU **560** (Financial Services Institutions)	
COMMERCIAL CONCENTRATION (3개 기업보험 과목)	**PERSONAL CONCENTRATION (3개 개인보험 과목)**
CPCU **551** (Commercial Property Risk Management and Insurance)	CPCU **555** (Personal Risk Management and Property-Liability Insurance)
CPCU **552** (Commercial Liability Risk Management and Insurance)	CPCU **556** (Personal Financial Planning)
CPCU **553** (Survey of Personal Risk Mgt., Insurance, and Financial Planning)	CPCU **557** (Survey of Commercial Risk Management and Insurance)

3. CPCU 553 과 CPCU 557 두 과목만은 100% 객관식 시험이다.

프로그램	시험과목	내용
CPCU 510	Foundations of Risk Management, Insurance, and Professionalism	전문직업인 윤리강령, 보험 및 리스크 관리 기초
CPCU 520	Insurance Operations and Regulation	보험사업 운영, 규제, 마케팅, 언더라이팅, 보험료 부과, 재보험, 손해사정
CPCU 530	The Legal Environment of Risk Management and Insurance	법 체계, 형법 및 민법, 불법행위, 계약법
CPCU 540	Business and Financial Analysis for Risk Mgt. and Insurance Professionals	회계 및 재무제표, 보험회계, 자본예산, 투자, 자본조달
CPCU 560	Financial Services Institutions	금융시장, 단기금융시장, 자본시장, 금융파생상품, 금융기관
CPCU 551	Commercial Property Risk Management and Insurance	기업 재물리스크, 영업중단 리스크, 운송보험, 보증
CPCU 552	Commercial Liability Risk Management and Insurance	기업 배상책임 리스크, 영업배상책임보험, 산재리스크, 환경리스크, 전문인배상책임
CPCU 553	Survey of Personal Risk Mgt., Insurance, and Financial Planning	개인자동차보험, FP, 생명/건강/상해보험, 퇴직설계
CPCU 555	Personal Risk Management and Property-Liability Insurance	주택보험, 개인자동차보험, 언더라이팅
CPCU 556	Personal Financial Planning	생명보험 및 사회보험, 건강/상해/장기요양보험, 투자, 세무
CPCU 557	Survey of Commercial Risk Management and Insurance	기업보험, 영업배상책임보험, 산재보험

표 A3-2 **IIA 프로그램**(http://www.aicpcu.org/)

프로그램	내용	시험과목
AIC	Associate in Claims (손해사정)	1. AIC 33- The Claims Environment 2. AIC 34- Workers Compensation and Managing Bodily Injury Claims 3. AIC 35- Property Loss Adjusting 4. AIC 36- Liability Claim Practices
AU	Associate in Underwriting (언더라이팅)	1. AU 65- Commercial Underwriting: Principles and Property 2. AU 66- Commercial Underwriting: Liability and Advanced Techniques 3. INS 23- Commercial Insurance
ARM	Associate in Risk Management (리스크 관리)	1. ARM 54- Essentials of Risk Management 2. ARM 55- Essentials of Risk Control 3. ARM 56- Essentials of Risk Financing
ARM-P	Associate in Risk Management for Public Entities (공공기관 리스크 관리)	1/2/3 + 4. RMPE 352- Risk Management for Public Entities
ARe	Associate in Reinsurance (재보험)	1. ARe 141- Principles of Reinsurance 2. ARe 142- Reinsurance Practices 3. CPCU 520- Insurance Operations and Regulation 4. CPCU 540- Business and Financial Analysis for Risk Mgt. and Insurance Professionals
AAI	Accredited Adviser in Insurance (보험 마케팅)	1. AAI 81- Foundations of Insurance Production 2. AAI 82- Multiple Lines Insurance Production 3. AAI 83- Agency Operations and Sales Mgt.
APA	Associate in Premium Auditing (보험료율 감사)	1. APA 91- Principles of Premium Auditing 2. APA 92- Premium Auditing Applications 3. & 4. : 다음 3과목 중 2개 선택 CPCU 520- Insurance Operations and Regulation CPCU 540- Business and Financial Analysis for Risk Mgt. and Insurance Professionals CPCU 552- Commercial Liability Risk Management and Insurance
AIT	Associate in Information Technology (IT)	1. AIT 131- Essentials of Info Tech 2. AIT 132- Insurance Uses of Technology 3. AIT 133- The Strategic Management of Information

AFSB	Associate in Fidelity and Surety Bonding (보증)	1. AFSB **151**– Principles of Suretyship 2. AFSB **152**– Contract Surety 3. AFSB **153**– Fidelity and Noncontract Surety 4. CPCU **530**– The Legal Environment of Risk Management and Insurance 5. CPCU **540**– Business and Financial Analysis for Risk Mgt. and Insurance Professionals
AMIM	Associate in Marine Insurance Management (해상보험)	1. AMIM **121**– Ocean Marine Insurance 2. AMIM **122**– Inland Marine Insurance 3. CPCU **510**– Foundations of Risk Management, Insurance, and Professionalism 4. CPCU **530**– The Legal Environment of Risk Management and Insurance
AIM	Associate in Management (조직 · 인사관리)	1. AIM **44**– Human Resource Management 2. AIM **45**– Managing Business Organizations Today 3. AIM **40**– Management
API	Associate in Personal Insurance (개인보험)	1. API **28**– PI : Underwriting and Marketing Practices 2. API **29**– PI : Portfolio Mgt. and Issues 3. INS **21**– P&L Insurance Principles 4. INS **22**– Personal Insurance
AIAF	Associate in Insurance Accounting and Finance (보험회계 및 재무)	1. AIAF **111**– Statutory Accounting for Property and Liability Insurers 2. AIAF **112**– Insurance Information System 3. AIAF **113**– Insurance Company Finance 4. CPCU **520**– Insurance Operations and Regulation
ARC	Associate in Regulation and Compliance (규제)	1. IR **201**– Insurance Regulation 2. AIAF **111**– Statutory Accounting for Property and Liability Insurers 3. CPCU **520**– Insurance Operations and Regulation
AIS	Associate in Insurance Services (보험서비스)	1. AIS **25** – Delivering Insurance Services + other CPCU/IIA program
ASLI	Associatiate in Surplus Lines Insurance (서플러스보험)	1. ASLI **161**– Surplus Lines Insurance Principles and Issues 2. ALSI **162**– Surplus Lines Practices 3. CPCU **510**– Foundations of Risk Management, Insurance, and Professionalism 4. CPCU **520**– Insurance Operations and Regulation

2. The CII

영국의 CII(Chartered Insurance Institute)는 금융업계 전반의 전문성 향상을 목적으로 다양한 교육 프로그램을 운영하고 관련 자격증을 제공하는 비영리기관이다. 1873년 설립된 CII는 현재, 전 세계 150개국에 9만 명 이상의 회원을 보유하고 있으며 같은 성격의 단체 중 세계 최대 규모의 기관으로 성장했다. 주로 보험 관련 교육 프로그램과 자격증을 제공하고 있지만 금융업계 각 부문별 통합화 흐름에 발맞추어 현재는 보험 이외에 Financial Services 교육 프로그램과 자격증까지로 업무영역을 확대하고 있다.

몇 년 전 CII는 운영 중이던 여러 보험자격들을 하나의 큰 틀 안에 통합하는 작업을 하여 단계별 자격증 취득 경로를 제시하면서 시험과목 선택에 있어서도 종전보다 많은 자유를 제공하게 되었다. 우선 CII는 모든 시험과목들을 난이도에 따라 그룹화하고 과목별로 점수를 배정한다. 즉, 입문 단계인 Certificate 레벨 과목의 경우 15점, 중급 단계인 Diploma 레벨 과목의 경우 20점 또는 25점, 상급 단계인 Advanced Diploma 레벨 과목의 경우 30점 또는 40점을 배정한다. 각 자격증별 응시자들은 이러한 시험과목 풀에서 개별 자격증에서 요구하는 필수과목 및 자신의 필요에 맞는 과목들을 선택할 수 있다.

시험은 1년에 두 차례, 4월과 10월에 치러지며 영국 CII에 이메일 또는 팩스로 직접 시험 신청을 한 후 한국 내 영국문화원에서 시험을 치를 수 있다.

현재 CII에서 운영 중인 대표적인 자격 두 가지에 대해서 소개하고자 한다.

(1) Diploma in Insurance

보험법률, 보험업 실무 등 주로 보험업계에 대한 전반적인 지식을 테스트하는 시험으로 구성되며 본 자격증을 취득하기 위해서는 110점(5개 과목 합격 시 취득 가능)을 획득해야 한다. Diploma 레벨의 필수과목 3개와 Advanced Diploma 레벨의 과목 1개를 필수로 선택해야 하며 나머지 한 과목은 Certificate 레벨 이상의 시험과목들 가운데서 자유롭게 선택할 수 있다. 시험문제 형태는 단답형 및 에세이 형태의 주관식 문제로 이루어져 있다. 본 자격증의 취득자는 신청을 통해 Dip CII® 로고를 명함 등에 사용할 수 있다.

필수과목

(P01) Insurance Practice and Regulation

(P04) Business Practice

(P05) Insurance Law

(2) Advanced Diploma in Insurance

이미 업계 경험과 지식을 보유한 실무자들을 대상으로 이들의 전문성을 인정해 주는 보험전문인 자격증으로서 배상책임보험, 재물보험, 재보험 등 시험과목들도 매우 세분화되어 있다.

영국에서는 FSA(Financial Service Authority, 영국 금융감독원)가 규정하는 보험업계 종사자들의 업무 역량을 평가하는 기준이 되고 있을 뿐만 아니라 세계 여러 나라에서 그 가치를 인정하는 명실상부한 국제보험전문인 자격증이다.

본 자격증 획득을 위해서는 290점(보통 10개 과목 합격 시 취득 가능)을 취득해야 한다. 필수 세 과목이 있으며 동시에 최소 180점을 Advanced Diploma 레벨의 과목에서 취득해야 한다. 나머지 과목의 경우 Certificate 레벨 이상의 시험과목에서 자유롭게 선택할 수 있다. Diploma in Insurance 자격증 소지자의 경우 이미 110점을 획득하였기 때문에 나머지 180점을 추가 취득함으로써 본 자격증을 취득할 수 있다. 시험문제 형태는 단답형, 에세이 문제, Case Study 형태의 주관식으로 이루어져 있다. 본 자격증 취득자는 신청을 통해 CII의 Associate 자격을 얻을 수 있고 ACII® 로고를 명함 등에 사용할 수 있게 된다.

필수과목

(P05) Insurance Law

(510) Risk, Regulation and Capital Adequacy

(530) Business and Economics

Advanced Diploma in Insurance 자격 취득 후에는 Fellowship, Chartered Status 와 같은 최고 보험전문인 자격 도전도 고려해 볼 수 있다.

한편, 보험분야 전문지식의 함양과 세계 보험시장의 최신 동향에 관심이 있고, 해외에서의 대학원 수학까지를 계획하고 있다면 영국 시티 대학교 Cass Business School의 Insurance & Risk Management 석사 과정을 고려해 볼만하다. 영국 시티 대학 Cass Business School은 CII와 공동으로 Insurance & Risks Management 석사 과정과 Advanced Diploma in Insurance 자격증 연계 프로그램을 운영 중에 있다.[4]

표 A3-3 **CII 프로그램**(http://www.cii.co.uk)

Certificate in Insurance units	Credits
(IF1) Insurance, legal and regulatory (IF2) General insurance business (IF3) Insurance underwriting process (IF4) Insurance claims handling process (IF5) Motor insurance products (IF6) Household insurance products (IF7) Healthcare insurance products	15 per unit

Diploma in Insurance units	Credits
(P01) Insurance practice and regulation – Compulsory unit (P04) Business practice – Compulsory unit (P18) Property claims handling (P19) Subsidence claims handling	20 per unit
(P05) Insurance Law – Compulsory unit (P10) Commercial insurance practice (P11) Personal insurance practice (P12) Long-term business (P13) Marine and aviation insurance (P17) Operational management	25 per unit

Advanced Diploma in Insurance units	Credits
(510) Risk, regulation and capital adequacy – Compulsory unit (530) The business environment – Compulsory unit (555) Life and disability underwriting (556) Life and disability claims (655) Risk management (735) Life assurance (745) Principles of property and pecuniary insurances	

4. http://www.cass.city.ac.uk/masters/courses/mscirm/index.html
http://www.cii.co.uk/qualifications/insurance/msc/index.aspx 참고.

(750) Commercial property and pecuniary insurance underwriting (755) Liability insurance (760) Personal insurance (765) Motor insurance (770) Principles of marine insurance (775) Marine insurance underwriting (780) Aviation insurance (785) Principles of reinsurance (790) Private medical insurance (815) Underwriting management (820) Claims management (non-life) (825) The application of reinsurance (920) Lloyd's market supervision (925) Insurance and the single European market (930) Insurance broking (940) Finance and accounting (945) Marketing (950) North American insurance (CITIP) Certificate in IT for insurance professionals	30 per unit
(955) London market underwriting	40 per unit

Ⅲ. 보험전문인 활동 현황 및 향후 발전 방향

앞서 소개한 바와 같이 CPCU 한국지부인 Korea CPCU Chapter는 앞으로 보험업계의 발전을 위하여 큰 공헌을 할 것으로 기대된다. 오늘날 CPCU 협회와 같은 전문인들의 모임이 국제화, 정보화, 전문화를 지향하여야 함을 감안할 때 미국 CPCU 본부와의 긴밀한 협조는 불가피하다고 하겠다. Korea CPCU Chapter는 향후 정기 세미나와 워크샵을 통하여 업계 현안을 전문가의 시각에서 분석하고 대안을 제시할 것이며, 보험업계 국제 동향을 면밀히 분석하여 국내에 소개하고, CPCU 관련 교육과 출판 사업을 통해 국제보험전문가 양성에도 힘쓸 계획이다.

오늘 현재 Korea CPCU Chapter는 42명의 CPCU 회원들로 구성되어 있으며 그 인적 구성을 보면 원수사 27명, 재보험사 8명, 브로커사 5명, 학계 1명, 기타 1명이다. 현재 손보업계의 리더격인 S사, H사, M사를 중심으로 CPCU 교육 프로그램이 활발하게 진행 중인바 멀지 않은 장래에 100여 명의 회원 확보가 가능할 전망이다.

CII 프로그램의 경우, 한국에서는 한국보험교육위원회가 1999년부터 영국 CII와 함께 CII Localized Program을 지원해 왔으며, 본 프로그램을 통해 지금까지 50여 명의 Diploma in Insurance 자격증 소지자를 배출하였다. 이 가운데 다수가 Advanced Diploma in Insurance 자격증 획득을 준비하고 있으며, 이미 2005년 하반기 시험에서 국내 최초의 Advanced Diploma in Insurance 자격증 소지자가 나왔다. CPCU 프로그램에 비해 CII 프로그램에 대한 국내 보험업계의 관심도가 떨어져 한국보험교육위원회의 CII 교육 프로그램은 답보 상태에 머물러 있으나 CII Korea Exam Center가 예정대로 2007년 4월부터 건국대학교에서 가동되면 그와 더불어 교육 프로그램도 탄력을 받게 될 전망이다.

시대의 변화와 더불어 보험 분야 역시 국제화, 정보화, 전문화의 흐름이 거세질 전망이다. 이런 상황의 변화에 부응하는 전문인들의 역할이 향후 더욱 중요해짐을 감안할 때 국내 보험업계는 CPCU나 CII 자격과 같은 국제보험전문인 자격제도에 보다 많은 관심을 경주하여야 할 것이다. 국내 보험업계의 발전을 위해서는 국제경쟁력을 가진 인재 양성이 절실하게 요구되기 때문이다.

찾아보기(국문)

Risk Management and Insurance
first edition Index

ㄱ

ㄷ

ㄹ

ㅇ

찾아보기(영문)

Risk Management and Insurance

first edition Index

A

B

C

D

E

F

H

I

J

K

L

S

T

U

V

W

RMization®

Wharton
UNIVERSITY *of* PENNSYLVANIA

WRMCG®

Wharton **Risk Management**
Consulting Group

지은이에 대하여

장동한

한국외국어대 영어과 졸업

Univ. of Michigan 경제학과 졸업

Univ. of Pennsylvania 경제학 석사

Wharton School, Univ. of Pennsylvania 경영학(보험) 박사

CPCU(Chartered Property Casualty Underwriter)

ARM(Associate in Risk Management)

Pennsylvania State Univ. 경영대학 교수

한국금융연구원 연구위원

Univ. of Pennsylvania 교환교수(Fulbright Scholar)

중국 상해대학 교환교수

일본 교토대학 교환교수

한국보험학회 학회지 편집위원장

Korea CPCU Chapter 회장

금융감독원, 노동부 보험 자문위원

건국대학교 상경대학 학장

한국리스크관리학회 회장

APRIA(아시아-태평양 보험학회) 회장

현, 한국보험학회 회장

현, 건국대학교 사회과학대학(국제무역학 전공) 교수

주요 저서 및 논문

『Q&A로 공부하는 재무와 회계』

『재난 리스크 제대로 관리하기』(2017년 대한민국학술원 선정 우수학술도서) 등 저서 다수

Journal of Risk & Insurance, 보험학회지 등 학술논문 다수

지속 가능 성장을 위한
보험과 리스크 관리

초판 1쇄 발행 2014년 3월 3일
초판 2쇄 발행 2021년 6월 18일

지은이 장동한
펴낸이 박기남
펴낸곳 **율곡출판사**
08590 서울시 금천구 가산디지털1로 84(에이스하이엔드 8차), 803호
전화 (代) 02) 718-9872/3
팩스 02) 718-9874
home-page www.yulgokbooks.co.kr
e-mail yulgokbook@naver.com
등록 1989.11.10. 제5-206호(윤)
ISBN 978-89-97428-41-0 93320

정가 27,000원